講談社選書メチエ

666

なぜ世界は存在しないのか

マルクス・ガブリエル
清水一浩［訳］

MÉTIER

シュテフィに

目次

凡例

・本書は Markus Gabriel, *Warum es die Welt nicht gibt*, Berlin : Ullstein, 2013 の全訳である。

・原文におけるイタリック体には原則として傍点を付した。ただし、イタリック体であっても慣用語句・副詞句として用いられているにすぎない非ドイツ語句には傍点を付さなかった。また、原文で大文字書きされた（スモール・キャピタルの）文言はゴシック体で表示した。

・原文における丸括弧やダッシュは訳文でもおおむね再現したが、原文を踏襲せずに自由に用いた（あるいは用いていない）箇所も少なくない。

・〈 〉は、フランス語での語頭の大文字書きを示すために「〈他者〉」で用いた。

・［ ］は原文における補足や注記を、〔 〕は訳者による補足や注記を示す。

・書名、雑誌名、新聞名、テレビ番組名、戯曲・映画の作品名は『 』を、音楽・絵画の作品名は《 》を付して表示した。

・聖書に含まれる文書の日本語題は、新共同訳（日本聖書協会）に準拠した。

哲学を新たに考える

この人生、この宇宙、そのほかすべて……これはそもそも何なのだろうと、誰でもこれまでにたびたび自問したことがあろうかと思います。わたしたちはどこに存在しているのでしょうか。わたしたちは、世界というひとつの巨大な容れ物のなかにある素粒子の集積にすぎないのでしょうか。それとも、わたしたちの思考・願望・希望には、それぞれに特有の実在性があるのでしょうか。あるとすれば、どんな実在性でしょうか。わたしたちが現に存在しているということ、もっと言えば、およそ何かが現に存在しているということそれ自体を、どのように理解すればよいのでしょうか。そして、わたしたちの認識はどこまで拡げられるのでしょうか。

本書では、新しい哲学の原則を示してみせたいと思っています。この哲学の出発点となる基本思想は、ごく単純なものです。すなわち、世界は存在しない、ということです。後ほど見るように、これは、およそ何も存在していないということではありません。いくつかの例を挙げてみるだけでも、わたしたちの住む惑星、わたしの見るさまざまな夢、進化、水洗トイレ、脱毛症、さまざまな希望、素粒子、それに月面に棲む一角獣さえもが存在しています。世界は存在しないという原則には、それ以外のすべてのものは存在しているということが含意されているわけです。したがって、いったん前もって、こうお約束することができます。わたしの主張によれば、あらゆるものが存在することになる──ただし世界は別である、と。

本書の第二の基本思想は、**新しい実在論**です。ここで言う「新しい実在論」は、いわゆる「ポストモダン」以後の時代を特徴づける哲学的立場を表わしています（私事にわたって恐縮ですが、わたしがこのようなことを言い始めたのは、二〇一一年の夏──正確には二〇一一年六月二三日の一三時三〇分頃

――ナポリで、イタリアの哲学者マウリツィオ・フェラーリスと昼食をともにしているときのことでした）。[1]さしあたりは、「新しい実在論」とはポストモダン以後の時代を表わす名称だ、といった程度に受け取っておいてくだされば けっこうです。

ポストモダンは、人類救済の壮大な約束――宗教から近代科学を経て、左右両翼にわたる全体主義のあまりに急進的な政治理念に至るまで――のすべてが反故になってしまった後で、徹底的にはじめからやり直す試みでした。ポストモダンは、伝統からの断絶を徹底しようとしました。わたしたちの誰もが追求すべき何らかの意味がこの人生にはあるのだという幻想から、わたしたちを解放しようとしたのでした。[2]ところが、そのような幻想からわたしたちを解放するためにポストモダンがしたのは、じっさいには新しい幻想を生み出すことにすぎませんでした。とりわけ、わたしたちは個々自らの幻想にいわば嵌まり込んでしまっているのだという幻想を生み出しました。ポストモダンは、わたしたちにこう信じ込ませようとしたわけです。前史時代からずっと人類は巨大な集団幻覚の虜となっているのだ、と。そして形而上学こそが、その巨大な集団幻覚だとされました。

仮象と存在

形而上学は、この世界全体についての理論を展開しようとする試みであると定義できます。形而上学が説明すべきことは、現実に世界がどのように存在しているのかであって、わたしたちにとって世界がどのように見えるのか、わたしたちにたいして世界がどのように現われるのかではありません。このような問いの立て方によって、形而上学は、いわば初めて世界を発明したのでした。わたしたちが「世界」という言葉を用いるさい、この言葉によって考えられているのは、現実に成立していることがらの総体、言い換えれば、この現実それ自体です。そのさい明らかなのは、この「世界＝現実に成立していることがらの総体」という等式から、わたしたち人間が抹消されているということです。ここでは、わたしたちにたいして現われているかぎりでの事物と、現実に存在している事物それ自体とのあいだに区別があることが、じっさい暗に想定されているからです。となると、現実に事物がどのように存在しているのかを確かめるには、いわば認識のプロセスに人間が加えた作為のいっさいを取り除かなければならないことになります。こうして、わたしたちはすでに哲学に膝まで浸かってしまっているわけです。

これにたいしてポストモダンは、わたしたちにたいして現われているかぎりでの事物だけが存在するのだと異議を申し立てました。現われの背後には、それ以上のもの、すなわち世界ないし現実そのものなど存在しない、というわけです。ポストモダンの代表者のなかでも、アメリカの哲学者リチャード・ローティのように、それほど極端でない人たちは、わたしたちにたいして現われているかぎりでの世界の背後に、それ以上の何かが存在していることを想定してもよいと考えました。しかし彼らの考えでは、そのようなことはわたしたち人間には何の関係もありません。

このようなポストモダンは、実のところ形而上学の派生形態のひとつにすぎません。厳密に言えば、ポストモダンで問題になったのは、相当に一般化された形態をとった構築主義にほかなりませんでした。**構築主義**とは、次のような想定に基づくものです。およそ事実それ自体など存在しない。むしろわたしたちが、わたしたち自身の重層的な言説ないし科学的な方法を通じて、いっさいの事実を構築しているのだ、と。このような思想の伝統の最も重要な証言者が、イマヌエル・カントです。カントが主張したのは、それ自体として存在しているような世界は、わたしたちには認識できない、ということでした。わたしたちが何を認識するのであれ、およそ認識されるものは何らかの仕方で人間の作為を加えられているほかない、というわけです。

このような議論にさいして、よく用いられる例をとってみましょう。色彩という例です。遅くともガリレオ・ガリレイとアイザック・ニュートン以降、色彩は現実には存在していないのではないかと疑われてきました。このような疑いは、色彩に大きな悦びを感じるゲーテのような人の感情を大いに害するものでした。それでゲーテは独自の『色彩論』を書いたほどです。色彩の実在を疑う考え方からすれば、色彩とは、わたしたちの視覚器官に届いた光の特定の波長にすぎません。世界それ自体は本来まったく無色であり、それなりの規模で集まって均衡状態にある何らかの粒子の群れからできているにすぎない、というわけです。まさにこのようなテーゼが、形而上学にほかなりません。このテーゼが主張しているのは、世界それ自体が、わたしたちにたいして現われているのとは違った存在だということだからです。もっとも、カントはいっそう徹底的でした。カントが主張したのは、時間・空間における粒子という想定でさえ、わたしたちにたいして世界それ自体が現われるさいのひとつの様式にすぎないということでした。世界それ自体が現実にどう存在しているかは、わたしたちにはそもそもわからない。わたしたちが認識するすべてのものは、わたしたちによって作りなされているのであって、だからこそわたしたちはそれを認識することもできているのだ、というわけです。ハインリッヒ・フォン・クライストは、婚約者ヴィルヘルミーネ・フォン・ツェンゲに宛てた有名な手紙のなかで、カント的な構築主義を次のように具象的に表現しています。

すべての人間が裸眼でなく緑色の眼鏡をかけているとしたら、人間は、こうして自身の見ている対象それ自体が緑色であると判断するしかないでしょうし、自身の眼が事物を存在しているとおりの姿で見せてくれているのか、それとも、事物それ自体ではなく自身の眼に由来するものを当の事物に付け加えてはいないか、いったいどちらなのかを決められなくなることでしょう。知性についても同じことです。わたしたちは、真理と呼んでいるものが本当に真理なのか、それともわたしたちにそう見えているにすぎないのか、どちらなのかを決めることができません。[3]

構築主義は、カントの「緑色の眼鏡」を信じているわけです。これに加えてポストモダンは、わたしたちがかけている眼鏡はひとつにとどまらず、とても数多くあるのだとしました。科学、政治、恋愛や文学などの言語ゲーム、多様な自然言語、さまざまな社会慣習、等々。いっさいはさまざまな幻想をもてあそぶ複雑な戯れにすぎず、そのなかでわたしたちは世界内での位置を互いに割り当てあっているのだ、と。もっと簡単に言ってみれば、ポストモダンにとって人間の存在とは、一本の長いフランス芸術映画のようなものにほかなりません。登場人物たちが他人を誘惑しようとしたり、他人にたいする影響力を追求したり、他人を操ろうとしたりしているのだというわけです。もっとも、このようなクリシェは、現代のフランス映画では巧みなイロニーによって問いに付されています。たとえばジャン゠クロード・ブリソーの『ひめごと』や、カトリーヌ・ブレイヤの『FOUR NIGHTS —4夜—』を思い起こしてください。そうしたクリシェの選択肢は、デヴィッド・O・ラッセルの『ハッカビーズ』でも、楽しく軽いタッチで斥けられています。『ハッカビーズ』は『マグノリア』のような古典的作品と並んで、新しい実在論の最良の例証のひとつです。

人間の存在と認識は集団幻覚ではありませんし、わたしたちが何らかのイメージ世界ないし概念システムに嵌まり込んでいて、その背後に現実の世界があるというわけでもありません。むしろ新しい実在論の出発点となるのは、それ自体として存在しているような世界をわたしたちは認識しているのだ、ということです。もちろん、わたしたちは錯覚にとらわれることがありえますし、場合によっては幻覚のなかにいることもあるでしょう。だからといって、わたしたちがつねに——あるいは、必ずつねにというわけでなくとも、ほとんどつねに——錯覚にとらわれているとするのは、たんに間違っていると言うほかありません。

新しい実在論

新しい実在論は、どのような点で、世界にたいする新しい考え方をもたらすのか。これを理解するために、ひとつ簡単な例をとりましょう。アストリートさんがソレントにいて、ヴェズーヴィオ山を見ているちょうどそのときに、わたしたち（この話をしているわたしと、それを読んでいるあなた）はナポリにいて、同じヴェズーヴィオ山を見ているとします。とすると、このシナリオに存在しているのは、ヴェズーヴィオ山、アストリートさんから（ソレントから）見られているヴェズーヴィオ山、わたしたちから（ナポリから）見られているヴェズーヴィオ山ということになります。形而上学の主張によれば、このシナリオに存在している現実の対象は、たったひとつだけです。すなわち、ヴェズーヴィオ山です。ヴェズーヴィオ山は一方でソレントから、他方でナポリから見られているが、これはまったくの偶然であって、ヴェズーヴィオ山にとっては（願わくは）ほとんどどうでもよいことである。ヴェズーヴィオ山に関心を寄せているのが誰かなど、ヴェズーヴィオ山それ自身にとっては問題ではない。これが形而上学です。

これにたいして構築主義の想定によれば、このシナリオには三つの対象が存在しています。すなわち、アストリートさんにとってのヴェズーヴィオ山、わたしにとってのヴェズーヴィオ山、あなたにとってのヴェズーヴィオ山です。これらの背後に、現実の対象など存在していない。あるいは、そのような対象をいずれ認識することは、わたしたちには期待できないというわけです。

これにたいして新しい実在論の想定によれば、このシナリオには、少なくとも以下の四つの対象が存在しています。

1 ヴェズーヴィオ山

2 ソレントから見られているヴェズーヴィオ山（アストリートさんの視点（パースペクティヴ））

3　ナポリから見られているヴェズーヴィオ山（あなたの視点）
4　ナポリから見られているヴェズーヴィオ山（わたしの視点）

なぜ新しい実在論が最良の選択肢なのかは、簡単に理解できます。ヴェズーヴィオ山が現在のところイタリアに属する地表面の特定の地点に位置している火山であるということ、これだけが事実なのではありません。ヴェズーヴィオ山がソレントからはこんなふうに見えるが、ナポリからはまったく別様に見えるということ、これもまったく同じ権利でひとつの事実です。ヴェズーヴィオ火山を見るさい、わたしが感じていながら表に出さないさまざまな感覚も、すべて事実です（複雑な iPhone 1000 Plus アプリが開発され、わたしの思考をスキャンしてオンライン化するのに成功したら、それらの感覚も表に出されずにはいられないでしょうけれども）。こうして新しい実在論が想定するのは、わたしたちの思考対象となるさまざまな事実が現実に存在しているのはもちろん、それと同じ権利で、それらの事実についてのわたしたちの思考も現実に存在している、ということなのです。

これにたいして形而上学と構築主義は、いずれもうまくいきません。形而上学は現実を観察者のいない世界として一面的に解し、また構築主義は現実を観察者にとってだけの世界として同じく一面的に解することで、いずれも十分な根拠なしに現実を単純化しているからです。ところが、わたしの知っている世界は、つねに観察者のいる世界です。このような世界のなかで、必ずしもわたしには関係のないさまざまな事実が、わたしの抱くさまざまな関心（および知覚、感覚、等々）と並んで存在している。この世界は、観察者のいない世界でしかありえないわけではないし、観察者にとってだけの世界でしかありえないわけでもない。これが新しい実在論です。古い実在論、すなわち形而上学は、観察者のいない世界にしか関心を寄せませんでした。他方で構築主義は、成立していることがらの総体、すなわち世界を、それこそナルシシズム的にわたしたちの想像力に帰してしまいました。いずれの理論も、何にもなりません。

　このようなわけで、つねにすでに至る所に観察者がいるわけではない世界のなかに、いかにして観察者が存在しうるのかが説明されなければなりません。この課題を果たすべく、本書では新しい存在論を導入します。**存在論**（オントロギー）という名称で伝統的に理解されてきたのは、「存在することについての理論」でした。古典ギリシア語の分詞「オン〔on〕」は「存在すること」という意味、そして「ロゴス〔logos〕」は――ここではごく簡単に言っておきますが――「理論」という意味です。要するに存在論で問題となるのは、存在するということの意味にほかなりません。たとえば「ミーアキャットは存在している」と言うとき、そもそもわたしたちは何を主張していることになるのでしょうか。多くのひとが考えるところでは、存在についての問いは、物理学ないし一般に自然科学にたいして立てられるものです。結局のところ、現に存在しているものとは、すべて物質的なものだというわけです。じっさい、自然法則から自由に外れることができて、認識不可能なままわたしたちのまわりを浮遊している幽霊などというものを、わたしたちは真剣に信じたりはしません（現に、わたしたちのほとんどは、そんなものを信じていません）。だからといって、自然科学によって研究できるもの、メス・顕微鏡・脳スキャンによって解剖・分析・可視化できるものだけが存在するのだというような主張は、明らかに行き過ぎでしょう。もしそのようなものしか存在しないのだとすれば、ドイツ連邦共和国も、未来も、数も、わたしの見るさまざまな夢も、どれも存在しないことになってしまうからです。しかし、これらはどれも存在している以上、わたしたちが存在の問いを物理学者に任せきってしまうことを躊躇するとしても、それはまったく正当な態度です。後ほど論じることですが、じっさい物理学も、あらかじめ視角と視野を限定されているのです。

世界は数多くある

本書を読み始めてからずっと、ほかでもない「世界は存在しない」という主張が何を意味しているのか、あなたとしては早く知りたいとお思いのことでしょう。あまり長く焦らすつもりはありませんので、読者自身で追考できる思考実験・例・逆説を用いて後ほど行なってみる論証を、ここで少し先取りしておきましょう。まず世界とは、わたしたちとは無関係に、たんにそのものとして存在しているすべてのもの、わたしたちを取り囲んでいるすべてのものの領域であると、そう考えてよいでしょう。他方で、今日では、何らかの特殊な意味を込めて「宇宙」という言葉が用いられます。この言葉が指しているのは、ひとつの無限な拡がりにほかなりません。数限りない恒星と惑星がそれぞれの軌道を描いているのも、また銀河系の安定した一支腕で人間が慎ましい文明を築き上げているのも、この無限な拡がりのなかでのことだというわけです。もちろん宇宙も事実として存在しています。わたしは、銀河もブラックホールも存在しないなどと主張したいのではありません。わたしの主張は、宇宙はすべてではないということです。厳密に言えば、宇宙はごく特殊な限定領域にすぎません。**宇宙**という言葉によって思い浮かべるべきものは、実験によって開拓できる自然科学の対象領域にほかなりません。ところが世界は、そのような宇宙よりも明らかに広大です。世界には、国家も、夢も、実現しなかったさまざまな可能性も、芸術作品も、それにとりわけ世界についてのわたしたちの思考も含まれているからです。つまり世界には、触(さわ)って確かめることのできない対象がかなり数多くあるわけです。ここでわたしが披露している世界についての思考を読み、追考しているからといって、その間、あなたが世界から消え去って、いわば外から世界全体を観ていることにはなりません。世界についてのわたしたちの思考は、世界のなかに存在し続けています。残念ながら、そう簡単に――つまり考えるという作業をするだけで――この厄介な現実を逃れられるわけではありません。

世界には、国家も、夢も、実現しなかったさまざまな可能性も、芸術作品も、それにとりわけ世界についてのわたしたちの思考も含まれているのだとすると、世界は自然科学の対象領域と同一ではありえません。ともかく今までのところ、社会学・法学・ドイツ文学などを物理学ないし生物学が統合したという話をわたしは知りませんし、《モナ・リザ》が化学実験室で分解されて説明がついたという話も聞いたことがありません。そんなことをすれば大きな代償を払わなければなりませんし、そんなことで《モナ・リザ》の説明をつけようとすること自体がそもそも不条理です。したがって、**世界**を有意味に定義しようとすれば、すべてを包摂する領域、すべての領域の領域とするほかありません。こうして世界とは、わたしたちなしでも存在するすべての事物・事実だけでなく、わたしたちなしには存在しないいっさいの事物・事実もそのなかに現に存在している領域である、ということになります。世界とは、何といってもすべてを――この人生、この宇宙、そのほかすべてを――包摂する領域であるはずだからです。

ところが、まさにこのすべてを包摂する領域、つまり世界は存在しませんし、そもそも存在することがありえません。この主要テーゼによって、人類が頑（かたく）なにしがみついている「世界は存在する」という幻想が打ち壊されるだけではありません。それと同時に、わたしとしては、この幻想をうまく利用して、そこからポジティヴな認識を獲得したいとも思っています。つまりわたしは、世界は存在しないということだけでなく、世界以外のすべては存在するということも主張したいわけです。

この主張は奇妙に聞こえるかもしれませんが、わたしたちの日常の経験を例にとって、驚くほど簡単に説明することができます。友人たちとレストランで夕食をともにしていると想像してみましょう。ここには、ほかのすべての領域を包摂する領域が存在するでしょうか。言ってみれば、ひとつの環を描いて、わたしたちのレストラン訪問に含まれているすべてのものを囲い込むことができるでしょうか。ちょっと考えてみましょう。おそらくレストランにいるのは、わたしたちだけではありません。ほかにもお客さんがテーブルについていて、さまざまな集団力学や、料理にたいする好み等々を見せていることでしょう。そのほかにウェイターやウェイトレス、料理人、オーナーの世界もそれぞれに存在していますし、レストランに棲む虫や蜘蛛、わたしたちの眼には見えないバクテリアの世界もそれぞれに存在しています。それに加えて、消化不良、ホルモンバランスの失調、細胞分裂、また原子以下のレベルでの出来事なども存在していることでしょう。これらの出来事や対象のなかには、互いに関連するものもあれば、まったく関連しないものもあるでしょう。誰にも気づかれずに天井の梁にいる蜘蛛にしてみれば、わたしが気分よく過ごしているということも、料理にたいするわたしの好みも、知ったことではないでしょう。それでも――ほとんど気づかれないとしても――この蜘蛛も、わたしたちのレストラン訪問に含まれています。やはり誰も注意を集中させたりしない消化不良にも、同じことが言えるでしょう。

わたしたちのレストラン訪問には、このように数多くの対象領域、いわば個々の小世界が存在しています。それらの小世界は、現実には互いに関係することなく、たんに並んで存在しているにすぎません。つまり数多くの小世界は存在していても、それらのすべてを包摂するひとつの世界は存在していません。これは、数多くの小世界がひとつの世界にたいする多様な視点（パースペクティヴ）にすぎないということでは断じてありません。むしろ数多くの小世界だけが――まさしくそれらだけが――存在しているということにほかなりません。それらの小世界は現実に存在しているのであって、わたしの想像のなかにだけ存在しているのではありません。

世界は存在しないという主張は、このような意味でこそ理解していただかなければなりません。いっさいのものがほかのすべてと関連しているというのは、たんに間違いです。ブラジルの蝶の羽ばたきが何らかの経路でテキサスの竜巻を惹き起こすのだという、よく知られた主張は端的に間違っています。たしかに多くのものは互いに関連していますが、いっさいのものがほかのすべてと関連しているというのは間違っています（厳密には、そのようなことは不可能でさえあります）。もちろん、わたしたち一人ひとりは、絶えずさまざまな連関を作り出しています。自己のイメージと環境のイメージを作り、自らを取り巻く環世界のなかで自身の関心を位置づけていきます。たとえばお腹が空くと、わたしたちは、手近なところに何か食べるものはないかと考え、いわば環世界の食物リストを作成します。このとき世界は一個の食物庫と化すわけです。別の瞬間には、思考の歩みを注意深くたどったりもします（あなたにとって、今このときがそのような瞬間であるとよいのですが、いかがでしょうか）。また別の瞬間には、まったく別の目標があるものです。ところが、いずれの場合にも、わたしたちはつねにひとつの同じ世界のなかを動いているのだと信じ込んでいます。そうすることは、わたしたち自身に十分に意義を認めるための条件のひとつです。小さな子どもには何でも大事に見えるのと同じように、わたしたちが日常行なっていることは、わたしたち自身にはとんでもなく重要に見えるものですし、何らかの点ではじっさいに重要であるに違いありません。それは、わたしたちが一度だけの人生を生きているからです。わたしたちの人生は、さまざまな出来事の去来する地平、それも時間的にごく限られた地平のなかで生きられるものです。しかし忘れてはならないのは、子どもの頃にはとんでもなく重要だったのに、今では些事にすぎないものもあるということです。たとえば、綿毛になったタンポポなどはそのようなものでしょう。わたしたち自身の人生のなかでも、さまざまな関心の連関は絶えずズレていきます。わたしたちは、自己のイメージも環境のイメージも変化させ、その瞬間ごとに、それ以前には存在しなかった状況に適応していくからです。

ひとつの全体としての世界も、これに似た事情にあります。そのような世界が存在しないのは、いっさいの連関を包摂する連関が存在しないのと同じことです。すべてを記述し尽くす世界の規則や公式は、たんに存在しません。それは、わたしたちがそのようなものをいまだ見出していないからではありません。そのようなものがそもそも存在しえないからです。

無以下

形而上学／構築主義／新しい実在論の区別に話を戻しましょう。形而上学者の主張によれば、すべてを包摂する規則が存在します。そして形而上学者のなかでも大胆なひとは、自分こそがそのような規則をついに発見したのだ、とも主張するでしょう。じっさい西洋では、三〇〇〇年近くにわたって、世界の公式の発見者が次から次へと現われてきました。ミレトスのタレスから、カール・マルクス、スティーヴン・ホーキングに至るまで、そうした発見者には事欠きません。

これにたいして構築主義の主張によれば、そのような規則を認識することは、わたしたちにはできません。世界の認識にさいして、わたしたちは権力闘争ないしコミュニケーション行為のなかにいる。そして、どんな幻想を妥当なものとしたいのか、合意に達するべく努めている、というわけです。

これにたいして新しい実在論は、そもそもそのような規則が存在しうるのかという問いに、論理的な一貫性をもって真面目に答えようとします。この問いに答えようとすることは、もうひとつの構築作業にすぎないのではありません。むしろ、もっと日常的な真面目な問いに答えようとするときと同じく、まず何が問題になっているのかをはっきりさせなければなりません。冷蔵庫にまだバターがあるかと尋ねたあなたに、誰かがこんなふうに答えたらおかしいでしょう。「はい、ありますよ。もっとも、バターも冷蔵庫も、ただの幻想、人間が造り上げた構築物ですけどね。本当はバターも冷蔵庫も存在しないか、少なくとも存在するのかどうかわたしたちにはわかりませんが、どうぞお召し上がりください」。

なぜ世界が存在しないのかを理解するためには、何かが存在するとはそもそも何を意味するのかをまず理解しておかなければなりません。そして、およそ何かが存在すると言えるのは、その何かが世界のなかに現われるときだけです。じっさい、世界のなかにでなければ、どこに存在するというのでしょうか。というのも、ここで世界という言葉で理解されているのは、およそ起こりうる事象のすべてがそのなかで起こる領域、つまり全体にほかならないからです。ところが当の世界それ自体は、世界のなかに現われることがありません。少なくとも、わたしは今までに世界それ自体というものを見たことも、感じたことも、味わったこともありません。それに、わたしたちが世界について考える場合でさえ、わたしたちがそれについて考えている世界は、わたしたちがそのなかで考えている世界と、もちろん同一ではありません。わたしが世界について考えているとき、この思考自体が、世界のなかの非常に小さな出来事、わたしの小さな世界内思考にほかなりません。この思考と並んで、ほかにも数えきれないほど多くの対象や出来事が存在しています——にわか雨、歯痛、連邦首相府、等々。

したがって、わたしたちが世界について考えるとき、わたしたちが捉えるものは、わたしたちが捉えたかった当のものとは別のものでしかありません。わたしたちは、けっして全体としての世界を捉えることができません。全体というものは、どんな思考にとっても原理的に大きすぎるのです。しかしそれは、わたしたちの認識能力のたんなる欠陥のせいではありませんし、世界が無限であることに直接関連しているのでもありません（じっさい、わたしたちは、たとえば無限小法や集合論といった形で、少なくとも部分的には無限さえ捉えることができます）。むしろ世界は、世界のなかに現われることがないから原理的に存在しえないのです。

したがって一方で、わたしの主張は、世界が存在しないのだから、そのぶんだけ、存在するものは一般に期待されているよりも少ない、ということです。世界は存在しないし、存在しえない。ここからいろいろと重要な結論を導き出すことになりますが、それらの結論は、とりわけ今日の社会政策やメディアによって流布している形での科学的世界像に異議を申し立てるものとなるでしょう。厳密に言えば、わたしはあらゆる世界像に異議を申し立てることになるでしょう。世界が存在しない以上、世界についてのどんな像も結ぶことなどできないはずだからです。

しかし他方で、わたしの主張は、世界以外のあらゆるものが存在するのだから、存在するものは一般に期待されているよりもずっと多い、ということでもあります。わたしが主張したいのは、警察官の制服を着用して月の裏面に棲んでいる一角獣でさえ存在する、ということです。この考えは世界のなかに存在しているし、この考えとともに、警察官の制服を着用した一角獣も世界のなかに存在しているからです。これにたいして宇宙のなかには、わたしの知るかぎり、そのような一角獣は現われてきません。NASAに月旅行を予約して、そのような一角獣を撮影しに行っても、当の一角獣は見つからないでしょう。では、一見すると存在しないかに思われるほかの事物はどうでしょうか。妖精、魔女、ルクセンブルクに隠された大量殺戮兵器などはどうでしょうか。これらのものも、たしかに世界のなかに――たとえばメルヒェン、妄想、精神病のなかに――現われています。わたしの答えはこうです。存在しないものも、すべて存在している。ただし、それらのすべてが同じ領域のなかに存在しているのではない。妖精はメルヒェンのなかに存在しているのであって、ハンブルクに存在しているのではない。大量殺戮兵器はアメリカ合衆国に存在しているのであって、(わたしの知るかぎり)ルクセンブルクに存在しているのではない、と。かくして問題は、そういうものが存在するのかどうかだけではけっしてありません。そういうものがどこに存在するのかということも、そのさいつねに問われているのです。存在するものは、すべて――わたしたちの想像のなかにしか存在しないのだとしても――どこかに存在するからです。ここでも唯一の例外は、やはり世界です。世界それ自体なるものは、どうしても想像することができません。わたしたちが世界の存在を信じているときに想像しているものは、叛逆的なスター哲学者スラヴォイ・ジジェクの本のタイトルが言うように、いわば「無以下」のものなのです。[4]

本書では、新しい実在論的な存在論の概要をお見せしたいと思っています。したがって、ほかの哲学理論を吟味検討することは最重要の問題にはなりません。本書に先立つ哲学的議論の歴史を振り返ることが多少なりとも理解の助けになる場合にだけ、ほかの理論に言及することになるでしょう。つまり本書では、一般的な哲学入門を論じたり、認識論の歴史を説くのではなく、できるだけ誰にでもわかるように新しい哲学を示してみせたいのです。ほとんど理解できない哲学の古典に取り組んで悪戦苦闘しなければ本書の議論はわからない、などということはありません。むしろ前提知識なしに読み進められるように書いたつもりです。

どんな哲学も同じですが、本書も一から始めたいと思います。そこで何より、本書で用いる重要な概念は、できるだけはっきりと定義するようにしました。特に重要な概念は**ゴシック体**で印刷して、巻末に載せた用語集でいつでも意味を確認できるようにしてあります。したがって、ここではっきりとお約束することができます。本書には「統覚の超越論的綜合」といった古色蒼然たるものすごい哲学用語は出てきません（ただし、こうした用語が出てこないことをお約束する文章は例外です）と。

ルートヴィッヒ・ヴィトゲンシュタインは、かつてこう言いました。「およそ語りうることは、明晰に語ることができる」[5]。わたしもこの理念を共有しています。哲学はエリートのための密教ではなく、多くの場合たしかに厳密にすぎるとはいえ、やはり広く公開された公共の営みであるべきだと考えるからです。そこで本書は、以下のような巨大と言ってよい哲学的な問いの迷宮を切り抜けるための（わたしの考えでは）本当にオリジナルな道を示すことに注力しましょう。わたしたちはどこから来たのか。わたしたちはどこに存在しているのか。そもそもこの世界全体とは何なのか……。

それにしても、このような人間性に深く根ざした哲学的な問いにたいして、何か本当に新しいことを言うことができそうだと考えるのは、ひどく素朴な期待に見えるかもしれません。しかし答えへの期待だけでなく、そもそも問いそれ自体が素朴なものなのです。子どもがそのような問いを立てること——そして願わくは、問うのをやめてしまわないこと——も、けっして稀ではありません。今しがた掲げた問いのうち最初の二つは、いずれも小学生時代、学校から帰る途中だったわたしにふと思い浮かんだものです。以後、いずれの問いも忘れたことがありません。またあるときには雨粒が眼に入ってしまい、街灯が二重に見えたことがありました。このとき不思議に思ったのは、そもそも街灯はひとつしかないのか、それとも本当に二つあるのかということでした。そして、わたし自身の感覚をどの程度まで信用してよいのか、そもそも信用してよいのかと自問したものでした。また別のときには、時間が過ぎ去るということを明瞭に意識した結果、「今」という同じ言葉がそのつどまったく別々の状態を指し示しているのを自覚するに至ったこともありました。おそらくこの瞬間に、世界は存在しないという着想が生まれたのでした。この着想を哲学的に掘り下げ、すべては幻想にすぎないという考えから区別するのに、わたしの場合じつに二〇年の歳月を必要としたわけです。

その間のわたしは、ここ数年はあちこちの大学で哲学を教えもし、また数えきれないほど多くの機会を得て、認識論および哲学的懐疑の問題（これがわたしの専門の研究テーマです）について、ほとんど世界中の研究者と討論もしてきました。そのさい、いつでも目の前に現われるほとんどあらゆるものを疑ってきた（最も頻繁に疑ってきたのは、そのつどのわたし自身の考えだったかもしれません）と言っても、あなたを驚かせることにはならないでしょう。そして、そのような歩みを通じて、わたしにとってますますはっきりしてきたことが、ひとつあります。哲学のなすべきことは、いつでもそのつど繰り返し一から始めることだ、ということです。

I

これはそもそも何なのか、
この世界とは?

それでは、改めて一から問い直しましょう。この世界全体とは何なのでしょうか。これは哲学の基本問題にほかなりません。わたしたちは、自分がどこから来てどこへ行くのかを知らぬまま、かつてこの世界にやって来ました。その後、教育と習慣化を通じて、この世界に順応してきました。そうしていったんこの世界に慣れてしまうやいなや、わたしたちのほとんどが、この世界全体とは何なのかと問うことを忘れてしまったのでした。それにしても、これはそもそも何なのでしょうか、この世界とは？

わたしたちの人生において、通常、わたしたちが経験するさまざまな出会いや、わたしたちが抱く希望や願望は、どれも不可解なものではありません。たとえば、わたしは今、デンマーク国内を走る列車の客室にいます。隣席の人がＳＭＳメールを入力している。車掌が行ったり来たりしている。ときおりデンマーク語の車内アナウンスが聞こえてくる。これらの体験は、どれも不可解なものではありません。というのも、わたしはデンマーク北部の都市オーフースへの旅行中、列車を利用しているところなのですが、その途上で体験しているこれらのことは、いずれもこのような列車の旅には付き物だと言うほかないものだからです。さて、ここで地球外生命体が――七メートル二〇センチの大きさで、全身が緑色の液体でできているとしましょう――地球に降り立ち、同じ列車に乗り込んできたと想像してみましょう。この生命体にとっては、おそらく車内での体験のことごとくが奇妙なものでしょう。いや、ほとんど理解不可能なものでさえあるかもしれません。この生命体は、わたしのいる客室にドアの隙間から這い込んできたら、かつてない新しい体験のすべてに驚くことでしょう（なかでも、髪を生やした動物が狭いところに座り込んで、小さな画面をせわしなく指でなでまわしているさまに特に驚くに違いありません)。

哲学者は、いわばこの地球外生命体のように、あるいは子どものように世界を観察します。あらゆることが、いつでも、かつてない新しい体験となる。だから哲学者は、世間にしっかり定着してしまっている考えを疑い、そればかりか専門家が当然のように主張している知識さえ疑います。さしあたって、いったんはすべてを疑うほかないわけです。この点で、わたしたちは、哲学の偉大なヒーローであるソクラテスの手本に倣うことになります。アテーナイの裁判所で行なった有名な弁明のなかで、ソクラテスは「わたしは自分が何も知らないということを知っている」[6]と明言しました。少なくとも哲学者にとって、この点には何の変わりもありません。

それでも、とても多くのことを哲学から学ぶことができます。とりわけ、わたしたちにたいして現われている世界と、本当に存在している世界とはまったく違っていることがありうるということ、そのことをけっして忘れない態度を学ぶことができるのです。哲学はすべてを疑ってやむことがありません。そのさいには哲学自身も疑いの対象となります。そこまで疑うところにこそ、この世界全体とはそもそも何なのかを理解するチャンスもあるわけです。一所懸命に哲学を学び、哲学的な大問題に取り組むと、自明だと思い込まれていることを吟味する態度を学ぶことになります。人類が達成してきたほとんどすべての偉業の背後には、まさにこの態度があったに違いありません。わたしたちはそもそもどのように共生すればよいのか。こう問う者がひとりもいなかったとしたら、自由な共同生活という理念や民主主義に思い至ることもなかったでしょう。あるいは、わたしたちはそもそもどこに存在しているのか。こう問う者がひとりもいなかったとしたら、地球が丸いということや、月が地球の周囲をまわる岩石にすぎないということを、わたしたちはいまだにまったく知らずにいたかもしれません。じっさい、このような主張をしたために、ギリシアの哲学者アナクサゴラスは瀆神のかどで訴えられました。イタリアの最も偉大な哲学者ジョルダーノ・ブルーノは、地球外にも生命が存在し、宇宙は無限であるという考えを述べたことで、異端の判決を受けました。ブルーノのような考えは、キリスト教の神学とは相容れないと思われたのでした。キリスト教の神学の前提によれば、人間と地球が神の関心の中心にあり、神はこの宇宙を特定の時点で創造した（したがって宇宙は無限であってはならない）とされるからです。

さて、本書を導く問いは、この世界全体とは何なのかというものです。人間の生活、人間の歴史、人間の認識には、そもそも何か意味があるのでしょうか。わたしたちは、たまたまある惑星に棲んでいる動物にすぎず、つまりは宇宙のなかのある種の蟻か豚にすぎないのではないでしょうか。わたしたち自身、奇妙な点では地球外生命体と変わりないのではないでしょうか。映画の「エイリアン」がわたしたちを怖がらせるのと同じように、わたしたちも地球外生命体を怖がらせるのではないでしょうか。

この世界全体とは何なのかを突きとめようと思うなら、さしあたって、わたしたち自身が知っていると思っているいっさいのことをいったん忘れ、一から問い直さねばなりません。哲学のこのような基本的態度を、ルネ・デカルトは正しくもこう特徴づけていました。さもなければ信じ込んだままにとどまるいっさいのことを、一生に一度は疑ってみなければならない、と〔デカルト『哲学原理』第一部の一〕。そこでわたしたちも、慣れ親しんだ確信をいったん手放して、地球外生命体や子どものように、そもそもわたしたちはどこに存在しているのかと問うてみましょう。この世界全体はそもそも何だと考えられるべきなのかと問うより前に、この世界全体はそもそも何であるのかという問いに答えるほうが、ずっと意味があるように思われるからです。

広く読まれた現代ロシアの小説作品『チャパーエフと空虚』（原書は一九九六年刊）では、ピョートル・プストタという特徴的な名をもつ登場人物（「プストタ」は「空虚」という意味の言葉でもあります）が、次のような考察をしています。モスクワはロシアにある。ロシアは二つの大陸（ヨーロッパ大陸およびアジア大陸）にまたがって存在している。この二大陸は地球にある。地球は銀河にあり、銀河は宇宙にある。では、宇宙はどこにあるのか。これまでに挙げられたものをすべて包摂している領域はどこにあるのか。そのような領域は、それについて考えている我々の思考のなかにしかないのではないか。とすれば、では我々の思考はどこにあるのか。宇宙が我々の思考のなかにあるのだとすると、我々の思考は宇宙のなかにあるのではないことになる。そうじゃないか？——このような考察をめぐって繰り広げられるソクラテス的な対話に、ちょっと耳を傾けてみましょう。

我々は乾杯して、グラスをあおった。

「じゃあ、地球はどこにある？」

「宇宙にです」

「宇宙はどこだ？」

僕は一瞬考えこんだ。

「宇宙は宇宙にあるんですよ」

「その宇宙がある宇宙はどこにある？」

「僕の意識にです」

「どういうことだ、ピョートル。それじゃおまえの意識は、おまえの意識にあるってことになるぞ」

「まあ、そうなりますね」

「なるほど」チャパーエフは口ひげをしごいた。「じゃあ、大事なことを訊くぞ。つまり、それはいったいどこにある？」

「ご質問がよくわかりません、ワシーリイ・イワーノヴィチ。場所の概念は意識のカテゴリーのひとつなわけですから……」

「どこなんだ、それは。その場所の概念はいったいどこにある？」

「じゃあ、こう言いましょう。それは場所だとかそういうものじゃないんです。言うなればそれは、現……」


僕は口籠もった。そうだ、これこそ彼が言わせようとしている言葉にちがいない。もし僕が「現実」という言葉を使ったら、彼はまたすべてを想念に帰するつもりなのだ。そしてそれはどこにあるかと訊く。すると僕は頭にあると答える……。ひっかけだ。[7]

このような対話を通じて、ピョートルは、世界など存在しないという目眩(めまい)のするような考えを理解するに至ります。結局のところ、すべては広大などこでもないところで生じるのだ、と。この小説のタイトルは『チャパーエフと空虚』です。この間に世界的に有名となった、この小説の著者――ロシアの作家ヴィクトル・オレーゴヴィチ・ペレーヴィン――は、わたしたちはどこに存在しているのかという問いにたいして、このタイトルによって答えてくれているわけです。わたしたちは宇宙のなかに存在しているが、その宇宙は空虚のなかに、つまりどこでもないところに存在しているのだ、と。いっさいは巨大な空虚に取り囲まれている――これはミヒャエル・エンデの『はてしない物語』を思い起こさせます。よく知られているように、エンデの『物語』では、子どもらしい空想の世界である「ファンタージエン」が、虚無に呑み込まれる危険につねに脅かされています。すべてはわたしたちの空想のなかでだけ生じている。この空想のそとには虚無があって、わたしたちの空想（ファンタージエン）を脅かしているのだ、と。だからこそ――よく知られているように、エンデの『物語』のメッセージはこうです――わたしたちは、子どもらしい空想の世界を守り、慈（いつく）しまなければならない。大人になっても、夢見ることをやめてはならない。さもなければ、わたしたちは虚無の手に落ちてしまうのだ。完全に何の意味もない冷たい現実だ。そこでは、もはや何も意味をなさないのだ……。

こうして『チャパーエフと空虚』や『はてしない物語』のような小説、またクリストファー・ノーランの映画作品『インセプション』や、ライナー・ヴェルナー・ファスビンダーのテレビ映画『あやつり糸の世界』――大ヒット作『マトリックス』よりずっと優れた先駆者――のような映像作品が投げかけている問いに、哲学は取り組んできました。そのような問いは、二〇～二一世紀のポストモダン小説やポップカルチャーのなかで初めて立てられたものではありません。眼前に拡がる現実は、ある種の巨大な幻想、たんなる夢にすぎないのではないか。これは、人間の精神史に深い痕跡を残している問いにほかなりません。数千年にわたって、宗教・哲学・文学・絵画・学問のあるところでは、どこでもこの問いが立てられてきたのです。

現代の自然科学も、この現実世界の大部分を――すなわち、わたしたちが感覚を通じて経験しているような現実を――問いに付しています。たとえば、やはり異端の判決を受けたもうひとりのイタリア人、ガリレオ・ガリレイは、わたしたちの感覚から独立して色彩が存在するということを疑い、現実世界には色彩がないこと、また、数学的に記述できる物質的な対象とその位置変化とで世界が成り立っていることを主張しました。現代の理論物理学は、もっと極端です。いわゆる超弦理論によれば、もはや物理的な現実世界は、最終的には、わたしたちの慣れ親しんだ意味での時間的・空間的なものではけっしてありません。少なくとも四次元の時空間にさいして問題になりうるのは、物理学的な方程式によって記述できるいくつかの特定のプロセスを通じて、四次元よりも高い次元から投影されたある種のホログラムだというのです。[8]

わたしたちにたいして現われている世界と、本当に存在している世界とが違っているとする考えは、現代人にとっては奇異なものではありません。そのような考えを、わたしたちは早くも小学校で抱き始めます。たとえば、文字を用いて計算ができることを感嘆とともに初めて理解するときです。あるいは旅行をしていて、わたしたち自身の根深い先入観を見直さざるをえないような経験をするときです。かくも多くの物ごとが、より厳密に考えようとすると疑わしくなってくる。あらゆる知識が、ある種の深い無知に包まれているように思えてくる。であれば、わたしたちにたいして現われている世界、わたしたちの生きる場のように見える世界を、なぜわたしたちは、それでもなお信用するのでしょうか。

あなたと宇宙

この章では、そもそもすべてはどこで起こっているのかという問いをいっそう正確に吟味し、これに哲学的に答えてみたいと思います。きちんと筋道を立ててこの問いに答えるために、まずはいったん二つの概念をはっきり区別しておかなければなりません。日常生活においても、学問においても、また哲学においてさえも、今日ではすっかり混乱して用いられている二つの概念、すなわち「世界」と「宇宙」です。

まず「宇宙」から始めましょう。この概念は、現在のところ神秘的・宗教的な含意に満ちています。じっさい『その望みは宇宙がかなえてくれる』のようなスピリチュアル本のベストセラーでも、また同時代の映画作品やテレビ・シリーズでも（たとえば人気のシットコム『ママと恋に落ちるまで』では特に頻繁に）宇宙は、運命の場のように見なされています。宇宙は、わたしたちに何かを期待したり、わたしたちに何かを伝えようとしたりしているというわけです。ここで宇宙は、わたしたちが存在している場として最大級の全体を表わしています。リアリティ・現実・世界・コスモス・宇宙とは何なのかと自問するとき、わたしたちは、ほとんど漠然とではあれ、まずはこの最大級の全体が何であるのかを問うているのであって、この世界全体はそもそも何だと考えられるべきなのかと問うのは、その次のことです。

　こうして、この世界全体はおよそ何であるのかという問いと、人生の意味の問いとは、明らかに密接な関係にあります。仮に、この世界全体はそもそも亜原子粒子の巨大な集積か、あるいはもっと理解しがたい多くの構造体の集積である——たとえば無数のいわゆる弦が一〇次元の空間と一次元の時間のなかで振動していて、振動数に応じて電子やそのほかの粒子として現象するなど——としましょう。このような想定を出発点として考えるかぎり、ここから人生の意味を引き出すのは、かなり難しいでしょう。この場合、わたしたちの人生それ自体は、精神も心もない粒子の働きのたんなる結果、つまりはある種の幻想だということになるだろうからです。わたしは振動する弦の集積にすぎず、この弦の集積がそれ自身について、あれこれの関心・計画・願望・不安などを抱いて生きる人間だと錯覚している。こんなふうに想定するかぎり、わたしは『はてしない物語』に言われる虚無にすでに取り込まれているのです。

　宇宙について語るとき、わたしたちは、わたしたちがそのなかに存在している全体とは何なのかという問いに、すでに暗黙のうちに答えを与えています。多くのスピリチュアル愛好家と違って、わたしたちは普通、宇宙と言えば、暗闇を背景にしてきらめいている銀河や、そのほかの天文学的対象の巨大な集積のことを考えます。わたしたちの思い描く宇宙のイメージは、ちょうどある種のハッブル望遠鏡から撮られた巨大な写真のような観を呈しています。そして、この宇宙のなかのいずれかの地点に——正確に言えば、およそ四〇〇〇億ほどのほかの星々とともに銀河系の一部をなす太陽系の第三惑星に――わたしたち自身も存在しているというわけです。

わたしたちの在り処をこのように指示することは、一見したところ、それほど問題のあるものとは思われません。むしろ、たとえば「わたしはライン河畔の町ジンツィッヒのヘレーネンベルク通りにある自宅の居間にいる」というのと同じ類いの指示に見えるかもしれません。しかし、見た目に騙されてはなりません。居間の話をするのと、惑星の話をするのとでは、根本的な違いがある。つまり、惑星や銀河は天文学の対象であり、したがって物理学の対象だが、居間はそうではないということです。居間と惑星の違いは、こう言うこともできます――居間は、調度を整え、そこで食事をしたり、衣服にアイロンをかけたり、テレビを観たりするところだが、これにたいして惑星は、観察したり、費用のかかる実験によって化学的組成を推定したり、ほかの天文学的な対象との距離を測定したり、そのほか多くの研究の対象となるものだ、と。物理学では、居間が問題になることはありえません。せいぜい居間のなかにあるいろいろな物が、自然法則に従う物体として観られるかぎりで問題になりうるにすぎません。物理学には、惑星はともかく、居間は端的に現われてこないのです。

したがって居間と惑星は、けっして同じ対象領域には属していません。**対象領域**とは、特定の種類の諸対象を包摂する領域のことです。そのさいには、それらの対象を関係づける規則が定まっていなければなりません。たとえば、政治という対象領域があります。この対象領域には、有権者、地域のお祭り行事、いわゆる一般党員、税金、そのほか多くのものが属しています。また、自然数という対象領域もあります。ここには、たとえば7や5といった数が属していて、この領域全体に特定の算術的な基本法則が適用されます。対象領域は、必ずしも空間的に限定されているわけではありません。

オーバーヴェーゼル市長は、週末にロンドンに行くからといって、その間、オーバーヴェーゼル市長であることをやめるわけではありません。それぞれの対象領域に何が属するかは、それぞれに特定の規則・法則によって定められますが、そのような規則のなかには、もちろん局所的・空間的なものもあります。たとえば、わたしの左手の五本の指は、わたしの左手という対象領域に属しています。そのうちの二本の指がオーフースに居残ったまま、わたしがボンに帰ってしまったとすると、このオーフースに置き去りにされた二本の指は、わたしの左手という対象領域には属していないことになるでしょう。

第一に、どんな対象も何らかの対象領域に現われてきます。第二に、対象領域は数多く存在しています。たとえば居間はひとつの対象領域であり、そこに特定の対象が現われてくることが期待されます。たとえばテレビ、アームチェア、読書ランプ、リビングテーブル、コーヒー染みなどです。銀河も、やはりひとつの対象領域です。しかし、そこに見出されることが期待されるのは、読書ランプやコーヒー染みではなくて、星、惑星、ダークマター、ブラックホールそのほか多くのものです。また市町村自治体は、さらに別の対象を包摂しています。公務員、書類のファイル、法律、予算、退屈などです。

このように数多くの対象領域が存在しますが、日常的には、わたしたちは何の造作もなく対象領域を区別することができています。たとえば、市町村の役所を訪れると何が待ち受けているか、わたしたちはよく知っているはずです。番号札をとるか、順番を待つ大勢の市民の列に並ぶかして待たなければなりません。ときには、ほかの人より待たされることもあります。そうしてやっと自分の順番が来てみると、何か大事な書類が必要だというのに、もちろんそれは家に忘れてきた――まずこんなところでしょう。このような役所訪問という対象領域には、厳密な意味での物理学的な対象は現われてきません。役所訪問にさいして電子や化学的結合が問題になることはないからです。たしかに役所の事務室を化学的に分析したり、事務室という空間における二点間の正確な距離や、特定の対象の速度（たとえば時計の針の速度や、オフィスチェアの回転速度など）を測ったりすることはできます。しかし、このような研究は役所訪問とは別の何かでしょう。事務室が占めている特定の時空間の物理学的・化学的な分析は、もはや「役所の事務室」の分析ではありません。およそ役所の事務室に属する対象は、「役所の事務室に属するもの」としては物理学や化学に現われてこないからです。大事なのは、ゼムクリップや公務員は物理学では研究されないということです。物理学で問題になるのは、運動、速度、原因・結果などであって、日々使用されるゼムクリップの正確な数や公務員ではありません。だからこそ物理学や化学では、文字通りの意味で「すべて」が研究されるわけではないのです。ゲーテの『ファウスト』についての物理学的研究を計画しようとすると、ドイツ研究振興協会にたいする研究助成金の申し込みにさいしていろいろと差し障りが生じることでしょう。というのも、物理学で問題になるのは『ファウスト』の内容ではなく、せいぜいそれが印刷されている書物ないし書類を構成している対象（原子、分子、等々）にすぎないからです。

先ほどの問題に戻りましょう。わたしたちの在り処は、もともと宇宙のなかのいずれかの地点として指示することができるものなのか。わたしたちの居間は宇宙のなかに存在していると思われるかもしれませんが、そうではありません。厳密に考えてみれば、宇宙はもっぱら自然科学の――とりわけ物理学の――対象領域にすぎないからです。ここでしっかり確認しておきましょう。宇宙とは、何よりも、自然科学の方法にしたがって実験によって研究することのできるすべてのものが現われる場にほかなりません。宇宙について問題になるのは、おそらく四次元の時空間でしょう。しかしこれも、まったく確かなわけではありません。ですから、ほかならぬこの宇宙のなかに現われるのは何かという問いは、やはり誰よりも物理学者に委ねることにしましょう。それでも哲学者としては、こう判断することができます。宇宙は、物理学の対象領域ないし研究領域にほかならない以上、けっしてすべてではない、と。ほかのあらゆる科学と同じく、物理学にも、自らの研究対象でないものはいっさい見えません。だから宇宙は、世界全体よりも小さい。宇宙は全体の一部分にすぎないのであって、全体そのものではありません。

宇宙が物理学の対象領域であることから、「宇宙」と言えば、限りない拡がりのことも思い浮かびます。そのような無限性を前にしては、わたしたちなどないも同然です。わたしたちは目眩に襲われ、文字通り足下の大地を失ったような気持ちがします。考えてみてください。わたしたちは地球の表面に立っていますが、それも何らかの自然法則に基づいて地球に引っ張られているからにすぎません。その地球は、広大な宇宙空間のなかを大変な速度で動いています。じつのところ、わたしたちが宇宙空間のどこに存在していることになるのか、正確にはわからないほどです。中心・周縁といった概念は、この時空を記述するのに適したものではありません。ここには中心も周縁もないからです。中心や周縁といった概念によって考えるのは、古代の世界像にしがみついたままなのと変わりません。つまり宇宙の中心には天の川があり、宇宙の周縁には落下の危険がある、というようなものです。ペシミズムの哲学者アルトゥール・ショーペンハウアーは、宇宙のなかでのわたしたちの状況を、かつて以下のように記述しました。

> 無限な空間のなかに、無数の輝く球体がある。そのひとつひとつをめぐって、さらに小さな球体がおよそ一ダースほど、照らされながら周回している。それらの小さな球体のなかは熱いが、表面は冷めて固まっている。その表面上で、これを覆う黴が、認識能力をもった生物を生み出した。――これが経験的な真理、現実の姿、この世界である。しかし思考能力をもった生物にとっては芳しからぬことに、この生物は、無限な空間のなかを浮遊する無数の球体のうちのひとつの表面に立って、どこから来てどこへ行くのかも知らずにいる。しかも、始まりも終わりもない時間のなか、押し合いへし合いして苦しめあい、休む間もなく生まれては消える、似たような無数の生物のひとつにすぎないのである。ここで不変なのは、物質と、さまざまな有機的な形態の繰り返しとだけである。この繰り返しは、ともかく現にある経路にしたがって起こる。[9]

あらゆる生命と意味を宇宙のなかの何らかの地点に位置づけることにすると、人生の意味は、すっかり縮減されて、いわば何らかひとかどのものだと自惚れた蟻の幻想であることになってしまいます。わたしたちは、ほかでもない自らの生存への利害関心ゆえに自分自身を特別視していて、人間とその生活世界とを何か特別なもののように考える傲慢な幻想にふけっているにすぎない。宇宙から眺めてみれば、そんなふうに見えることでしょう。わたしたちが何をどう感じているかなど、宇宙のなかで中心的な役割を演じてはいません。久しい以前に消滅してしまった銀河――その光が今ちょうどわたしたちに届いている――にしてみれば、今朝わたしが朝食をとったかどうかなど、まったくどうでもよいことです。宇宙のなかでは、わたしたちは、せいぜい数ある生物種のひとつにすぎません。ここで問題になるのは、せいぜい物質的な環世界を媒体として、腹を空かせた身体を操縦し、他者と協働することで、人間という種の生存のチャンスを増大させることでしかありません。

人生の意味を宇宙に見出すことはできません。それは、じっさいにわたしたちが、ほかからの光に照らされた球体の表面上を忙しく動きまわる蟻の群れにすぎないからではありません。わたしたちの人生が些末で無意味なもののように思われることの本当の原因は、まったく異なる対象領域をわたしたちが混同していることにあります。「宇宙」という言葉は、何らかの事物を表わすだけでなく、ものを見るさいの特殊な見方をも表わしているのです。それは、在り処を指示するさいにほかに選択の余地のない自明な方法であるわけでもなければ、わたしたちが存在している世界全体を表わす名称として確立しているわけでもなく、複雑な思考の操作の結果にほかなりません。宇宙は、どれほど広大であろうと、世界全体の断片のひとつにすぎません。

かつてフリードリッヒ・ニーチェは、的を射た多くのアフォリズムのひとつで、こう書いていました。「英雄をめぐってすべては悲劇になり、半神をめぐってすべてはサテュロス劇になる。そして神をめぐってすべては――どうなるのか。あるいは「世界」になるのか」[10]。これにあわせて付け加えるとすれば、「自然科学者をめぐってすべては宇宙になる」とか「兵士をめぐってすべては戦争になる」などと言うこともできるでしょう。現実に存在するすべてのものは宇宙のなかにあるとか、すべての出来事は宇宙のなかで起こるといった考えは、数ある対象領域のひとつを世界全体と見なすという間違いを犯しています。それはちょうど、植物学を研究しているからといって、およそ存在するものはすべて植物であると考えるようなものでしょう。

宇宙のなかに居間の在り処を位置づけるとき、わたしたちは、まったく気づかぬままに、ある対象領域から別の領域へ移行しています。通常よりずっと正確に宇宙概念を定義すれば、宇宙には――つまり、ひとつの自然科学的な対象領域には――多くの対象が属していないことがわかります。テレビのコメディ番組『シュトロームベルク』や、トーマス・マンの小説『魔の山』は、自然科学で研究されることはありませんが、居間という対象領域には現われてきます。ここから得られる第一の結果に、おそらくまずは慣れなければなりません。すなわち、宇宙のなかには存在しない対象が数多くあるということです。つまり、宇宙は思われているよりも小さい。少なくとも数千億の銀河と、とんでもなく数多くの亜原子粒子とでできているのだとしても、それでも宇宙は思われているよりも小さいということです。宇宙は、エネルギーに満ちているとも言い伝えられているし、いまだに研究されていない事実もたくさんある。それでも、数ある限定領域のひとつ、世界全体の**存在論的な限定領域**のひとつにすぎません。宇宙のなかに現われてこない数多くのものがある。このことだけでも、宇宙は存在論的に限定された領域でしかありません。宇宙と並んで、ほかにも対象領域は数多く存在しています。もちろん、それらの対象領域がそっくり宇宙の外部に存在しているわけではありません。そのようなことを主張するのであれば、それはまったく別の（しかも間違った）テーゼです。トーマス・マンの『魔の山』やドイツ連邦共和国は、宇宙とは別の場所に――いわば銀河の向こう側や銀河を超えたところに「超銀河的」ないし「メタ銀河的」に——存在しているわけではありません。

先に進む前にちょっと立ち止まって、すぐに思い浮かぶ反論を見ておくのがよいでしょう。その反論によれば、わたしが挙げたような対象は、どれもしっかりと宇宙に属している。なぜなら、それらの対象はいずれも結局のところ、物理学によって研究される物質でできているからだというわけです。じっさい、あらゆる普通の居間に置かれている普通のリビングテーブルは、どれも物質でできています。けれども、たとえば夢のなかの居間に置かれている夢のなかのリビングテーブルは、物質ではできていません。それと同じように想像上の一〇〇ユーロ紙幣も、やはり物質ではできていません。さもなければ誰もが、とても簡単にお金持ちになれることでしょう。三〇〇万枚の一〇〇ユーロ紙幣を想像し、高級住宅街のマンションでも買えばよいわけです。マンションの購入費を想像上のお金で支払っても、必要なだけの金額を想像しさえすれば、すぐさま想像上の預金残高を支払い前の状態に戻せるでしょう。記憶の想起にも、まったく同じことが言えます。昨夜の夕食を五回も想起したとしても、それで体重が増えたりはしません。想起された夕食——より正確に言えば、夕食の記憶像——は、体重を増やす養分にはならないからです。記憶のなかから想起される対象や光景は、物質的には存在していませんし、宇宙のなかには（もはや）現われてきません。

唯物論

　ここで大切なのは、物理学主義と唯物論を区別しておくことです。**物理学主義**とは、現実に存在するすべてのものが宇宙のなかにあること、したがって物理学によって研究されうることを主張するものです。これにたいして**唯物論**とは、現実に存在するすべてのものが物質的であることを主張するものです。古代ギリシアから知られている古典的な形の唯物論、すなわち原子論の主張によれば、本当に存在しているのは原子だけ――現代であれば、さしずめ物質の原要素となる「神の粒子」だけ――であり、そのまわりには空虚が拡がっているとされますが、これ以外にも、まったく別の形のさまざまな「唯物論」が存在します。つまり「唯物論」という言葉は、まったく異なるさまざまな理論を特徴づける名称でありうるわけです。しかし、ここで「唯物論」という言葉を用いるさいには、以下の二つのテーゼを意味するものと限定しておきましょう。(1)現実に存在するすべてのものは、宇宙のなかに現われる。(2)宇宙のなかに現われるすべてのものは物質的であるか、少なくとも物質的なものに基づいている。このような意味での唯物論によれば、現実に存在するすべてのものは、原要素となる素粒子でできていることになります。レゴブロックでできた巨大な構築物のように、すべては――水素原子から、アルプス山脈、わたしの思考に至るまで、何もかも――素粒子から組み立てられているというわけです。このような唯物論によれば、わたしの思考は脳の特定の状態であって、そのような脳の状態としてのみ現実に存在していることになります。

　唯物論者の想定によれば、ひとが想起したり想像したりする対象が必ずしも物質的ではないとしても、その想起や想像それ自体は脳の何らかの状態であり、したがって物質的である。しかし、これはとても奇妙な想定です。たとえば、この想定によると、物質的なものであるはずの脳の状態が、それでも想像という形で、物質的でない対象に関わることがありうることになります。これをどう説明するのでしょうか。そもそも、どうして物質的なものが、物質的でないものを対象とすることができるのでしょうか。およそ脳の状態が物質的でないものを対象とすることを唯物論者が認めるのであれば、すでに、物質的でないもの——すなわち、脳の状態が対象とすることのできる物質的でないもの——が存在することを認めていることになります。ここで、ちょっと想像してみてください。頭を三つももち、緑色をしたスライム状の地球外生命体が、ちょうど今『なぜ人間は存在しないのか』というタイトルの本を書いている、と。わたしたちの知るかぎり、この表象に対応するようなものは、宇宙のなかには存在しません。しかし、そのようなことが絶対にないとも言い切れませんから、ある脳の状態の内容が何らかの物質的なものを示しているのか否かは、まったく定かではありません。同じような事例は、ほかにも無数に考えられます。

ここに第二の問題が加わります。唯物論者の考えでは、物質的でない対象についての想像が存在するのは、それを想像するわたしたちが、物質的でないものを対象とする物質的な状態にあるからです。とすれば、唯物論者が「物質的な状態だけが存在する」と考えるとき、当の唯物論者も何らかの物質的な状態にあるはずです。ところが唯物論者自身の想定によれば、すでに見たように、（想像しているときの脳の状態のように）物質的な状態は、物質的でないものを何らかの仕方で対象とすることで、物質的でないものに関わることがありうるのでした。とすると唯物論者は、「物質的な状態だけが存在する」という考えが想像でないことを、どこから知るのでしょうか。唯物論者は、自らの思考対象となっている物質的な状態がけっして想像でないこと、むしろ現実に物質的であることを、どうすれば確かめられるのでしょうか。

その点を確かめるべく、唯物論者は、実験による帰納的な方法をとろうとするかもしれません。そのためには、すべての対象と思考を精査して、そのいずれもが物質的であることを証明しなければなりません。しかし、これは費用も手間もかかりすぎるでしょうし、時間の面からしても成し遂げられそうにありません。取り上げなければならないデータが多すぎるからです。すべての対象を（したがって、すべての思考をも）考察し、そのいずれもが物質的であるかどうかを吟味するというやり方では、「物質的な状態だけが存在する」という考えを正しいとする主張は、確かめることができません。であれば唯物論者は、すべての対象が物質的な状態であるということを、どこから知るのでしょうか。そこを説明されないかぎり、唯物論に賛同することはできません。

そういうわけで唯物論は、自然科学の方法によって証明できる主張ではありません。そればかりか唯物論は、端的に間違ってもいます。それは、唯物論の抱える特に重大な二つの問題によって明らかにすることができます。唯物論にとって、見たところ物質的でないものは、すべて、いわば物質的なものの付属物としてしか存在しません。このテーゼのセールス・ポイントは、世界について完璧に説明をつけると約束していることです。現実に存在するすべてのものは物質的である。ここには、わたしたちの思考も含まれる。わたしたちの思考は、わたしたち自身の脳の何らかの物質的な（つまりニューロンの）状態にほかならないからである。見たところ物質的でないものは、すべて脳が創り出した幻影にすぎない、と。

唯物論の第一の問題は、同定の問題です。唯物論の説くところによれば、わたしがコーヒー染みのついたリビングテーブルを見ているとき、わたしの抱いているこの表象は、最終的には、リビングテーブルもコーヒー染みも物理学的な対象――たとえば亜原子粒子――でできているということに還元できる。しかし、すべての亜原子粒子のなかから、コーヒー染みのついたリビングテーブルに関連性のある亜原子粒子だけを適切に選び出す――つまり関連性のある粒子の集積を同定する――ためには、ここで求められているのがリビングテーブルの粒子である（たとえばリビングテーブルに置かれたリモコンの粒子ではない）ことが前提となります。こうして、リビングテーブルなしには当のリビングテーブルの粒子を選び出すことができない以上、わたしたちはリビングテーブルの存在を認めざるをえません。同じことが、想像についても言えます。想像の存在と、当の想像によって表象されている物質的でない内容の存在とを認めなければ、当の想像を生み出しているはずの粒子の群れを同定することはできません。より一般的に言えば、こうなります。唯物論は、物質的でない表象の存在を否定するためにこそ、当の表象の存在を認めざるをえない、と。これは矛盾にほかなりません。

唯物論の第二の問題は、唯物論にとってほとんど破壊的なものです。それは、唯物論それ自体が物質的でないことにあります。唯物論とは、例外なくすべてが物質的な対象（素粒子であれ何であれ）でできているとする理論です。これが正しいとすると、これを主張している当の唯物論の正しさも、たとえば唯物論者の脳のニューロンの状態といった形で現われる素粒子の配置関係にほかならないことになるでしょう。しかし考えの正しさは、その考えが脳の状態であることによるのではありません。さもなければ、どんな考えであっても、誰かの脳の状態である以上、それだけですでに正しいことになってしまいます。考えの正しさは、何らかのニューロンの状態にあるということと同じではありえません。より一般的に言えば、およそ唯物論的な認識概念や正しさの概念をどのように表象すべきなのかは、まったく不明なままです。考えの正しさそれ自体は、素粒子ではまずありえませんし、素粒子でできていることもありえないからです。

これまでに何が明らかになったでしょうか。わたしたちが見てきたのは、すべてを——わたしたちの居間から、コーヒー染み、隣近所の人たち、公務員、銀河に至るまで——宇宙のなかに位置づける思考の操作には、どうしても矛盾が含まれるということでした。すべてを宇宙のなかに位置づけることなど、できそうにありません。そんなことができるとすれば、物理学主義ないし唯物論だけが本当の選択肢であることになります。けれども、いずれの理論も、かなり重大な間違いを犯しています。つまり、ある特定の対象領域を世界全体と取り違えているのです。それは、まるで自然科学者が列車の車掌さんにたいして「あなたは現実には存在していない。たんに粒子の集積にすぎないのだ」などと言うようなものです（ついでに言えば、もしそのとおりだとしても、この自然科学者にたいして乗車券の購入が免除されるわけではありません）。

「世界とは、成立していることがらの総体である」

ですから、宇宙と世界を区別しなければなりません。しかし、これはそもそも何なのでしょうか、この世界とは？　「世界」という言葉は、何に関わっているのでしょうか。日常的にわたしたちがこの言葉で指しているのは、わたしたち自身の生きるこの惑星、つまり地球です。英語では、わたしたちの太陽系のそとにある惑星でも、ともかく居住可能な惑星であれば「世界(ワールド)」と呼ぶことが定着しています。そのほかにも「世界」という言葉は、何かの小説作品の世界だとか、アボリジニの世界、幸せな人の世界〔ヴィトゲンシュタイン『論理哲学論考』六・四三〕、またローマ人の世界などといった意味でも用いられます。現に存在しているあらゆる対象の総体を世界と見なす傾向が、いわば本性によって、わたしたちの誰にでもあることは否めません。しかし、そのような総体が存在しうるためには、ある種の規則ないし法則が存在して、当の総体をとりまとめていなければなりません。ローマ人の世界とは、たんに当時ローマ帝国に存在した対象の総体ではなく、それらの対象の相互関係でもあり、それらの対象を扱うローマ人特有の様式でもある――つまりローマ人の文化や、儀礼・慣習の総体でもあるわけです。この決定的な点に初めて注意を促したのは、ルートヴィッヒ・ヴィトゲンシュタインでした。ヴィトゲンシュタインは、『論理哲学論考』の第一テーゼ群でこう書いています。

一　世界とは、成立していることがらの総体である。
一・一　世界は事実の総体であって、物の総体ではない。[11]

ここで言われていることは、次のように説明することができます。まず、よく知っているありふれた物、リンゴを例にしましょう。リンゴが果物鉢に盛られているとします。そして、およそ世界にはこのリンゴと果物鉢と、両者の占めている空間とだけが存在するものと想定しましょう。この事例では、世界は以下の三つの物の総体に等しいと考えることができます。

1　リンゴ
2　果物鉢
3　両者の占めている空間

世界は、もしリンゴが果物鉢より大きかったとしたら、あるいはリンゴが果物鉢に盛られていなかったとしたら、ここで想定している世界ではありません。ここで想定している世界は、じっさい果物鉢に盛られたリンゴから成り立っているからです。こうして物それ自体と並んで、物の相互関係に関わる事実も存在しているわけです。

事実とは、何かについて「真である」と言える何らかのことです。たとえば、リンゴが果物鉢に盛られていることは、リンゴについて真であると言えます。このような意味での「事実」は、世界にとって、少なくとも物ないし**対象**と同じくらい重要なものです。このことは、ごく簡単な思考実験で理解できます。事実は存在せず、物だけが存在していると想定してみましょう。すると、物について真であると言えることは、いっさい存在しないことになります。そのようなことが存在するとしたら、事実が存在することになってしまうからです。だとすると、しかし、物について真であると言えることが存在しないということ、このことは物について真であると言えることになります。これは明らかに甚だしい矛盾です。こうして、考えられるかぎりのどんなシナリオでも、少なくともひとつは事実が存在するわけです。これにたいして、物が存在しないシナリオは少なくありません。このことも、簡単な思考実験で示すことができます。およそ何も存在していないと想像してみましょう。時空もなければ、ミーアキャットも靴下も存在せず、惑星も恒星も存在しない。端的に何も存在していない、と。このとても荒涼とした絶望的な状況においても、何も存在しないということは成立していますし、ここには何も存在していないという考えは真であると思われます。とすると、この荒涼とした無の世界においても、少なくともひとつは事実が存在していることになります。すなわち、荒涼とした無の世界が問題となっているという事実です。しかし、この事実それ自体は、どうあっても無ではありえません。むしろすべてを決定するような事実、つまり絶対的な無の世界についての真理にほかなりません。こうして、この荒涼とした無の世界にも、存在するものがあることになります。すなわち、当の荒涼とした無の世界について真であると言えることが存在しているわけです。したがって、およそ絶対にまったく何も存在しないのは不可能だということになります。少なくともひとつは事実が存在するのでなければ、(この事実以外には)何も存在しないということがありえないからです。

事実のない世界は存在しません。何も存在しないという事実がなければ、何も存在しないということ自体が存在しません。昼食に食べるものが何もないとすれば、これはひとつの事実があるということ、状況によってはとても腹立たしい事実があるということです。絶対的な無は存在しません。つねに何らかのことが成立していて、つねに何かについて何らかのことが真であると言えるのです。どんなひとも、また何ものも、事実から逃れることはできません。全能の神であっても同じです。神であっても、事実から逃れることはできません。こうして話題になっているのが神であって無ではないということは、ともかくもひとつの事実だからです。これにたいして、物のない世界は容易に考えられます。夢の世界には、時間的・空間的な拡がりをもった物は存在せず、夢に見られた対象だけが存在しています（これは「対象」と「物」を区別する重要な点です。つねに具体的・物質的な性格が「物」にはありますが、そのような制約が「対象」にはありません）。夢に見られた対象は、時間的・空間的な制約のもとで実在する物に似てはいますが、そのような物ではありません。もっとも、わたしたちが夢のなかで自らの身体を抜け出し、じつは宇宙のなかを旅しているのだとすれば話は別ですが、そんなことはとてもありそうにないと個人的には思います。

今のところ、わたしたちにわかっているのは、世界とはひとつの全体をなす連関であるということ、また世界は対象や物の総体であるだけでなく、事実の総体でもあるということです。ヴィトゲンシュタインは、ここで分析を終えてしまいます。事実の総体が存在していて、それによって世界が定義される――ヴィトゲンシュタインは、そう考えたからです。

しかし、ヴィトゲンシュタインにはわからなかったとしても、わたしたちにはわかっていることがあります。物・対象・事実だけでなく対象領域も存在しているということです。それゆえ、ここではさしあたり、こう定式化しておくことができるでしょう。**世界**とは、すべての領域の領域、すべての対象領域を包摂する対象領域である、と（これと違って宇宙は、自然科学の対象領域しか包摂していません）。また、さまざまな対象領域が数多く存在していること、さまざまな対象領域のなかには排除しあうものもあれば、さまざまな仕方で包摂しあうものもあることもわかっています。たとえば美術史という対象領域は、ルネサンス時代の芸術作品を実験室で化学的に分解したり、新たに合成し直したりすることを排除しています。そんなことをすれば美術史の対象は台なしになってしまうからです。これにたいして自然数という対象領域は、偶数という対象領域を包摂しています。あるいは民主的な地方政治という対象領域は、たったひとつの政党だけが選挙に出られるということ、つまり一党独裁を排除していますが、別の対象領域——たとえば地元の九柱戯クラブなど——を包摂しています。

このようなわけで、すべての事実がたんに同等に並び立っているわけではありません。むしろ事実の地盤は、さまざまな対象領域に分けられています。必然的にそうなるほかないということは、後ほど見ることにしましょう。今この時点では少なくとも、数多くの対象領域が存在しているのは明らかだということ、これを確認しておけば十分です。事実の地盤にはさまざまな構造があり、さまざまな領域、さまざまな**存在論的な限定領域**に分けられるのだ、と。

ここで、またしても異議が唱えられるかもしれません。対象領域とは、本当に事実の地盤を区分した存在論的な限定領域なのか。つまり本当に現実そのものを区分した個々別々な領域なのか。だとすると事実の地盤とは、ある種の継ぎはぎ絨毯なのか。むしろ、これまでに話題となったさまざまな対象領域は、じつのところたんなる話の領域であることがうかがわれはしないか。たしかに、わたしたちは居間や素粒子、コーヒー染みや地方政治家、キリンや月について話している。しかし、現実そのものがこれらの領域に区分されていることを、わたしたちはどこから知るのか。さまざまな対象領域へと世界が区分されるというのは、本当にたんなる話し方の問題以上のもの、言葉のあや以上のものなのか、と。

こうした異議が出てくる根底には、次のような考えがあるのかもしれません。多くの対象は——おそらく、すべての対象がそうだとさえ言えるだろうけれども――ほかのさまざまな対象を組み合わせてできている。じっさい、わたしの身体は、さまざまな器官や手足からできている。わたしのもっている書物のどれにも、数多くのページがある。わたしのレンジには、複数の加熱プレートがある。山脈は複数の山からできていて、雪を戴いていることも少なくない。砂漠は、数え切れないほど多くの砂粒からできている。こうしたさまざまな対象の区分は変更することができるし、境界が曖昧なことも多い。ある山脈のまんなかに谷を「切り込んで」、この山脈を分けたとしよう。このとき、二つの山脈があることになるのか。それとも、やはり（些細な切れ目はあれども）ひとつの山脈があることになるのか……。

あるいは、芸術家のアトリエを訪れたとしよう。テーブルを見ると、飲み物の入ったガラス壜がある。喉の渇きを覚えたので、テーブルに近寄ってガラス壜を手に取ろうとしたところ、テーブルもガラス壜もひとつの鋳造作品であることが判明した。ガラス壜の置かれた木製テーブルそっくりに芸術家が鋳造して彩色したのだ。このようなことは、科学研究の文脈でも頻繁に起こっている。たとえば、水が分子からできていることが判明したかと思うと、その分子は原子からできていること、さらに原子は核子からできていることが判明した。こうして、現実だと思われていた数多くの対象領域が幻想であること、人間的な、あまりに人間的な投影物であることが明らかにされてきたのである。とすれば、どのような権利があって、現実それ自体が数多くの対象領域からできているなどと想定することができるのか。現実それ自体のどの部分をとってみても、それは人間の認識欲求と誤謬の表現ではないのか。おそらく対象領域などというものは存在しない。むしろ、さまざまな事実の総体だけが存在しているのだ……。

以上のような考えには、たしかに正しい点も見受けられるとはいえ、ほとんど目立たないほど細かな間違いが、かなりたくさん潜んでいます。手始めに見ておきたいのは、わたしたちも、特定の条件のもとでは、わたしたち自身の世界像から何らかの対象領域を抹消する用意がなければならない、ということです。このような抹消を**存在論的還元**と呼びましょう。立派な対象領域と見えていたものが、じっさいには話の領域にすぎなかった。客観的な言説と見えていたものが、じっさいには実体のない空談にすぎなかった。このようなことが判明するときに、存在論的還元が行なわれます。このような意味で、初期近代の「魔女教書」や、それに類する文書に書かれていることは、すべて空談にほかなりません。当時としては、魔女というナンセンスに何とか説明をつけようとする努力の成果だったのだとしても、やはり空談であることに変わりはありません。ですから、それらの文書に正しく接するためには、そのようなものを生み出した歴史的・心理的な状況を問わなければなりません。それらの文書は歴史的な史料にすぎず、魔女についての正しい知識を内容とするものではありません。そこに魔女についての正確な情報を期待しているとすれば、とんでもない間違いを犯していることになります。それなら「ヘンゼルとグレーテル」を楽しんでいるほうがまだましです。似たようなことは、動物界や植物界の区分でも起こります。生物学は、クジラが魚ではないこと、イチゴがベリーの仲間ではなく偽果であることを教えてくれました。「世界」についての数多くの発見の結果、わたしたち人間が長いあいだ多くのことについてとんでもない誤解をしていたことが明らかとなり、そのたびに存在論的還元が行なわれてきました。

こうして近代では——ここ五〇〇年のことですが——それでもまだ科学であれば、現実がどうなっているのかを本当に発見できるはずだと考えられるようになりました。多くの対象領域が実体のない話の領域、つまりは純然たる空談であることが判明し、それによって存在論的還元という概念が得られたのでした。「還元する」とは、文字通りに言い換えれば「帰す」ことです。したがって、存在論的還元を行なうとは、問題となる対象領域の本質を話の領域に帰したうえで、この話の領域が、それ自身によって想定されているようには客観的でなく、むしろ特定の歴史的・社会経済的・心理学的な偶然事によって規定されているのを示してみせることです。ですから、多くの対象領域にたいして誤謬の理論が必要となります。**誤謬の理論**とは、問題になる話の領域の体系的な誤謬を明らかにし、当の領域の本質を一連の誤った想定に帰するような説明方法です。

存在論的還元が行なわれるにあたっては、自然科学であれ、人文科学であれ、社会科学であれ、実質のある学問的な認識が前提となります。たとえば、ビスマルクの画期的な伝記が出ることによって——ちょうど、地球が太陽のまわりをまわっていること、その太陽系全体がまた別の何かのまわりをまわっていることが証明されたのと同じくらいのインパクトで——政治という対象領域のイメージが一変することもありうるわけです。

構築主義

ここに示されているのは、多様な対象領域のいっさいを、たやすく唯一の対象領域へと存在論的に還元することはできない、ということにほかなりません。ひとつの対象領域を存在論的に還元するにさいしてさえ、きちんと学問的な根拠をもって行なうには、それにふさわしい特定の学問的方法を用いなければなりません。この方法は、ほかの対象領域の存在論的還元にさいして用いられるべき学問的方法とは違うもののはずです。複数の対象領域が存在していることが、そこではすでに前提となっているわけです。いっさいを唯一の対象領域に還元しようと思うこと自体、あまりに逸(はや)った大胆にすぎる企てであり、現実の複雑さも、人間の認識形式の複雑さも、まるで考慮していないと言わざるをえません。いっさいを唯一のものへと存在論的に還元するのは、学問的とは言えない怠惰の表現でしかありません。

じっさい人類は、かなり多くのことについて誤解してきましたし、今もしているに違いありません。わたしたちは、いったい自分が何を知らずにいるのかを、まるで知らずにいることも多い。わたしたちの無知がどこまで拡がっているのかは、まったく測り知れません。だからといって、あらゆる対象領域が人間的な投影物にすぎない――つまり、本来わたしたちの認識には依存しない均質な現実を、わたしたちの認識の便宜のために区分したものにすぎない――ということにはなりません。そのような主張のほとんどは、逆説的な洞察に逢着してしまいます。わたしたち人間がさまざまな仕方で区分している、もともと均質なひとつの現実という想定も、これまた人間の便宜のための区分にすぎないはずだ、と。まさにこのような洞察が、ニーチェの有名な言明の背後に潜んでいます。

いや、まさに事実は存在せず、解釈だけが存在するのだ。我々は事実「それ自体」を確認することができない。そのようなことを望むのは、おそらく無意味である。「そのような意見はどれも主観的だ」と君たちは言うだろう。しかし、それがすでに解釈なのだ。「主観」は所与のものではなく、捏造して付け加えられたもの、背後に挿し込まれたものである。[12]

この引用に含まれている言明の大部分は間違っていますが、これによってニーチェが表現している考え方は、今日あらゆる学問分野に立派な代表者たちを得ています。この考え方を「構築主義」と呼びましょう。すでに本書の序論で、この考え方とは別の立場をとることを表明しておきました。わたしが**構築主義**と呼ぶのは、「我々は事実「それ自体」を確認することができない」のであり、むしろ事実それ自体を構築しているのだと想定する考え方です。

およそこのような想定を援護するものがあるとすれば、それは次のような考え方でしょう。わたしたちは、さまざまな装置・手段・理論によって、じっさいに多かれ少なかれ意識的に、さまざまな学問的確信をもたらしている。たとえば、わたしたちは実験を行ない、数学的な公式・等式によって結果を記述する。あるいは生きたカエルを解剖する。加速器を用いて亜原子粒子を観察する。さまざまなアンケート調査を実施する。博士論文でゲーテとシラーを比較研究する。ビスマルクからヴァイマル共和国崩壊までの社会立法の歴史を書く……等々。

これらの事例のいずれにおいても、わたしたちは、それぞれにふさわしい特定の前提から出発し、特定の方法を用いています。そのような前提・手段・方法・素材のセットを**認知機構**と呼びましょう。およそ学問的な探究は、何らかの認知機構を用いることを前提とします。それぞれの場合にふさわしい特定の認知機構を用いることで、学問的な認識が生み出されるわけです。そして、じつのところ多くの認知機構は、人間によって意図的に構築されていなければ存在していないことでしょう。ここで顕微鏡を例にしてみましょう。顕微鏡を用いることで、ペストの病原体となる細菌エルシニア・ペスティスが観察されます。まず顕微鏡を作るのに必要となる科学的・技術的なノウハウは、膨大なものでしょう。次に顕微鏡を用いての観察という事態も、人間による認識行為の干渉がなければ生じなかったことでしょう。こうして観察される世界領域は、別の仕方で観察することもできたはずのものです。たとえば裸眼で観察していたら、どうだったでしょうか。あるいは顕微鏡の匂いを嗅ぐこともできたでしょうし、問題の細菌を含んだ溶液について一篇の詩作品を書くこともできたでしょう。そして、それぞれの結果は同じものではないでしょう。以上のようなことから、構築主義者は、わたしたちの観察している当のもの、すなわち事実もまた構築されているのだと不当にも結論してしまいます。同じものをいろいろと違った仕方で記述することができ、それらの多様な記述の多くを正しいものと見なすことができることから、構築主義者は、わたしたちが「認識」しているのは事実それ自体ではなく、わたしたち自身の用いる認知機構を通じて現われたかぎりでの事実にすぎないと考えます。しかし、わたしたちが物ごとをいろいろと違った仕方で認知するからといって、わたしたちがその物ごとをもたらしたことにはなりません。

構築主義者の考え方がとりわけはっきりと表われるのが、解釈を旨とする人文科学です。人文科学の対象は文化的産物であり、つまりは社会的・歴史的に成立した人間的構築物にほかなりません。たとえばヘルダーリンの一篇の詩作品の解釈は、それ自身もまた解釈される（構造主義的な解釈、精神分析的な解釈、解釈学的な解釈などとして分析される）ことができます。しかし構築主義は、このように文化的産物の解釈にたいする解釈として流布しているだけではありません。自然科学は、世界をあるがままの姿で認識する代わりに、世界モデルの構築に汲々としているにすぎない――自然科学にたいするこのような論難にも、構築主義の考え方が見て取られます。しかし、このような論難に表われているのは、明らかに場違いな謙虚さではなく、容易に見抜いて避けられる間違いにすぎません。

わたしたちは今まさに列車で座席についていて、人びとが乗り込んでくるのを見ている（認識している）としましょう。この場合、人びとが列車に乗り込んでくるということは、ひとつの事実です。ここでの前提として、わたしたちが見ているのは幻覚ではないとしましょう。そういうこともありうるでしょうが、およそ例外的な事態でしょう。とすれば、わたしたちの認知機構（この場合、わたしたちの眼）は、事実の的確な視覚像をもたらしていることになります。こうして目にされて認識されているこの事実は、それ自体として成立しています。とはすなわち、この場合には次のことを意味しています。仮に、列車に乗り込んでくる人びとを列車内で見ている者がひとりもいなかったとしても、それらの人びとが列車に乗り込んできているという事実に違いはない、ということです。これとまったく同じように、仮にゲーテの『ファウスト』を目にする独文学者がひとりもいなかったとしても、ファウストがグレートヒェンを愛するようになったという事実に違いはありません。プルーストの『失われた時を求めて』の登場人物「アルベルチーヌ・シモネ」を表現する叙述は、画家モネの印象主義との複雑な文学的対決の成果でもありました（「シモネ」は「シ－モネ」とも解せられるわけです）。比較文学の入門講義でそう教わるか否かにまったくかかわらず、この事実に違いはありません。プルーストの創作になる画家「エルスチール」にも、同じことが言えます。じっさい作中で、この画家はモネに比されています。仮に、人類がいつかモネを忘れてしまうことがあるとしても、それでもモネがプルーストと同じパリを生きたという事実、これにたいしてエルスチールがプルーストおよびわたしたちの想像のなかでだけ生きているという事実、これが依然として真であることに違いはありません。あるいは、こんな問いを立てることもできます。トーマス・マンの『ヴェニスに死す』のグスタフ・フォン・アッシェンバッハは、どんな人物形象や出来事を幻視しているのか、と。だからといって、この作品を正しく解釈するためには、アッシェンバッハの認知していることのすべてが幻覚であるとか、アッシェンバッハは本当は（ヴェネツィアでなく）ハンブルクの自宅にいて、ＬＳＤを過剰摂取しているのだと想定しなければならないということにはなりません。

一般に「フィクション」と特徴づけられる小説・物語・映画などの作品の内部にも、事実と虚構が存在します。小説の登場人物もいろいろな事態を想像することがありますし、安定していると見られがちな「虚構」の世界と「現実」の世界との境界さえもが、多くの作品で——たとえばモキュメンタリー作品『The Office』や『パークス・アンド・レクリエーション』などで——なし崩しにされていると言ってよいくらいです。『インセプション』のような映画作品も「虚構」と「現実」の区別を掘り崩してしまいます。『インセプション』の題材となっているのは、夢の世界に入り込む技術です。

そこでは、現実だと思われているのが、じつは夢の世界だったりします。このようにして『インセプション』は、「映画とは視覚化・動画化された夢の世界である」という常套句を逆手にとっているわけです。

わたしたちがおよそ何かを認識しているとすれば、そこでわたしたちが認識しているのは事実にほかならない。ここで言う「事実」が、事実それ自体、つまりわたしたちなしでも成立する事実であることも少なくありません。これにたいして、今日広く流布している形態の構築主義は脳研究に訴えます。わたしたちが認知している多彩な四次元的現実は、わたしたち自身の脳による仮構物・構築物である――こういう話を読んだり聞いたりすることもよくあります。そのような話によると、次のようなことになります。本当に存在しているのは物理的な粒子か、何らかの「理解しがたい」事態だけである。たとえば、多次元的な空間のなかで振動している弦、あるいは――より地味な発想としては――亜原子粒子などが、何らかの法則にしたがって、色彩のない固形物へといわば凝固していて、その表面で光の粒子がはね返っている、といった事態である。こうして、わたしたちの神経の先端に触れて生じる刺激を、わたしたちの脳が（それと意識することなく）ある種の双方向的(インタラクテイヴ)なヴィデオ・ゲームへとまとめ上げていて、わたしたち全員が共通してこのヴィデオ・ゲームを幻視しているのだ……。このような「発想(ヴイジョン)」が魅力的に見えるのは、これによって、わたしたちの生活に、いわばハリウッドのSF映画の輝きが加えられるからです。わたしたちの生活は、何の意味もない一惑星のうえで考え続け、働き続けるほかない動物の悲哀にすぎないわけではないのだ、と。このような脳構築主義あるいはニューロン構築主義は、たいていの場合に平凡にしか見えない日常を生きるよりも、デヴィッド・クローネンバーグの『ヴィデオドローム』のようなホラー映画を生きるほうを好みがちな、そういう人びとのためのモダンなメルヒェン、いや、むしろポストモダンなメルヒェンにほかなりません。

ニューロン構築主義を少し細かく見てみれば、そこにはほとんど正しい点などないことがすぐにわかります。ニューロン構築主義について正しいと言えそうなのは、わたしたちには脳があること、粒子が存在すること、手に汗を握る思弁的な物理学理論が存在することくらいです。一一次元のなかで振動する弦だけが現実である以上、わたしたちが脳によって見ているすべてのものは現実とは何の関係もない。もしこの主張が正しいのであれば、わたしたちの脳それ自体にも同じことが当てはまらざるをえません。ニューロン構築主義は、それ自身の主張を一貫させるのであれば、わたしたちにはそもそも脳などないのだと考えざるをえません。とすると「わたしたちを取り巻く多彩な四次元的世界は、じつはわたしたちの身体内で脳が生み出しているシミュレーションにすぎない」というテーゼそれ自身が、どこから見ても能のない――脳のない！――シミュレーションにすぎないことにならざるをえません。というわけで、ニューロン構築主義を文字通りに受け取るのであれば、わたしたちはすっかり安心していられます。ニューロン構築主義などじつは存在せず、理論的シミュレーションにすぎないのであって、およそ真偽に関わりうる言明の構築物ではない（ましてや真なる言明の構築物ではありえない）ことになるからです。

どんな構築主義にも共通する根本的な間違いは、事実それ自体を認識するのは何ら難しいことではないということを認識していないことです。人びとが列車に乗り込んでくるのを見ている（認識している）とき、わたしの隣に座っている女の人も、わたしが見ているのとまったく同じことを見ています。人びとが列車に乗り込んできているという事実にとっては、それを見ているのが彼女なのか、わたしなのかは問題ではありません。

すでに見たように、認識が行なわれること、つまり認識のプロセスは構築物であると言えるかもしれません。たしかに、隣席の女の人にしても、わたしにしても、脳や感覚器官をもっていなかったら、人びとが列車に乗り込んでくるのを認識することはできません。しかし、認識のプロセスが構築物であり、構築主義者によってある程度は適切に再構築されるものだと主張しうるとしても（わたし自身はこれも疑いたいと思っていますが）、それで事実が存在しないと証明されたことにはなりません。

つまり、認識のプロセスの条件は、ほとんどの場合、認識されるものの条件とは区別されるということです。わたしが車窓から外を眺めていること、眼を閉じてはいないことは、人びとが列車に乗り込んでくるのをわたしが見ることの条件です。これにたいして、列車が停まっていること、車両のドアが開いていることは、この人びとが列車に乗り込んでくることの条件です。この人びとは、わたしが見ているから列車に乗り込んでくるのではありません。むしろ、この人びとが列車に乗り込んでくるから、わたしがそれを見ているのです。この人びとは、わたしの意識や脳にではなく、ほかならぬ列車に乗り込んできているのです。

構築主義を正当化する論拠として言われがちなのが、解釈すべきもの（天文現象、文学的テクスト、ピアノ・ソナタ作品など）を解釈するのは、駅のホームで見られる日常的な光景よりもずっと複雑なことだということです。しかし、駅のホームで見られる日常的な光景も、見かけほど単純なわけではありません。この星に棲むほかの動物たちには、人びとが列車に乗り込んでくるのを認識することはできません。ほかの動物たちは、列車や乗客といった概念をもっていないからです。わたしの愛犬が、やはり列車内にいるとしましょう。駅のホームで車両のドアを開けようとしているわたしを車内から見たら、尻尾をふりまわして大喜びしてくれると思います。しかし、わが愛犬は、わたしのしていることを乗車行為として認知しているのではありません。わたしがすぐにそばに来るだろうということ、それにわたしが手を振ってそのように合図していることは、おそらく認識しているでしょう。けれども、自分の乗っている列車が駅に到着したという認識をもっているのではありません（何らかの動きが止まったことには気づいているとしても）。

それに、事実が存在するかどうかという問題にとって、わたしたちが当の事実をどの程度まで認識できるのか、あるいはそもそも認識できるのかという問題は、直接には関係がありません。たしかに事実という概念は、認識という概念との重層的な関連のなかにあります。しかし両者の関連を分析した結果が、「事実は存在せず、解釈だけが存在する」ということになるはずがありません。このような結果は端的に間違っていますし、したがって分析それ自体にも何らかの点で欠陥があるに違いないからです。[13]

哲学者と物理学者

世界それ自体は、いろいろな領域に区分されています。たんにわたしたちが世界を区分しているにすぎず、世界それ自体が区分されているわけではないと考えるのは、図書館にはいろいろな本があるのではなく、たったひとつのテクストだけがあるのだと言いたがるようなものです。なおも残る問いは、経験と学問によって答えられるものです――では、どのような領域から世界は成り立っているのか。わたしたちがつねに明らかにしようとしているのは、まさにこの問題にほかなりません。わたしたちは、そのさいに勘違いしていることもけっこうありますが、たいていの場合は間違っていません。

今や、世界とは何かという問いに答える十分な用意ができました。世界とは、物の総体でも事実の総体でもなく、存在するすべての領域がそのなかに現われてくる領域のことです。存在するすべての領域は、世界に含まれている。マルティン・ハイデガーが適切に定式化したように、世界とは「すべての領域の領域」にほかなりません。[14]

以下の章で示そうと思っていることですが、世界概念の哲学史は、たとえばハイデガーで終わるわけではありません。ハイデガーが示してみせているのも、自らの世界概念から何が導き出せるか、またそれをどう根拠づけることができるかということくらいだからです。わたしたちの問題は世界についての認識と世界の非存在とですから、ハイデガー自身のもともとの企図がどのようなことだったのかは、わたしたちにとってはもちろんどうでもよいことです。それでも、世界とは「すべての領域の領域」であるという洞察が、やはりハイデガーのおかげで得られたことには違いありません（ですのでハイデガーには謝意を示しておいて、ここでいったんお引き取り願いましょう）。

イギリスの物理学者スティーヴン・W・ホーキングは——知識人としてはかなり過大評価されているように思いますが——少し前にこう述べていました（以下の引用が、たんにホーキングの無知をさらけ出した恥ずかしい発言ではなく、じつは読者にたいするホーキングの知的な挑発としても理解されるべきものであってくれれば、と願わざるをえません）。

この世界は広大で、ときには優しく、ときには残酷なものです。わたしたちはこの世界のなかを生き、自らの頭上に拡がる果てしない天空を眺めながら、数多くの疑問を抱き、問い続けてきました。わたしたちのいるこの世界を、どのようにすれば理解できるのだろうか。じっさいのところ宇宙はどうなっているのか。この現実のありのままの姿とは、どのようなものだろうか。この現実のいっさいは、いったいどこから来たのか。宇宙には創造主が必要だったのだろうか。わたしたちのほとんどは、人生のほとんどの時間を費やしてこうした問いに頭を悩ませたりはしません。しかし、こうした問いにしばし頭を悩ませる程度のことなら、わたしたちのほぼ全員にその経験があるはずです。こうした問いは伝統的には哲学の問題ですが、哲学はすでに死んでしまいました。哲学は、現在も発展を続けている科学——とりわけ物理学——についてこられませんでした。そこで科学者が、知の探求における発見の炬火（たいまつ）の担い手となったのでした。[15]

ホーキングは、世界——つまり、わたしたちを包摂している全体・総体・全体性——を宇宙と同一視しています。これにたいして哲学は、すでに長いこと（遅くともプラトンとアリストテレス以降は）

物理学の対象領域という意味での宇宙と、わたしたち現代人が呼んでいるところの「世界」とを区別してきました。すでに見たように、宇宙はひとつの存在論的な限定領域ですが、ホーキングはそのことに気づいていません。ホーキング（物理学者としての）をめぐってはすべてが物理学になってしまうのですから、無理もありません。

哲学がまだ十分に世界概念を展開していないことは、もちろん責められても仕方ありません。それというのも哲学者が現代の自然科学に怖じ気づき、萎縮してしまったせいです。わたしたちと同時代の哲学者のなかでも、これが特に当てはまるのがユルゲン・ハーバーマスです。ハーバーマスは、多少の変更を施したうえでカントの世界概念を受け容れます。ごく手短かに要約してしまえば、カントが——またハーバーマスが——言っているのは、世界とは「統制的理念」であるということです。とはつまり、わたしたちは世界全体という理念を前提せざるをえないし、わたしたちの経験・認識するいっさいのものを世界全体の断片として了解するほかない、ということです。わたしたちがおよそ矛盾なく一貫した世界像をもちうることは、このようにして保証されます。世界それ自体は、ひとつの全体として統一されていることを表わす。およそわたしたちの表象しうるものは、その統一された全体の断片にほかならない、というわけです。そのさい世界それ自体は、世界のなかに断片として現われてくることはありません。世界それ自体は、およそ断片を了解可能なものとしうるために前提されるほかない理念だからです。ハーバーマスは、このようなことをはっきりと「世界の形式的想定」[16]と呼び、わたしたちの行なう世界認識の——最終的にはつねにコミュニケーション行為へと還元される——実践に結びつけています。

さまざまな言葉で語られるさまざまな「世界観」としての現実への共通したまなざしは、およそ意味のある対話の必然的な前提である。意味のある対話を交わす者たちにとってみれば、現実という概念は「いっさいの認識可能なものの総体」という統制的理念に結びついている。[17]

ハーバーマスは、別の箇所では「対象の全体性[18]」とも言っています。これが間違った世界概念であることは、すでに見ました。残念なことにハーバーマスは、言語分析・言説分析というごく小さな領域だけを哲学のために確保し、それ以外の現実認識を自然科学と社会科学に甘んじて委ねてしまいます。これをハーバーマス自身は「弱い自然主義[19]」と呼んでいますが、そのさいハーバーマス自身の世界概念が掘り下げられ、その根拠が考えられることはありません。ハーバーマスにとって何よりも問題なのは、完全には自然化できない社会的なものの領域を、哲学の分析領域として擁護することだからです。しかし、すでに見たように、世界とは「対象の全体性」ないし「物の総体」であるというテーゼは間違っています。世界が対象の全体性であって、それ以上のものでないとすれば、事実が存在しないことになるだろうからです。

ハーバーマスが用いる別の定義、すなわち「いっさいの認識可能なものの総体」も、わたしたちをさらに先へと導いてくれるものではありません。必ずしもすべての事実が——ともかくも人間にとっては——認識可能なわけではないからです。たとえばブラックホール内部の状態がそうです。ブラックホールのなかでまさに起こっていること（そこでもなお何ごとかが起こるのだとして）は、そもそもブラックホールの中心近傍の状態が制約条件となって、わたしたちには認識できないとされています。だからといって、ブラックホールの内部に事実は存在しないということにはなりません。たんにブラックホール内部の事実は、わたしたちに理解できるような意味では認識可能でないにすぎません。

別の例として、消失対象と言うべきものがあります。観察されることで姿を消してしまうような対象のことです。[20] たとえば、わたしたちの知らない物質でできた薔薇色の象が、月の裏側に隠れているかもしれません。しかし、わたしたちが月の裏側を観察できたら、たちまちこの象は姿を消してしまいます。光速で別の場所に移動するのかもしれませんし、月面のクレーターになりすましているのかもしれません。また、ハイゼンベルクの有名な不確定性原理の広く流布している解釈によれば、粒子の何らかの性質もこのような消失対象として理解されます。わたしたちの観測行為が粒子の性質を変えてしまうので、それと同時にほかの性質を観測することは、いかなる精度での観測であれ、そもそもできないというわけです。こういうことになるのも、結局のところ、あらゆる観察行為（感覚器官による観察も含む）と観測プロセスそれ自体が、物理的環境への物理的介入であるからにほかなりません。

こうしてちょっと触れただけの——もっと掘り下げるべき——論点からしても、ハーバーマスの世界概念が間違っていることがわかります。ホーキングが哲学を貶（けな）しているのは、哲学で問題となっているのが何なのかについて、ホーキングが適切なイメージをもっていないせいです。その一方で、ハーバーマスがあまりに控えめで慎重なのは、科学の研究成果にたいして、ハーバーマスが性急な異議を唱えたくないと思っているからです。しかし、これによってハーバーマスは自然科学を過大評価し、自然科学にたいして過剰な要求をしてしまっています。科学・理性・啓蒙に賭けるというのは、たしかに原則的には望ましいことに違いありません。だとしても、理由もなく哲学を貶める（おとし）べきではありません。ほかの学問とまったく同じように、哲学もまた、進歩もすれば退歩もするものです。哲学による世界概念の改良は、哲学の大きな進歩にほかなりません。ハーバーマスはこれを十分には考慮に入れていませんし、ホーキングはこれについて何も聞いたことがないのでしょう。[21]

本章で得られた重要な五つの結果を要約しておきましょう。

1 宇宙は物理学の対象領域である。

2 対象領域は数多く存在している。

3 宇宙は、数多くある対象領域のひとつにすぎず（大きさの点で最も印象的な対象領域であるとしても）、したがって存在論的な限定領域にほかならない。

4 多くの対象領域は、話の領域でもある。さらにいくつかの対象領域は、話の領域でしかない。

5 世界は、対象ないし物の総体でもなければ、事実の総体でもない。世界とは、すべての領域の領域にほかならない。

Ⅱ

存在するとは
どのようなことか

これまで、じつに数多くの物や対象領域——ミーアキャット、地方選挙、宇宙、居間、等々——が存在することを見てきました。さらに、物・対象領域・事実とは何なのかも見ました。本章では、意味の場について考えてみたいと思います。ここで論証したいのは、**意味の場**こそが存在論的な基本単位であること、およそ何かが現われてくる場が意味の場であることです。存在するとはどのようなことかという問いにたいして、わたしの答えを先取りして言っておくと、こうなります——何かが意味の場に現われているという状態、それが存在するということである、と。

この考えにも、やはり簡単な例によって近づくことができます。草原にいる一頭のサイを考えてみましょう。このサイは、たしかに存在しています。要するに草原に立っているわけです。このサイが草原に立っているという状態、このサイが草原という意味の場に属しているという状態、この状態こそ、当のサイが存在しているということにほかなりません。したがって、存在するとは、たんにごく一般的に世界のなかに現われていることではありません。世界をなすさまざまな領域のひとつのなかに現われていること、存在するとはそういうことです。本章では、そうしたさまざまな領域がなぜ意味の場であるのか、またそれが何を意味するのかを明らかにしたいと思います。

ここで、もういちど**存在論**に立ち戻ってみましょう。存在論という名称が指しているのは、存在するとはどのようなことか、そして「存在」という言葉は何を意味しているのかという問いにたいして、体系的に答えようとする理論のことでした。わたしは、このような存在論を形而上学とは区別しておきました。**形而上学**という名称が指しているのは、世界とは何なのか、そして「世界」という言葉は何を意味しているのかという問いにたいして、体系的に答えようとする理論のことでした。したがって形而上学は、世界の存在を前提としています。

では、わたしたち自身で存在論を考えることから始めましょう。問いに答えようとする理論が「体系的」でなければならないとは、そのような理論を提示するにさいして、そこで提示されたり根拠づけられたりする考えのプロセスやセンテンスが、互いの連関をきちんと保ち、ひとつの思想の建築物――つまりは理論――をなしていなければならないということです。そのさい、ほかのさまざまな学問と違って、存在論の素材は、わたしたちが分析するいろいろな概念にほかなりません。その分析がうまくいっているかどうかは、さまざまな要因によります。なかでも大切なのが、わたしたちの経験する現実との接触を存在論は保っていなければならないということです。もし経験とうまく調和しない主張に逢着したとしたら、何らかの間違いに陥っているに違いありません。わたしたちが説明したいと思っているのは、何かが存在するとはどのようなことなのかということだからです。つまり、明らかに存在しているものが問題となっているのに、それが存在しているということを認めないような説明に陥ったとしたら、何が間違っているのかを考えなければなりません。じっさい、動くものはそもそも存在しないとか、時間の流れは幻想にすぎないなどと主張する存在論の思想家は、けっして少なくありませんでした。過去も未来も存在せず、現在だけが存在する（いっそう正しくは、現在すら存在しない）という主張もあります。あるいは、わたしたちの世界と並んでじつは無数の可能世界が存在しているのであり、わたしたちがそれらの可能世界に物理的に連絡できないだけなのだという主張もあります。こうした奇妙な主張は、いずれも間違った存在論の結果にほかなりません。存在論を言葉にしていく作業をしていながら、その最中に本気で「時間は流れない」などという考えに至ったとしたら、明らかに何かが間違っています。誓って保証しますが、まさにこの文章を書いている最中にも、じつに多くのものが動いています。わたしの指、カーソル、マウス、わたしの眼、脳のさまざまな部位、筋肉、心臓、それにわたしの乗っている列車、等々。したがって、存在論の第一歩を踏み出すにあたっては、ごく慎重に、大きな飛躍をしないように気をつけなければなりません。

ですから、ごく単純な観察から始めましょう。わたしたちが問題にするどんな対象にも、それぞれ特定の性質があります。たとえば、わたしの愛犬は（幸いなことに）四つの足をもち、白色・茶色・灰色の混じった毛並みで、「ハヴァナ」という名前をもち（この名について言い始めると長い話になりますが）、わたしよりも身体が小さくて、ヨーグルトが好きで、特定の遺伝子コードをもっています。わが愛犬ハヴァナとは違って、南アフリカにいるライオンのレオ（そういうライオンがいるとしましょう）は、立派なたてがみをもち、ハヴァナをひとのみにするほどの口をもち、ハヴァナとは別の遺伝子コードをもち、上手にガゼルを狩り、けっして水浴びをしません（できるものなら、レオに水浴びをさせてみてください！）。ハヴァナやレオのほかにも、まったく別の性質をもった数多くの対象があります。ブラックホール、デヴィッド・リンチの映画、初冬の物悲しい気持ち、ピュタゴラスの定理、等々。これらの対象は、いずれも特定の性質をもっています。それぞれの性質が、それぞれの対象の物理的・感情的・論理的な状態を特徴づけ、それによってそれぞれの対象をほかの対象から区別しているわけです。

これをひっくり返して言えば、対象や対象領域を区別するのは、それぞれの対象や対象領域に備わる性質だということになります。自然数という対象領域をレオから区別しているのは、自然数という対象領域が生き物でないこと、レオの歯よりもたくさんの数をもっていること、さまざまな数学的体系のなかでいろいろな正しい定理によって記述できることなどです。初冬の物悲しい気持ちも、やはりそれに特有の性質によって自然数からはっきり区別されます。だからといって、初冬に物悲しい気持ちになる小学生がいたとして、その物悲しい気持ちが自然数のせいである可能性が絶対にないとは言いませんが。

世界のなかにある対象を、世界のなかにあるほかの対象から区別しているのは、それぞれの対象に備わる性質です。ここからただちに、少なくとも二つの哲学的な問いが生じてきます。いずれの問いも、わたしの考察の中心をなすものです。

1　およそ存在するいっさいの性質を備えた対象は、存在しうるのか。

2　どの対象も、ほかのすべての対象から区別されるのか。

この二つの問いにたいする、わたしの答えは「否」です。ここから導き出されることになるのが、世界は存在しないという結論です。第一に、世界とは、いっさいの性質を備えた対象であるはずだからです。第二に、世界のなかでは、どの対象も、ほかのすべての対象から区別されるはずだからです。ともかく一歩ずつ、体系的に進んでゆきましょう。まずは第一の問いから始めます。

超対象

対象とは、真偽に関わりうる思考によって考えることのできるもののことです。ここで言う真偽に関わりうる思考とは、真であったり偽であったりすることのできる思考のことです。このことは、すべての——広く思念・想念も含めての——思考に言えるわけではありません。たとえば、次のような思考を取り上げてみましょう。

で?

この「で?」という思考——想念と言うべきでしょうか——は、真偽に関わりうるものではありません。これは真でも偽でもないからです。これにたいして、次のような思考では事情が異なってきます。

ルクセンブルクには大量殺戮兵器がある。

この思考は、具体的に特定の時点をとってみれば、明らかに真か偽かのどちらかです。わたし個人はこの思考をもちろん偽であると見なしますが、わたしの見解がじつは間違っているという可能性があることも否定はしません。ほかにも、真偽に関わらない思考は数多くあります。たとえば、

グルメル、グルメル

や、

スウェーデン、スウェーデン、イェーデン・ベルク

などです。

わたしたちの意識を行き来する思考の多くは、ほとんど仕上げられることがありません。わたしたちは、たいてい何らかの思考を始めては、それが真偽に関わりうるものになる前に別の思考に移ってしまうからです。わたしたちは、きちんと定式化されて理論をなす可能性さえある完全なセンテンスでばかり考えるわけではありません。しかし大切なのは、以下に述べる違いをしっかり見据えることです。一方で、

今、ロンドンでは雨が降っている。

これは真偽に関わりうる思考です。そればかりか容易に検証することもできます。ロンドンの天気をネット検索するとか、もっと信頼のおけるやり方としては、現にロンドンにいる人に電話して、今

ロンドンで雨が降っているかどうかを尋ねるなどすれば良いわけです。他方で、

宇宙にある銀河の総数は、ちょうど三〇〇年前には奇数だった。

これもやはり真偽に関わりうる思考ですが、これを検証するのはひどく難しいことですし、おそらくはそもそも不可能です。人間が検証できる思考は、対象全般に比べればずっと範囲の狭いものです。わたしたちが検証できる思考は、いわば全体のなかでもわずかに光のあたった狭い領域にすぎません。マルティン・ハイデガーは、このような領域を「明るみ」という有名な隠喩で言い表わしていました。わたしたちは、見通しのきかない森――あるいはむしろ広大なジャングル――のなかに拓かれた、ささやかな明るみにいるのだというわけです。

人間の認識というスポットライトのなかに現われてくるものは、人間にとってどれほど大事なものであっても、全体から見れば、ないも同然なほどわずかしかありません。このジャングルのどこかに拓かれた明るみのそとに現われるものがあるとしても、わたしたちには知りようがありません。わたしたちは認識可能なものに制限されています。そして、わたしたちが何らかの対象について何ごとかを認識しているとすれば、わたしたちは当の対象の何らかの性質を認識していることになります。こうして認識されている性質によって、その対象は、ほかのさまざまな対象と自身とに違いをつけ、ほかのさまざまな対象から自身を際立たせているわけです。ちなみに、このような事態は「存在」という言葉の歴史にも潜んでいます。「存在(エクシステンツ)〔Existenz〕」という言葉は、ラテン語の動詞「エクシステ

レ〔existere〕」に由来しているからです（このラテン語の動詞は、さらに古典ギリシア語に遡ります）。「エクシステレ」とは、「起こる」、「現われ出る」という意味です。文字通りには「立ち出る」、「突き出る」、「歩み出る」などと翻訳できます〔ex-「外へ」＋sistere「立つ」〕。これに即して言えば、存在するものは突き出ている。つまり、自らのさまざまな性質によって、ほかのさまざまな対象から自身を際立たせているわけです。

わたしたちが何らかの対象のいっさいの性質を認識しているとすれば、わたしたちは当の対象の全体を認識していることになります。このとき当の対象それ自体は、それに備わる全性質とは別の何かではありません。もしそうだとしても、そのような何かであるということ自体、当の対象のさらなる性質にすぎないからです。これと同じように、わたしとは、わたしに備わる全性質にほかなりません。もしそれに加えて全性質の担い手でもあるのだとしても、そのこともわたしの性質のひとつにすぎません。

では、およそありうる性質をすべて備えた対象――このような対象を**超対象**と呼ぶことにしましょう――ならば、どうでしょうか。そのような対象は、およそありうる性質をすべて備えているにもかかわらず、存在することができない。言い換えれば、ほかのさまざまな対象から際立たせることができません。その理由は簡単に見て取ることができます。もし超対象があるとすれば、ほかのすべての対象をうちに含み、包摂していることになります。だからこそ超対象は、ほかのすべての対象のなかから突き出て、自身を際立たせることができません。およそ対象は、それぞれに備えている有限な数の性質によって記述することができるからです。たとえば、わが愛犬ハヴァナは四つの足をもち、白色・茶色・灰色の混じった毛並みで、特定の大きさの体つきをしています。しかしハヴァナはバットマンではありません。これにたいして、ほかのすべてのものから区別されることなく、それ自身とだけ同一であるようなものは、存在することがありえません。そのようなものは、ほかのものと自身とに違いをつけ、自らを際立たせ、ほかのものの前に歩み出ることができないからです。

一元論・二元論・多元論

ところで、超対象が存在するという観念は、数千年の長きにわたって相当に流布してきました。現代哲学にも多くの支持者がいます。たとえばアメリカの哲学者テレンス・E・ホーガンは、古典的なSF映画『ブロブ』(一九五八年)と、その一九八八年のリメイク版に依拠して、超対象を「ブロブジェクト〔blobject〕」と呼んでいます。[22] このブロブジェクティヴィズムのテーゼは、すべてを包摂するたったひとつの対象領域が存在するということ、そして、この対象領域それ自体がひとつの対象であるということです。このモデルによれば、たったひとつの領域にすべての性質が包括されるからです。このたったひとつの領域をすべての性質の担い手と見なすのであれば、それによって超対象が導入されたことになるわけです。

哲学では、性質の担い手は**実体**と呼ばれます。そのさい「素材」という日常的な意味での具体的・物質的な実体をイメージしてはいけません。近代になって以後、三人の偉大な形而上学者――ルネ・

デカルト、ゴットフリート・ヴィルヘルム・ライプニッツ、バルーフ・デ・スピノザ——によって、本当はいくつの実体が存在しているのかという議論が戦わされました。そこで競い合っていた三つのテーゼは、以降も激しい議論の的となり、それぞれに頭脳鋭敏な支持者を得てきました。その三つのテーゼとは、以下のようなものです。

1　**一元論**（スピノザ）　たったひとつの実体、すなわち超対象だけが存在する。

2　**二元論**（デカルト）　二つの実体が存在する。考える実体（substantia cogitans）と、物質的な延長実体（substantia extensa）とである。二元論者の考えによれば、人間の精神は身体とはまったく別の種類のものである。二元論者のなかには、考える実体が物質的実体から独立に存在することさえありうると考える者もいれば、考える実体としての不滅な魂など存在せず、二つの異なる種類の実体だけが存在するが、両者は互いに関連していると考える者もいる。

3　**多元論**（ライプニッツ）　数多くの実体が存在する。いっそう厳密に言えば、ライプニッツ以来の多元論は、限りなく多くの実体が存在するとさえ主張せざるをえなくなっている。ライプニッツ自身は、このような実体を「モナド」と呼んでいる。モナドは、ほかのすべての実体から完全に独立し、最大限に自立した対象であって、有限な数の特定の性質を備えている。

わたし自身の立場は、一種の多元論です。一元論・二元論のいずれも間違っていることはきちんと論証できると、わたしは確信しています。一元論は、世界が存在しないことの証明によって反駁されます。それは遅くとも次章以降で明らかになるでしょう。二元論はもっと容易に反駁できます。表面的に見ただけでも、二元論には説明のつかない点があるからです。たとえば、二つの実体が存在すると考えるのであれば、実体の種類が二つよりも多くはないということを、いったいどこから知るのでしょうか。なぜ実体は二つであって、二二ではないのでしょうか。

本当はいくつの実体が存在しているのか。これは、一見して思われるよりもずっと面白い問題です。もっと正確に見てみましょう。ハンドバッグやワニのような個々の対象が存在しています。それら個々の対象自体がまた、ほかのさまざまな対象でできています。たとえば、ハンドバッグにはワニ皮でできているものがありますし、また（非常に稀なことですが）ワニが部分的にハンドバッグでできていることもあるでしょう（たとえば、ハンドバッグをもった女の人をワニが食べてしまったなど）。個々の対象の多くは、さらに別な個々の対象でできています。論理学の部分的領域として、部分と全体の形式的関係に取り組む固有の分野さえ存在しています。**メレオロギー**がそれです（ギリシア語「メロス〔meros〕」は「部分」という意味です）。

ハンドバッグとワニを区別しているのは、この両者が同じ空間を占めることはほとんどないという点です。この点が両者を分けていて、互いに異なる別個の対象として扱うことを可能にしているわけです。同じことが、わたしの左手と右手にも当てはまります。しかし、わたしの左手と右手はともにわたしの身体の部分であり、しかも対をなすという密接な関係にあります。こうして、空間的に分けられた二つの別個の対象という事例（ハンドバッグとワニ）と、やはり空間的に分けられた二つの別個の対象ではあるが、ひとつの全体の部分であることによって密接な関係にある二つの対象という事例（わたしの左手と右手）があることがわかります。それだけでなく、まだ第三の事例もあります。コードレス電話を考えてみましょう。コードレス電話を購入すると、親機と、親機から分離できる部分である子機がついてきます。この事例では、およそ空間的な接触なしにひとつの対象（コードレス電話）をなす、二つの別個の対象（親機と子機）があるわけです。同じことが、アメリカ合衆国にも当てはまります。アラスカ州やハワイ州は空間的にほかの州には接していません。これと同じことが、もちろんヘルゴラント島とバイエルン州にも当てはまります。いずれもドイツに属していますが、空間的に接しあっているわけではありません。この事例では、ヘルゴラント島よりもバイエルン州のほうが、空間的にドイツのほかの部分に結びついています。しかしハワイ州とヘルゴラント島という対象には、その土地としての十全な固有性の権利があります。つまりハワイ州もヘルゴラント島も、それぞれの国家への所属から比較的独立に観察できるわけです。このようなことは、わたしの左手については大幅な制約なしには成立しません。わたしの左手は、ほかならぬ左手として、ひとつの全体に、つまりわたしの身体に属しているからです。親機と子機のメレオロギー的な関連も、国家にたいするハワイ州やヘルゴラント島の関係よりずっと密接です。

　親機と子機は、**メレオロギー的な合成**をなすことで、ひとつの全体としての第三の別個の対象、この場合にはコードレス電話になっています。ですから「親機＋子機＝コードレス電話」というメレオロギー的な等式が正しく成り立ちます。これにたいして、わたしが子機を左手で取るとき、わたしの左手と子機に同じ等式は当てはめられません。「左手＋子機」は、ひとつの別個の対象——たとえば「拵機」——にはならず、メレオロギー的な合成をなしません。拵機はたんに存在しないのです。これにたいしてコードレス電話は、しっかり存在しています。

したがって、どんな対象でも手当たり次第に結びつければ、必ずひとつの新たな複合的対象ができるわけではありません。すると問われるのは、複合的な対象が客観的な根拠をもって正しくなされるのはいったいどのような場合か、ということになります。抽象的に考えれば、いかなる任意の対象も、ほかのいかなる任意の対象とも結びついて、ひとつの全体をなすことができると思われるかもしれません。わたしの鼻と左耳を例にとってみましょう。わたしの鼻と左耳でできているメレオロギー的な合成、いわばわたしの左「鼻耳」は存在するでしょうか。こう考えてみれば、本当のメレオロギー的な合成と、対象のたんなる集積とが、現に区別されているのは明らかです。あらゆる対象の集積が、本当の別個の対象をなすわけではありません。では、何かが本当のメレオロギー的な合成をなすのは、いったいいつからだと言えるのか。それはどのような条件のもとでなのか。この点を確定するのに、どのような基準があるでしょうか。

わたしとあなたが握手を交わしているとき、わたしたちはひとつとなって一個の人格をなしているでしょうか。このとき、わたしたちは空間的には結びついているとはいえ、明らかに一個の人格をなしてはいません。複数の人格(わたしやあなた)が空間的な統一をなしていさえすれば、そこに人格の統一性があるというわけではありません。ほかの対象、たとえば山であれば、空間的な接触だけでも、新たなひとつの対象――たとえば山脈――をなすのに十分な場合もあるように思われます。しかし、性質や対象のたんなる集積と、本当のメレオロギー的な合成とを区別するのに、どんな基準がありうるでしょうか。わたし自身の考えでは、多種多様な本当のメレオロギー的な合成へと世界を区分するのに、経験に依存せずに用いることのできる基準のカタログなど存在しません。わたしたちが世界の区分の仕方を間違えることも、じつに多い。たとえば、クジラを魚と見なす場合などです。さまざまな性質の集積それぞれが本当のメレオロギー的な合成なのかどうか、それを確定するプログラムの記述を可能にしてくれるアルゴリズムなど存在しません。さまざまな基準のカタログが存在しますが、時間が経つにつれて間違いであることが明らかになるカタログも多いのです。

　以上の議論を背景にして、もとの問いに戻りましょう。超対象は存在するでしょうか。もし存在するとしたら、超対象とは、すべての性質のメレオロギー的な合成であることになります。けれども、これはじつに奇妙な話です。すべての性質のメレオロギー的な合成をなすには、何の基準も要らないだろうからです。そのような合成には、ありとあらゆる性質が含まれるはずです。であれば、そこにどんな性質が含まれるのかとか、それが本当のメレオロギー的な合成なのかどうかといったことを判別する基準など、どうでもよいことになります。何の基準もなしに任意の性質を認めさえすれば、それだけで何ごとかを経験できる対象などというのは、明らかに奇妙なものでしょう。そのような対象は、わたしの左手と、アンゲラ・メルケルの愛読書と、それにノルトライン＝ヴェストファーレン南部で最も高いカリーヴルストとでできていると言ってもよいわけです。わたしの左手でもあり、アンゲラ・メルケルの愛読書でもあり、ノルトライン＝ヴェストファーレン南部で最も高いカリーヴルストでもあり、さらにそのほかいっさいのものでもある――こんな主張が真となるような対象を探求するというのは、ともかくもきわめて異常な研究計画としか言いようがありません。

　こうなってしまう理由は、すべての性質をもつ対象が、何の基準もなしに当の対象それ自身であることにあります。「基準（クリテーリウム）〔Kriterium〕」という言葉の語源は、古代ギリシア語の動詞「クリネイン〔krinein〕」です。これは「区別する」こと、哲学では「判断する」ことも意味します（ちなみに「危機（クリーゼ）〔Krise〕」という言葉にも、この動詞の語幹が隠れています）。どんな基準も、それぞれ特定の対象ないし対象領域に特有の区別に即しているわけです。基準のないところには、はっきりした特定の対象が存在しないのはもちろん、はっきりと規定されていない対象すら存在しません。輪郭の曖昧な未規定の対象も、あるいは相対的に未規定の対象（たとえば夕食で供せられる一定量のライス）も、やはり何らかの基準にしたがってそのような対象として定められ、何らかの仕方でほかの対象から区別されなければならないからです。

したがって、たったひとつの実体、すなわちすべての性質を備えた超対象だけが存在するというのは間違っています。つまり一元論は間違っている。いや、必然的に間違いであるほかないとさえ言えます。それは、超対象という概念それ自体が、脈絡を欠いたとりとめのないものだからです。これにたいして二元論は、真偽に関わりうるものではあります。けれども、まったく根拠づけを欠いています。なぜ実体は二つしか存在しないと言えるのでしょうか。それもデカルトの言う二つの実体しか存在しないと言えるのは、どうしてでしょうか。

デカルト主義の二元論にとって有利になりそうな論拠としては、思考と思考対象にはやはり何か違いがあるという、とても表面的な考察しかありません。たしかに、雪が降っているなとわたしが思う（そう思考する）とき、わたしの思考のなかで雪が降っているのではありません。さもなければ、わたしの思考には天候があるとか、わたしの思考では今はちょうど冬であるとか、わたしの思考では水が凍っているなどと言わざるをえません。もしそうなら、いわばわたしの思考を解かして、新鮮な水を飲むこともできるということになり、砂漠横断の旅がぐっと楽になるでしょう。砂漠のまんなかで喉が渇いても、冷たい水についての思考を飲みさえすればよいわけですから。もちろん、そんなことはありません。たしかに雪についての思考と雪とは、端的に異なる二つの対象領域に属しています。ところがデカルトは、そのような二つの領域に世界を区分しさえすれば十分だと考えてしまいました。この点で、デカルトは考え違いをしていたのです。

一元論は間違っています。二元論は根拠づけを欠いています。そこで単純な消去法によって、多元論だけが残ることになります。とはいえ、多元論は根本的にアップデートされなければなりません。多元論は、バロック時代に（ライプニッツによって）導入されて以来、根本的には改良されずにきているからです。

絶対的区別と相対的区別

ここで、先に立てた第二の問いに戻りましょう――どの対象も、ほかのすべての対象から区別されるのか。一見すると、そのようなことが成立するようにも思えます。どの対象もそれ自身と同一であり、ほかのすべての対象から区別されるように思えます。じっさい、わたしの左手はわたしの左手であり（ほとんど情報的価値はありませんが、これが真であることは確かです）、わたしの右手ではありません（これまたほとんど情報的価値はありませんが、やはり真であることは確かです）。

しかし、こういう考え方は完全に間違っていますし、陥穽でもあります。それもやはり容易に見て取ることができます。こう想像してみましょう――ある対象Gが存在していることを、わたしたちは知っている、と。それ以上のことは、さしあたり知らないとします。さて、ここでGのことを知っている人に、Gはディスプレイかと尋ねてみたとしましょう。するとこの人は、そうではないと答えてくれました。さらに――「Gはサイですか」、「いいえ」。「Gは赤い缶ですか」、「いいえ」。「Gは物質的なものですか」、「いいえ」。「Gは非物質的なものですか」、「いいえ」。「Gは数ですか」、「いいえ」……。ちょうど「わたしは誰でしょう」ゲーム――つまり参加者の各々が何かの概念や有名人の名前を思い描いておいて、それが何なのかを当てあうゲーム――のようなやり取りです。

ここで十分に多くの時間をとることができて、G以外のすべての対象を挙げたとしましょう。それらの対象を挙げるたびに、Gを知る人が教えてくれたのは「Gはそれではない」ということだけだったとします。この場合、Gは、まさにほかのすべての対象から区別されることによって、Gそれ自身と同一であることになります。しかし、これではGには、もはや具体的な本質が何もありません。この場合、Gは、ほかの何ものでもないということによって、ただ否定的・消極的にだけ規定されていることになるからです。わたしたちは、Gについて何も積極的なことを知らないわけです。Gが何なのかを知りたいのであれば、Gが何ではないかということ以外のことを知らなければなりません。したがって、Gの自己同一性とは、ほかのすべての対象とGとの区別と同じことではありえません。ごく簡単に言い直せば、Gは、ほかのすべての対象との区別以上の内容をもつ何らかの固有な性質を備えていなければなりません。いかなる対象もそれ自身と同一であるという性質は、それ自体としてはほとんどどうでもいいもので、わたしたちにとってここでは何のプラスにもなりません。

それでは、さらにこう想像してみましょう。わたしたちは、いかなる対象についても何も知らない（ただし、対象について知っている人のことは知っている）と。そこで、対象について知っている人にたいして、個々の対象いっさいについて、それが何なのかをひとつずつ尋ねたところ、いずれの対象も、ほかのすべての対象（わたしたちはこれについてもまだ知りません）とは違うということだけを教わったとしましょう。このようなやり方では、どんな対象についても、積極的な情報は——最小限の情報さえ——けっして得られないでしょう。

とはいえ、対象の同一性を確定するのに、ほかの対象との区別にまず着眼するのは、けっして不適切なことではありません。ただし大切なのは、そこでは絶対的区別が問題になっているのではないということです。**絶対的区別**とは、ある対象とほかのすべての対象との区別のことです。絶対的区別には情報的価値がありません。絶対的区別が意味しているのは、ある対象がほかのいかなる対象とも違うということ、ただ当の対象それ自身と同一であるということだけです。このこと自体には、内容的な情報は何も含まれていません。いろいろな対象を区別するには、内容的な情報に即した基準がなければなりません。ある対象をほかの対象から区別するのは何なのか。それを知るには、当の対象についての知識・情報がなければならないわけです。したがって、情報的価値のない区別は、そもそも区別ではありません。そこで、**絶対的区別**（情報的価値のない無意味な区別）と相対的区別を区別する必要があります。**相対的区別**とは、ある対象とほかのいくつかの対象との区別のことです。

相対的区別は、対照関係の情報によって得られます。そのさいの対照関係それ自身も、やはりさまざまなグラデーションのなかに現われてきます。コカ・コーラは、ペプシやビール、ワイン、アイスキャンディ、そのほかいろいろなものと対照関係にあります。しかし、サイとは対照関係にありません。ですから、飲食店のウェイターに「コカ・コーラをもう一本ください。コカ・コーラがなければ、サイをください」などと言う人はいません。わたしたちは、今欲しいのはコーラなのかサイなのかなどと考えたりはしない。それは、およそコーラがサイとは対照関係にないからにほかなりません。

ここで、相対的区別と絶対的区別の区別をはっきりさせるために、ちょっとした手品のトリックを試してみましょう。こう問うてみてください。サイは、世界のなかにある当のサイ以外のすべてと対照関係にあるのではないか。サイのことを考えるとき、わたしたちは、世界のなかにある当のサイ以外のすべてからサイを浮き立たせ、はっきりと区別しているのではないか、と。ところがいろいろな理由から、そうではありません。サイのことを考えるとき、わたしたちは、すでに何らかの状況――たとえば動物園やテレビ番組――のなかにサイを位置づけているからです。どんな状況にも依存せずにサイのことを考えるなどということは、わたしたちにはできません。まさにこのことを、フランスの哲学者ジャック・デリダは、多くの人に誤解されている（おそらく意図的に誤解の余地を残してある）次のようなスローガンで言い表わしていました。「テクストの外部など存在しない」[23]と。もっとポストモダン的でない言い方をすれば、サイはつねに何らかの状況のなかで現われてくる、ということです。もちろんデリダが言いたいのは、本当のところサイとはテクストであるなどということではなくて、ただ、サイであれ、ほかの何であれ、コンテクストのそとに存在するのではないということでしょう。

それでもやはり、何らかの状況のなかに現われているサイを、世界のなかにある当のサイ以外のすべてから区別することができるのではないか。こう問うてみても、やはり何のプラスにもなりません。そのような区別をしようとすれば、問題になっている状況を位置づけるべき、さらなる状況が必要となるからです。いかなる状況も、また何らかの状況のなかに現われてくるほかありません。したがって絶対的区別を立てようとすると、さらに大きな対照関係をいつでも想定せざるをえません。そして、さらに大きな対照関係をいつでも想定せざるをえないということは、結局のところ何も認識できないのと同じことです。

これは、人間による認識の限界を告げる事実であるにとどまりません。わたしたちが得る情報それ自体にも、同じことが当てはまるからです。世界それ自体は、わたしたちにいろいろな情報を与えてくれます。たとえば、地球のまわりをまわる月はたったひとつだけ存在する、といった情報です。この情報は、人間が天体を区別することによって世界にもたらされたのではありません。太陽・地球・月の区別は、人間によるはかりごとではなく、そもそも認識能力をもつ存在と知的な生命とがこの惑星上に存在するための条件にほかなりません。

したがって、絶対的区別は存在しません。たしかに、いくつかのものはほかのいくつかのものから区別されます。しかし、すべてのものがほかのすべてのものから区別されるということはありません。むしろ、いくつかのものは、ほかのいくつかのものと同一であることさえあります。この点からは、よく知られた哲学的な謎が投げかけられています。二つの別々の対象ないし事実が、そもそもどうして同一だとされるのだろうか、と。たしかに、そのようなことが何らかの仕方で可能になっているに違いありません。じっさい、たとえばライン河は、絶えず変化しているにもかかわらず、それでも同一のライン河であり続けているからです〔このような川の比喩は、ヘラクレイトスのものが知られている。ディールス＝クランツによる断片番号B一二／B四九a／B九一。内山勝利編『ソクラテス以前哲学者断片集』第I分冊、岩波書店、一九九六年、三一二―三一三、三二二―三二三、三三五―三三六頁／日下部吉信編訳『初期ギリシア自然哲学者断片集1』ちくま学芸文庫、二〇〇〇年、二九九、三一四、三三二頁〕。今日のライン河だけを考えてみても、これをなしている物質は、河の流れにしたがって入れ替わり続けています。また河床も、数百年を超えて一度として同一だったことなどありません。かくして、こう断言してよいでしょう。およそ対象は、つねにほかのいくつかの対象から区別される、と。つまり対照関係のクラスは、いつでも相対的なものでしかありません。絶対的な対照関係のクラスは、けっして存在しません。わたしたちは、相対的な対照関係のクラスを規定するにさいして、たしかに考え違いをすることも多い。けれども、だからといって、そもそも対照関係のクラスなど存在しないということにはなりません。むしろ、わたしたちが相対的な対照関係のクラスを規定するにさいして考え違いをするのも、そこで考え違いをされている当の対照関係のクラスが現実に存在しているからにほかなりません。

意味の場

存在するとはどのようなことか。この問いにたいするわたし自身の答えは、最終的には次のような主張に行き着くことになるでしょう。たったひとつの世界なるものなど存在せず、むしろ無限に数多くのもろもろの世界だけが存在している。そして、それらもろもろの世界は、いかなる観点でも部分的には互いに独立しているし、また部分的には重なりあうこともある、と。すでに見たように、世界とは、すべての領域の領域のことでした。そして存在するとは、世界のなかに現われているということでした。とすると、何ものであれ世界なるもののなかに現われるためには、何らかの領域のなかに現われていなければなりません。したがって、

　存在すること＝世界のなかに現われること

この等式が正しい方向を示しているのだとしても、この等式それ自体には改良の余地があると言わざるをえません。そこで、わたし自身の主張したい等式は、こうなります。

　存在すること＝何らかの意味の場のなかに現われること

この等式は、意味の場の存在論の原則です。**意味の場の存在論**は、こう主張します。およそ何かが

現象している意味の場が存在するかぎり、何も存在しないということはなく、そこに現象している当の何かが存在している、と。**現象**とは、「現われ」、「出来事」、「存在」を表わす一般的な名称です。しかし現象概念は、より中立的なものです。たとえば論理的な偽であっても、現象していることに違いはありません。しかし、論理的な偽が世界のなかに現われ、出来しているといった言い方は、普通の言葉遣いに反しています。これに加えて、「出来事」という概念のほうが「現象」よりも具体的・物質的であるとも言えます。そこで、より融通のきく「現象」概念のほうを用いることにしましょう。ここで注意すべきは、論理的な偽であっても現象はしている（したがって存在もしている）ということは、けっして当の論理的な偽が正しいとか真であるといったことを意味しないということです。現象／存在は、正しい・真であることと同じではありません。魔女が存在するというのは偽であるということ、これは真です。それとともに、北欧に魔女がいるとする間違った（偽である）思考のなかに、たしかに魔女は現象しています。しかし、だからといって、もちろん北欧に魔女がいるということにはなりません。間違った偽なる思考も存在します。けれども、間違った偽なる思考の対象は、当の思考によって（間違って）位置づけられた領域のなかに存在しているわけではありません。

　現象とは何なのかは、だいたいわかったこととしましょう。しかし意味の場とは何でしょうか。すでに対象領域のことはお話ししました。たとえば地方政治、美術史、物理学、居間などに言及しました。こうした対象を対象領域として捉えるさい、その領域で対象がどのように現象するのかは（必ずというわけではありませんが）普通は捨象されます。対象がどのように現象するのかは、たいていの場合、当の対象に特有の質に関わっています。たとえば、芸術作品がさまざまな姿で現象するということは、芸術作品に含まれた特徴だと言えます。しかし核子がさまざまな姿で現象するということは、核子に含まれた特徴だとは言えません。核子を多種多様に解釈することはできません。むしろ核子の意味しているものを理解するには、核子の現われてくる対象領域に精通しなければなりません。意味の場は、曖昧であったり、多彩であったり、相対的に規定不足であったりすることがありえます。これにたいして対象領域は、互いにはっきり区別された多数の可算的な対象からなっています。このようなことは、意味の場にたいしては無条件には言えません。意味の場には、捉えどころなく多彩な表情をもつ現象や、両価値的な現象も含まれうるからです。

ここでわたしたちの助けになってくれるのが、ゴットロープ・フレーゲです。フレーゲは論理学者・数学者ですが、とても広範な影響力をもった哲学的なテクストも書いています。そのフレーゲがここで助けになってくれるのは、対象領域についての議論がまさにフレーゲの時代に確立されたからです。対象領域についての議論は、現代論理学の発展のなかで重要な役割を演じるものでした。もっとも現代の論理学は、かなり間違った存在概念を代表しています。現代の論理学者の考えによれば、存在はつねに可算的なものです。現代の論理学について学んだことのないかたは、そのような主張に驚かれることでしょう。そんな存在概念は考えられない、ちょっとおかしな主張だ、と。たしかに、馬が存在するかどうかが問われているとき、問題になっているのは何頭の馬が存在するのかではなく、端的に馬が存在するのかどうかです。「いくつ存在するのか」という問いと、「存在するのかどうか」という問いは、ぜひとも区別すべきでしょう。

現代の論理学は、対象領域の概念を、ほとんど完全に集合概念と融合させてしまいました。しかし、すべての領域が、数学的に記述できる可算的な対象の集合であるわけではありません。たとえば芸術作品や複雑な感情には、そのようなことは当てはまりません。何かが現われる領域のどれもが、必ず対象領域であるわけではありません。それゆえ意味の場のほうが、より一般的な概念なわけです。意味の場は、可算的な対象の集まりという意味での対象領域や、数学的に記述できる集合といういっそう精密な意味での対象領域として姿を現わすこともありえますが、捉えどころのない多彩な表情をもつさまざまな現象からなることもありえます。このようなことは、対象領域にも集合にも当てはまりません。

現代の論理学は、存在を可算性と取り違えるという間違った展開をしてしまいました（これは、すべてを数えて計算しようとすると陥る典型的な間違いです）。そのさい見過ごされているのが、わたしたちの助けとなってくれるでしょうからぜひとも指針にすべきフレーゲの指摘です。もういちど同一性の問題に立ち返ってみましょう。フレーゲの傑作論文「意味（ジン）と意義（ベドイトゥング）について」で立てられている問いは、いかにして同一性命題が実質的内容を備え、かつ無矛盾でありうるか、というものです。[24]次のような同一性命題を例にとってみましょう。

かつてニューヨークのヘラクレスだった俳優は、第三九代カリフォルニア州知事と同一である。

この命題は、もちろん通常はこんなに複雑な形はとりません。シュワルツェネッガーの伝記が書かれるとしたら、もっと簡単にこう言われることでしょう。

ニューヨークのヘラクレスは、後に第三九代カリフォルニア州知事になった。

ほかに手頃な例としては、次のような同一性命題もよいでしょう。

2＋2＝3＋1

アーノルド・シュワルツェネッガーが、あるときにはニューヨークのヘラクレスだったが、またあるときにはカリフォルニア州知事だったということ、ここに矛盾はありません。どちらもそのとおりだからです。同じことが4という数にも言えます。4という数は「2＋2」とも書けますし、「3＋1」とも書けます（ほかにも無限に数多くの書き方ができるでしょう）。

フレーゲは「2＋2」や「3＋1」を「与えられ方」と呼び、これを「意味（ジン）」と呼んでいます。[25] それによれば、同一性命題で等置される二つ（以上）の表現それぞれの「意味」は異なっているが、それらの異なった表現が指し示している当のものは同一である（すなわちシュワルツェネッガーや4という数）。同一性命題が実質的内容を備え、真であるとともに無矛盾であるとき、そこからわかるのは、同じもの（同じ人物、同じ事実）がさまざまに異なった仕方で表わされうるということです。フレーゲの用いる「与えられ方」という言葉の代わりに、わたしたちは「現象」という言葉を用いることにしましょう。すると、**意味**とは対象が現象する仕方のことである、と定義することができます。

意味の場とは、何らかのもの、つまりもろもろの特定の対象が、何らかの特定の仕方で現象してくる領域です。これにたいして対象領域においては——集合においてはなおさらのこと——まさにこの点が捨象されます。二つの意味の場が同じ対象に関わることもありえますが、そのさい当の対象は、二つの意味の場それぞれで異なった仕方で現象するほかありません。それを細かく見ることのできる例を考えてみましょう。

よく慣れ親しんだ対象として、わたしの左手を例にしましょう(これを読んでいるあなたもご自身の左手を例にして、以下の思考実験をやってみてください。哲学の思考実験は、実験室が要りませんし、きわめて安価かつ簡単にやってみることができます)。さて、わたしの左手は、ひとつの手です。五本の指があり、今のところ褐色に日焼けした状態には程遠く、指先があり、手のひらにはしわがあります。しかし、わたしにたいして左手として現象している当のものは、素粒子の集積でもあります。いわば、もつれあった原子のなす特定の束です。しかも、それらの原子のそれぞれもまた、さらに小さな粒子のもつれあった束なのです。それだけではありません。わたしの左手は、わたしにたいして芸術作品として現象することもありえますし、道具として現象することも——昼食を口に運ぶときなどに——ありえます。フレーゲが挙げている別の例で考えれば、森にはひとつの木立ちがあるとも言えますし、たんに当の森に属する五本の木があるとも言えます〔『算術の基礎』第四六節、三平正明・土屋俊・野本和幸訳、『フレーゲ著作集』第二巻、勁草書房、二〇〇一年、一〇六頁〕。意味の場の違いによって、同じものがひとつの手でもあれば原子の束でもあり、芸術作品でもあれば道具でもある。それと同じく、五本の木が、ひとつの木立ちでもあれば個々別々の五本の木でもある(もちろん、この五本の木それぞれがまた、特定の原子の束でもある）わけです。

グスタフ・フォン・アッシェンバッハは、トーマス・マン作品の登場人物でもあれば、ひとりの少年性愛者でもあります。しかし、原子の束ではありません。トーマス・マンによって創造された「グスタフ・フォン・アッシェンバッハ」なる名の人物と同一であった原子の束など、いまだかつて宇宙には存在しなかったからです。意味の場の違いによって、グスタフ・フォン・アッシェンバッハはヴェネツィアにいたとも言えますし、いなかったとも言えます。それは、小説について語るのか、それともヴェネツィアの歴史について語るのかによるわけです。

意味の場の外部には、対象も事実も存在しません。存在するものは、すべて何らかの意味の場のなかに現象します（いっそう正確に言えば、無限に多くの意味の場のなかに、とさえ言えます）。「存在する」とは、何らかの意味の場のなかに現象するということにほかなりません。無限に多くのものが、何らかの意味の場のなかに現象する。そのさい、誰かがそれに気づいていたかどうかは関係ありません。存在論的な観点からすれば、それを人間が経験するかどうかには、副次的な役割しかありません。物や対象は、わたしたちにたいして現象するからこそ現象しているわけではありませんし、わたしたちに気づかれているからこそ存在しているわけでもありません。ほとんどのものは、たんにわたしたちには気づかれずに現象します。『ファウスト』第二部に登場してくる学士のようになりたくなければ、このことを忘れてはいけません。この学士は、自らの構築主義のために悪魔メフィストフェレスの手玉にとられてしまったのでした。ゲーテにとって、カントに発する構築主義は、どんな姿をとっていても生涯変わらず腹の立つものでした。それでゲーテは、学士にこう言わせています。

私が創造する以前に世界はなかった。
私が太陽を導いて海から昇らせた。
私とともに月は満ち欠けの歩みを始めた。
私の往く道々に日はその身を粧う。
私を迎えて大地は緑に萌え、花を咲かせる。
私の目配せに、あの初めての夜
すべての星々が輝きを放った。
私以外のいったい誰が、貴方がたを解き放ったのか
俗物の狭隘な思想の軛のいっさいから。
けれども私は自由に、精神に語りかけられるがままに
私自身の内なる光を快く追い求め、
足早に進んでゆこう、稀有なる歓喜のうちに
前方には光明、背後には暗影。[26]

わたしたちの住む惑星は、宇宙論的・存在論的な出来事の中心ではなく、結局のところ無限小と言うべき小さな一隅にすぎません。わたしたちは、この小さな一隅をまあまあ満足のできる程度に整えてきましたが、目下それをも壊しつつあります。それは、わたしたちが宇宙における自身の重要性を

過大評価しているせいです。わたしたちなしには世界も存在しないかのように考えることで、わたしたちは、すでに宇宙が人類の存続に配慮してくれているように思ってしまっているわけです。ともかくも宇宙は、宇宙自身の存続に関心をもつはずなのだから、と。残念ながら、そう単純ではありません。宇宙にせよ時空にせよ、わたしたちのような存在者がこの美しい惑星上に存在することには何の関心ももっていません。わたしたちが存在するかどうかも、わたしたちが自身の存在を誇りに思っていることも、この世界全体を見ればほとんどどうでもよいことです。ところが、このような洞察は、じつに今日に至るまで、学問的にはごく軽く受け止められてきたにすぎません。むしろ多くの哲学者、そればかりか多くの物理学者さえもが、宇宙はわたしたちのことを配慮してくれていると思っています。後ほど——それに必要なだけの慎重さをもって「神」という言葉に取り組めるようになったときに——宗教との関連で、このような状況を話題にすることになるでしょう。もっとも、人間が存在するかどうかなどは大きな全体においてはほとんどどうでもよいという事実から、それがあなたとわたしにとってもどうでもよいということが導き出されるわけではありません。世界そのものを人間の世界と取り違えてはなりませんし、世界そのものを間違った水準に位置づけてはなりません。

　存在するものは、すべて意味の場に現象します。**存在**とは、意味の場の性質にほかなりません。つまり、その意味の場に何かが現象しているということです。わたしが主張しているのは、存在とは、世界や意味の場のなかにある対象の性質ではなく、むしろ意味の場の性質にほかならないということ、つまり、その意味の場に何かが現象しているということにほかならないということです。だとすると、次のような問題が生じないでしょうか。意味の場もまた対象である。意味の場についても、真偽に関わりうる思考によって考えることができるからだ。そこに何かが現象しているということ、これが意味の場の性質だとすると、やはり存在は対象の性質であるということになるのではないか。だが、意味の場もやはり意味の場のなかに現象する（さもなければ存在するとは言えない）となると、これは矛盾しているのではないか、と。しかし、そのような矛盾は生じません。それは――逆説的にも――そもそも世界が存在しないからです。存在しているのは、無限に数多くの意味の場だけです。それらの意味の場は、ある部分では重なりあいますが、別の部分ではどんな仕方でもけっして接しあうことがありません。ピョートル・プストタが気づいたように、結局のところすべてはどこでもないところで生じるわけです。これは、まったく何も生じないということではありません。むしろ逆に、無限に数多くのことが同時に起こっているということです。しかし、この話は見過ごしておくことにしましょう。何と言っても、わたしたちは無限に数多くのことに同時に取り組むことなどできないのですから。

Ⅲ

なぜ世界は存在しないのか

まず、わたしたちの得た最初の大事な認識、すなわち意味の場の存在論の等式を、もういちど取り上げておきましょう。

存在すること＝何らかの意味の場に現象すること

何らかの意味の場に何かが現象することがありうるためには、その何かがそもそも何らかの意味の場に属していなければなりません。たとえば、水はガラス壜のなかにあることがありえますし、何らかの着想はわたしの世界観に属するものでありえます。同じように、ひとは国民として何らかの国家に所属していることがありえます。3という数は自然数に属していますし、分子は宇宙の一部をなしています。このように何かが何らかの意味の場に属しているわけですが、その属し方こそが、その何かの現象する仕方にほかなりません。決定的なのは、何かの現象する仕方がいつでも同じわけではないということです。すべてが同じ仕方で現象するわけではありませんし、すべてが同じ仕方で何らかの意味の場に属するわけではありません。

以上に述べたことが正しいとしましょう。すると、ここでようやく、世界が存在するかどうかをきちんと問うことができるようになります。第I章で見たように、世界は、すべての領域の領域として考えれば最もうまく捉えることができます。これはハイデガーに帰することのできる捉え方でしたが、ここで、この捉え方をもっと正確にして、こう言い直すことができます――世界とは、すべての意味の場の意味の場、つまりそれ以外のいっさいの意味の場がそのなかに現象してくる意味の場であり、もってすべてを包摂する領域である、と。これはいわば世界の究極の定義ですから、もういちど強調して記しておき、用語集に載せることにしましょう。**世界**とは、すべての意味の場の意味の場、それ以外のいっさいの意味の場がそのなかに現象してくる意味の場である。

すると、存在するいっさいのものは、世界のなかに存在していることになります。世界こそ、いっさいの物ごとが起こる領域にほかならないからです。世界のそとには何も存在しません。世界のそとにあると考えられるものも、そう考えられるものとして世界のなかに存在しています。かくして、存在するということには、つねに何らかの場所の規定が含まれていることになります。存在するとは、何かが何らかの意味の場に現象することだからです。だとすると、こう問わなければなりません――世界が存在しているとすれば、その世界はどのような意味の場に現象するのだろうか、と。世界は意味の場S1に現象すると仮定してみましょう。ここでS1は、さまざまな意味の場のひとつです。つまりS1と並んで、S2・S3……と複数の意味の場が存在しています。ほかの意味の場と並んで存在しているS1に現象しているのであれば、世界は存在している。このようなことは可能でしょうか。

世界とは、それ以外のいっさいの意味の場がそのなかに現象してくる意味の場のことでした。とすればS1には、ほかのいっさいの意味の場が、いわばS1に包摂される副次的な場として現象していることになります。S1には世界が現象しており、その世界にはすべてが現象しているはずだからです。

とすると、S2・S3……の意味の場は、いずれもS1と並んで現象しているだけでなく、S1のなかに現象してもいることになります。S1には世界が現象しており、定義上、その世界にはすべてが現象しているはずだからです。したがって、たとえばS2は、二度存在していることになります。一度は世界と

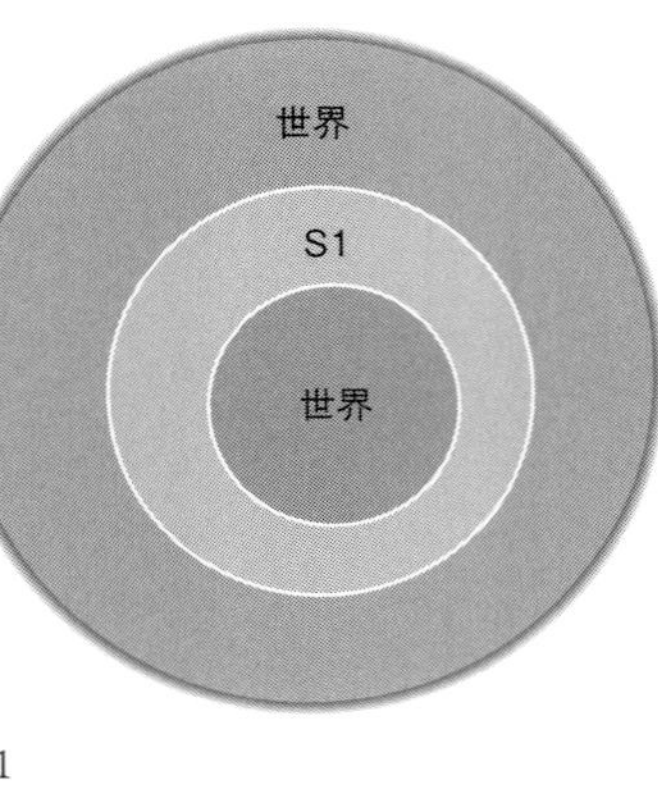

図1

並んで、もう一度は世界のなかにです。しかし、S2が世界と並んで存在するはずがありません。世界と並んで——つまり世界のそとに——存在するものなど、何もないからです。同じことがS3にも、またそれ以外のいっさいの意味の場にも当てはまります。したがって、ほかのさまざまな意味の場と並んで現象する何らかの意味の場に世界が現象するということ、そんなことはそもそも不可能です。もしそんなことが可能だということになれば、ほかのさまざまな意味の場はおよそ存在することができないことになるからです。というわけで、次の点は確認できました——世界は、世界のなかに現われてはこない。

さらに、もうひとつ別の問題もあります。世界がS1に現象するのだとすると、それではS1自身はどこに現象するのでしょうか。すべての意味の場がそのなかに現象する意味の場が世界だとすると、S1のなかに現象するはずの世界のなかに、S1それ自身が現象しなければならないことになってしまいます。込み入った厄介な状況です（図1）。

世界がそのなかに現象しているS1、そのS1がそのなかに現象している世界は、S1のなかに現象している世界とは明らかに違います。現象している世界は、当の世界が現象する場としての世界と同じではありません。

それだけではありません。ほかのすべての意味の場も、世界のなかに現象します。ほかのすべての意味の場も、ともに同じ図に含まれるのです（図2）。すると、どの意味の場も、やはり二つのポジションをもって現われてくることになってしまいます。一方ではS1のなかの「世界」のなかに現われ、他方ではS1と並んで現われてくるわけです。

しかし、世界のなかに世界は現われてこないということは、こうしたやや形式的な論証とは別に、もっと簡単に確かめることもできます。視野を例にして考えてみましょう。視野という領域のなかでは、けっして当の視野それ自体は見えません。そこで見えるのは、眼に見える対象だけです――隣席の女の人、カフェ、月、日没など。せいぜいできそうなことは、視野を絵に描いて表現しようとすることくらいでしょう。ここで、たとえば眼前に拡がる視野を寸分違わず絵に描く才能が、わたしにあるとしましょう。このときわたしは、わたし自身の視野を描いた絵を、じっくり見ることができるでしょう。けれどもこの絵は、もちろんわたしの視野そのものではなく、わたしの視野のなかにある何かにすぎません。これと同じことが、世界にも当てはまります。わたしたちが世界を捉えたと思ったとしても、そのときわたしたちが眼前に見ているのは、世界のコピーないしイメージにすぎません。わたしたちには、世界それ自体を捉えることはできません。世界それ自体が属する意味の場など存在しないからです。

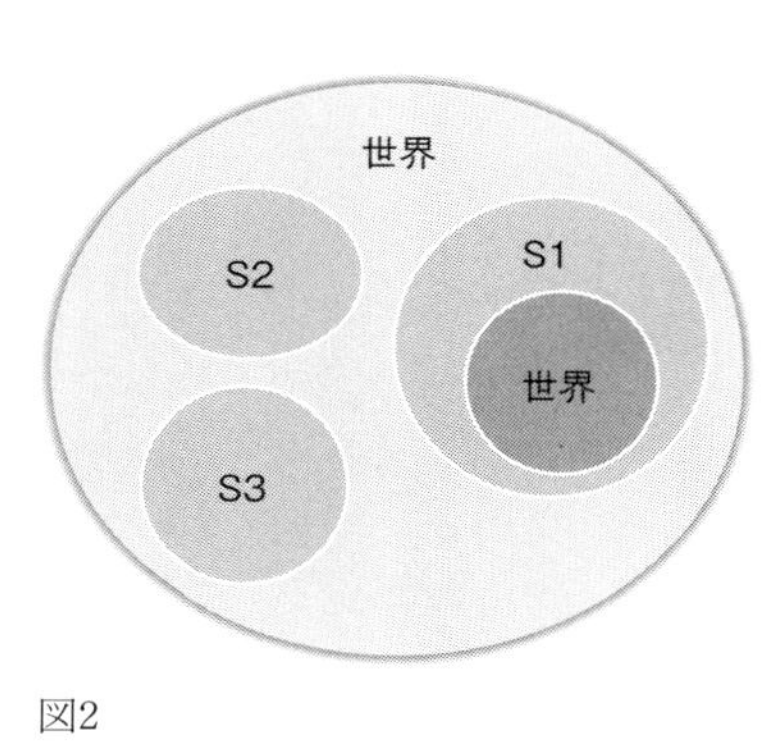

図2

世界それ自体は、世界という舞台に登ることがありません。世界それ自体は、立ち現われてくることもなく、わたしたちにとって表象となることもありません。

古典的映画『猿の惑星』シリーズの第三作『新・猿の惑星』では、オットー・ハスライン博士なる人物が、独自の時間理論を展開しています。未来から過去へと猿たちが遡行してきたこと、これがいかにして可能なのかが、この理論によって説明されるというわけです。ハスラインのテーゼによれば、時間というものを理解するには、時間をある種の「無限背進」として捉えなければなりません。ハスラインは、自らが出演している報道番組の視聴者に、この時間理論を説明するために――この映画の世界では、未来からやって来た二匹の猿がその番組を視聴しているわけですが、もちろん当の映画を観ているわたしたちも、同じようにその番組を視聴していることになります――説得力のある例を用いています。わたしたちが、絵に描かれた何らかの風景を観ているとしましょう。このときわたしたちは、この風景を誰かが描いたということを知っています。したがって、この風景画を描いた画家と当の風景画とがともに描かれた絵を、さらに想像することができます。しかし、この絵もやはり描かれたものです。それも、当の絵に描かれている画家によって描かれたものではありません。絵に描かれた画家は、絵のなかに描かれている絵を（絵のなかで）描いているにすぎません。そこでわたしたちは、もともとの風景画を描いている画家が描かれている絵を描いている画家が描かれている絵を想像することができる――これが無限に続きます。無限背進です。

すべてを描いている画家は、自らが描いている絵の制作にさいして、まさに当の絵を制作している自己自身を描くことはできません。絵に描かれた画家は、それを描いている画家と、けっして完全に同じではありません。今問題にしている『新・猿の惑星』のシーンで注目すべきは、この映画の観客であるわたしたちが、未来から来た二匹の猿とまさに同じ状況にあるということです。作中の二匹の猿が観ているのと同じテレビ映像を、わたしたちも観ています。興味深いことに、そのテレビ映像に映し出されているテレビ画面の背景には、報道番組の司会者とハスライン博士とが映り込んだ鏡が見えています。これによって、少なくとも三つの視点（パースペクティブ）が象徴的に融合することになる。すなわち、未来から来た二匹の猿の視点、報道番組の司会者とハスライン博士の視点、そしてわたしたちの視点です。この映画――わたしたちの世界――は、このような果てしない入れ子構造でできているわけです。

不安をかきたてる不気味な表現によって、このような真理に導いてくれる映画作品はほかにもたくさんありますが、なかでも特に恐ろしいのが、ヴィンチェンゾ・ナタリの映画作品『キューブ』のシナリオです。『キューブ』では、さまざまな登場人物たちが、なぜか――はじめは一人ずつ別々に――立方体状の部屋のなかにいます。どの部屋にも、開閉のできる扉が六面の壁すべてについていて、それぞれ隣の部屋に通じています。なかには、命に関わるような罠のしかけられた部屋もあります。映画が先へ進むにしたがって明らかになるのは、部屋と部屋のあいだに見られる数字の組み合わせが、部屋の移動のサイクルを表わしているということです。これに気づけば、立方体のそとに出られるわけです。しかし立方体のそとには、空虚・虚無しかありません。これは、映画の最後には明るい光として表現されてもいます。

こうして映画作品『キューブ』は、終始一貫して、立方体のそとの世界を表現するのを放棄することで、わたしたちにとって重要な事実の映像的表現たりえていることになります。すなわち、無限に数多くの意味の場が存在し、無限に多様な仕方で入れ子構造をなしているという事実です。しかし、この果てしない入れ子構造は、虚無のただなかで——つまりはどこでもないところで——生じています。物ごとの起こる場所を規定するということは、およそ何らかの意味の場のなかでしかできません。意味の場の外部など存在しないのです。このような状況を、ジャン・パウルは、一七八五年の『ある箴言家の伝記』において、ほかに類のない諷刺的なスタイルで描いています。「彼はつねづね本を書きたいと思っていた……その書きたがっていた本のなかで彼が証明したいと思っていたのは、たしかにさまざまな存在者が存在しているけれども、存在するということそれ自体はどこにも存在していないということであった[27]」。

世界は存在しません。もし世界が存在するならば、その世界は何らかの意味の場に現象しなければなりませんが、そんなことは不可能だからです。もちろん、この洞察はたんに破壊的なだけではありません。この洞察によって明らかになるのは、期待と違って世界は存在しないのだということだけではありません。むしろ何が存在するのかを理解しようとするのであれば、この洞察は生産的なものにもなりうるのです。

「世界は存在しない」というテーゼ、これを否定的存在論の主命題と呼びましょう。これに対応するのが、「限りなく数多くの意味の場が必然的に存在する」という肯定的存在論の第一主命題です。この肯定的存在論の第一主命題は、さらなる思考実験によって明らかにすることができます。たったひとつの対象だけが存在すると想像してみましょう。たとえば青い立方体だとしておきましょうか。しかし、この唯一の対象だけが存在していて、それ以外には何も存在していないとすると、当の青い立方体がそこに現象すべき意味の場も存在していないことになります。しかし、だとすると当の青い立方体も存在していないことになってしまいます。およそ何かが存在するには、当の何かがそこに現象すべき何らかの意味の場が存在していなければならないからです。かくして、たったひとつの対象だけが存在しているとすると、およそ何の対象も存在していないことになってしまいます。一見したところ絶対に唯一の――完璧に「孤独な」――対象であっても、存在するためには何らかの意味の場に現象しなければならないからです。たったひとつというのは、存在しないのと同じです。あるいは、ポール・トーマス・アンダーソンの映画作品『マグノリア』のサウンドトラックでエイミー・マンが歌っているように「1は最も孤独な数字」なのです。

したがって、少なくともひとつの対象と、ひとつの意味の場が存在することになります。ただし、さらなる意味の場がもうひとつ存在していなければなりません。たったひとつの意味の場だけが存在するためにも、否定的存在論の主命題によって、当の意味の場がそこに現象している別の意味の場がさらに存在していなければならないからです。かくして、少なくともひとつの対象と、二つの意味の場が存在することになります。

やはりすでに見ておいたことですが、およそ「対象」という言葉で理解されるべきものは、真偽に関わりうる思考によって考えることのできるものにほかなりませんでした。狭い意味での物だけでなく、意味の場それ自身もここに含まれます。したがって、もともと想定されていたたったひとつの対象と、そこから必然的に想定されざるをえない二つの意味の場とは、いずれもわたしたちの思考にとっての三つの対象にほかなりません。ということは、これら三つのいずれもが、少なくともわたしたちの思考という意味の場のなかに存在しているわけです。とすると、さらなる意味の場がまたひとつ想定されていたことになります。

この議論の流れのなかで、とりあえずもうひとつのテーゼを立ててよいでしょう。すなわち**肯定的存在論の第二主命題**、「どの意味の場もひとつの対象である」というテーゼです。ここからただちに導き出されるのは、どの意味の場にとっても、それが現象している何らかの別の意味の場が存在するということです。この洞察にたいする唯一の制限となるのが世界です。世界は現象しない以上、いかなる意味の場でもないからです。だからこそ世界は対象でもありえません。

しかし、わたしたちはここで決定的に矛盾に陥ってはいないでしょうか。わたしたちは世界について考えていたのではないでしょうか。わたしたちが世界について考えていたのだとすれば、ともかく世界は存在しています。すなわち、わたしたちの思考内容として存在しているわけです。わたしたちの思考内容が、わたしたちの思考のなかに存在している以上、何らかの意味の場（つまりはわたしたちの思考）が存在していて、そこに世界が現象していることになります。したがって、世界はともかく存在している――のでしょうか？

世界がわたしたちの思考のなかに存在するのであれば、わたしたちの思考が世界のなかに存在することはありえないはずです。さもなければ、わたしたちの思考と（その思考内容としての）「世界」からなる世界が、また別に存在していることになるからです。したがって、わたしたちは、やはり世界については考えることができないわけです。アメリカの天才的なテレビ・シリーズ『となりのサインフェルド』〔原題『Seinfeld』〕（この名前が意味の場〔Sinnfeld〕に似ているのも偶然ではありません）が教えてくれたように、いっさいは「何でもないことをみせるショウ」である。つまり、存在するいっさいのもの、現象するいっさいのものが結局のところ示しているのは、世界など存在しないということなのです。というのも、いっさいのものが存在しているのは、世界が存在しないからにほかならないからです。世界について考えることはできません。世界について考えようとして捉えられるのは、何でもないこと、すなわち無にすぎません。もっと正確に言えば、それは「無以下」のものでしかありません。世界についてのいかなる思考も、世界のなかでの思考です。上方〔über〕から俯瞰して世界を考えることはできません。ですから文字通り、世界について〔über〕考えることはできないわけです。この世界「全体」についてのどんな思考も、真偽に関わりうるものではありません。そこで考えられているはずの対象が、じっさいには存在しないからです。

ここで、もう少し考察のネジをまわしてみることをお許し願います。ちょっとアクロバティックな思考を試してみたいのです。そのアクロバットは、次のような思考を考えてみるところにあります。すなわち、世界全体について考えると同時に、当の思考それ自身についても考えるような思考です。そのような思考ならば、世界を救い出し、存在させることができるかもしれません。そこで、このような思考を「超思考」と呼び、次のように定義しましょう。**超思考**とは、世界全体と自己自身について同時に考える思考である、と。超思考は、自身とほかのすべてとを同時に考えるわけです。

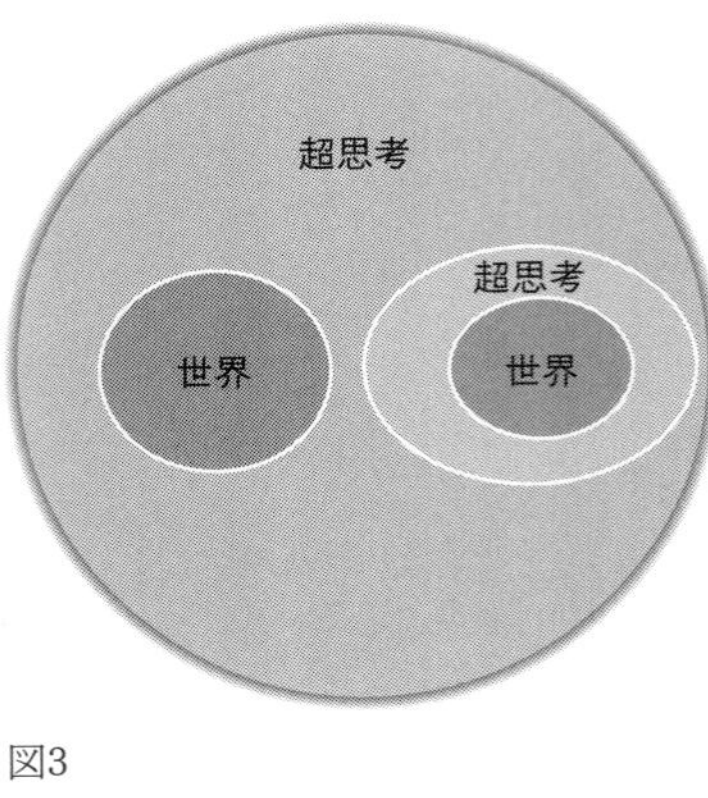

図3

歴史を通じて最も天才的な形而上学者ゲオルク・ヴィルヘルム・フリードリッヒ・ヘーゲルは、古代ギリシアのいくつかの観念に依拠しつつ、このような（残念ながら間違った）超思考を導入し、歴史を通じて最良の（そして最も難解な）哲学書のひとつである『大論理学』で、それを根拠づける議論を展開しています。ヘーゲルは超思考を「絶対的理念」と呼んでいますが、この呼び名がともかくも事柄にふさわしいものだったことは、すぐにわかります。超思考は、いわば人間の着想しうるかぎり最高の理念であり、絶対的な理念でさえあるからです。これにあわせて、超思考が存在するという主張にも呼び名を与えられます。超思考が存在するというテーゼは、**絶対的観念論**と呼ぶことができます。

それでも、やはり絶対的観念論は間違っています。絶対的観念論が真であるなら、当の絶対的観念論が存在していなければなりません。しかし絶対的観念論は、どのような意味の場に現象するのでしょうか。もし絶対的観念論それ自身のなかに現象するのだとすれば、ほかならぬ世界問題が生じることになります。したがって、超思考がそれ自身のなかに現象することはありえません。もし超思考がそれ自身のなかに現象するのだとすれば、世界がそれ自身のなかに――しかも当の世界と並んで――現象することになってしまうからです。このような考察は、図3のように図示されます。

もちろんこの図は、厳密に見れば、やはり不完全・不十分なものです。それ自身のなかに現われてくる思考として超思考が定義されている以上、超思考のなかに現われてくる超思考のなかには、やはりまた超思考が現われてくる――と、果てしない入れ子構造になるはずだからです。すべてを包摂するものは、それ自身のなかに現象することができないということ、この点にまったく変わりはありません。わたしたちは、すべてを包摂するものを捉えることができません。それは、そのようなものを十分に考え抜く時間がわたしたちにはないからだけではありません。そもそも、そのようなものが現象する意味の場が存在しないからでもあるのです。それゆえ、すべてを包摂するものは存在しません。

ニヒリズムと非存在

では、いわばもっと世俗的でわかりやすい水準に話を戻して、もういちど青い立方体を想像してみましょう。この青い立方体は、ほかのどんな対象からも完全に切り離されて唯一それしかないのだとすれば、存在していないことになるほかありません。たったひとつの対象を、ほかのすべての対象から切り離すことができたら（思考のなかでであれ、宇宙のなかでであれ、何らかの対象領域のなかでであれ)、その対象が現象しうるいっさいの意味の場からも切り離されていることになる以上、当の唯一の対象はたちまち存在するのをやめてしまいます。したがって、青い立方体をいっさいの意味の場から切り離し、その意味で世界から切り離したとすれば、この立方体はいわば内側へと破裂し、存在論的に崩壊してしまいます。青い立方体が唯一それしかないのだとすれば、もはやそれは存在していません。「1は最も孤独な数字」なわけです。

こうして見てみるとわかるのは、世界が、当の世界それ自身の数多くの縮小コピーからできているということです。個々の対象は、世界と同じように、いずれも自らの自律性――つまり当の対象それ自身であるということ――を必要とするからです。コーヒータイムの準備が整った食卓であれ、野菜スープであれ、数学的等式であれ、その点に違いはありません。しかし、いずれの対象も、何らかの背景の前に現われ出なければなりません。背景なしには、どんな対象も存在することができません。世界の数多くの縮小コピーのいずれにも当てはまるのは、その一つひとつが世界のミニアチュアになっているということ、かくして世界の範型が数多く存在しているということです。とはつまり、そもそも何らかの対象が存在しうるためには、当の対象がほかのものから完全に切り離されていてはならないということです。対象は、何らかの意味の場に現象しなければなりません。しかし、それだけでは、その意味の場は、ほかのものから切り離されていて、それゆえ存在することができないように思われます。したがって、その意味の場は、さらに別の意味の場に現象しなければなりません。当然、この別の意味の場も……というわけで、どこまでいっても終わりにはなりません。こうして、すべてのものが現象する最終的な意味の場、すなわち世界はけっして得られません。むしろ世界は、捉えようとするたびに遠ざかり、いつでも追求の手を逃れてしまいます。だからこそ、少なくとも考えられるかぎりのすべての意味の場は（少なくともわたしたちの思考のなかに）存在しています。しかし世界それ自体はそうではありません。世界それ自体について考えることはできません。わたしたちが考えている対象としての世界は、わたしたちが世界について考えている場としての世界と同じではないからです。

こうして世界それ自体が果てしなく遠ざかってしまうという事態は、**フラクタル存在論**の一形態として考えることができます。フラクタルとは幾何学の図形で、当の図形自身の無限数のコピーからなるものです。有名な例としては、ピュタゴラスの樹（図4）や、シェルピンスキの三角形（図5）などがあります。

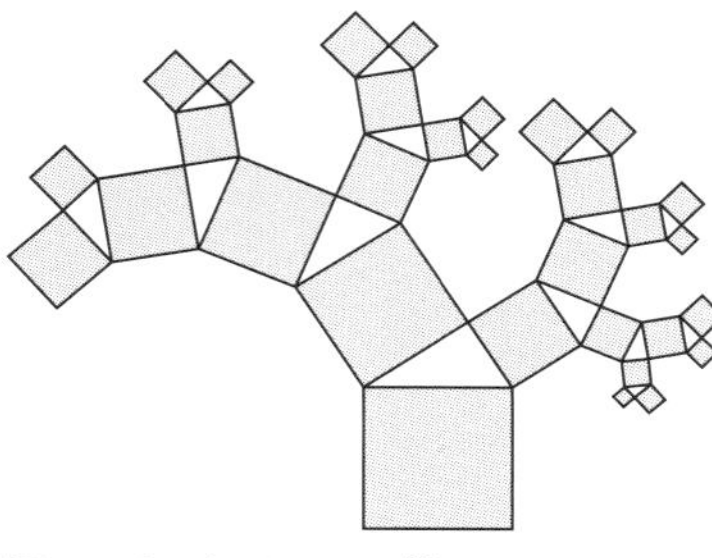

図4　ピュタゴラスの樹

図5　シェルピンスキの三角形

世界は、いわばフラクタルのように、当の世界自身のなかへと無限回コピーされ、まったく同じ形をした無数の小世界からなっている。そして、それらの無数の小世界のそれぞれが、やはり同じ形をした無数の小世界からなっている、というわけです。

このようなわけで、わたしたち

に認識できるのは、無限なものの断片でしかありません。全体を見渡すことはできません。全体など存在しないからです。このような事態を、リルケはじつに見事に表現しています。

いつでも被造物のほうに向けられて、
わたしたちがそこに観るのは、自由なものの鏡映にすぎない。
わたしたちに暗まされた鏡映だけ。あるいは一個の動物の、
もの言わぬ動物の見上げる眼が、どこまでも静かにわたしたちを貫いていること。
これが運命というものだ——対峙しているということ。
それ以外の何ものでもない、ただいつでも対峙しているということ。[28]

もっともリルケの考えでは、このような無限から逃れる道、つまりある種の救いがある。それをリルケは、動物・神々・天使・子どもたち、また死者たちにさえ見ています。これは詩的な思考の戯れと言うべきもので、幸いなことに、ここで立ち入って検討する必要はありません。

とすると、わたしたちは今や決定的に失われてしまっているのではないでしょうか。世界それ自体が存在せず、その代わりに世界の無数のコピーが存在しているのだとすれば、今やすべては決定的に崩壊しているのではないでしょうか。今やすべては、完全に未規定なカオスに帰しているのではないでしょうか。どのような水準にわたしたちが存在しているのかを、わたしたちはどこから知るのでしょうか。わたしたちが知覚するいっさいのものは、いっそう広大な意味の場に、ある種の素粒子とし

て存在しているにすぎないのでしょうか。そのいっそう広大な意味の場では、わたしたちよりもずっと大きなサイズの人間が、わたしたちが考えているのと同じことを、ずっと大きなサイズで考えているのでしょうか。

幾何学であれば、物ごとが存在しているさまざまな水準を、形式的な操作によって区別できるかもしれません。しかし、わたしたちが生きているさまざまな現実の水準は、どのようにしてそれとして示されるのでしょうか。あるいは今の場合であれば、わたしたちが今まさにどの水準・どの意味の場に存在しているのかを、そもそもわたしたちはいったいどこから知るのでしょうか。結局のところ果てしない意味の破裂が無のただなかで途切れなく起こっているだけだとすれば、わたしたちは自らをどこに位置づけることができるのでしょうか。いっさいは無に帰してしまわないでしょうか。

このような懸念は、「ニヒリズム」と呼ばれる現象と密接な関連にあります。**近代的ニヒリズム**はさまざまな姿で現われますが、いずれも、結局のところすべては無意味であるという主張にほかなりません（ラテン語の「ニヒル〔nihil〕」は「無」を意味します）。わたしたちは、宇宙全体からすればどうでもよい小さな惑星で日々悪戦苦闘している。わたしたちの住むその惑星は、無限な空間のなかを延々と動き続けているが、そのさいわたしたちがどこに存在しているのか、あるいはこの世界全体とは何なのか、わたしたちは現に示してみせることができない……というわけです。アインシュタインの相対性理論によれば、わたしたちがいかなる時間に生きているのかを示すのも、けっして容易なことではありません。宇宙で「今」起こっているすべての出来事の基準にしうるような唯一の絶対的な同時性、つまり今という時点は存在しないとされるからです。少なからぬ物理学者や形而上学者は、およそ時間など存在しないとさえ考えています。そもそもすべてはすでに過ぎ去っているのであって、時間とは「動く」ものがもたらすある種の幻想にすぎないのだ、と。[29] それでも意味のある人生を、わたしたちはそもそも生きているのでしょうか。むしろ意味の場における果てしない世界の入れ子構造は、あらゆる意味、あらゆる重要性を破壊するのではないでしょうか。

いや、断じてそうではありません。むしろ正反対です。意味が純粋な姿で十全に現われたら、わたしたちは方向性を見失ってしまうでしょう。哲学の祖として有名なギリシアの哲学者ミレトスのタレスは、おそらくそのような事態を考えていたのだと思います。タレスは「万物は神々で満ちている」と言ったと伝えられています〔ディールス゠クランツによる断片番号A二二。内山勝利編『ソクラテス以前哲学者断片集』第Ⅰ分冊、岩波書店、一九九六年、一五七頁／日下部吉信編訳『初期ギリシア自然哲学者断片集1』ちくま学芸文庫、二〇〇〇年、六二頁。もともとは、アリストテレス『魂について』四一一a七―八〕。戦後の偉大な哲学者ハンス・ブルーメンベルクは、いずれもとても刺激的で見事な著書のいくつかで、このタレスのものと伝えられる言葉のなかに、いわば嘆きを見て取っています。[30] それによれば、神々があまりに多く存在していると思ったタレスは、事態をもっと簡明にしようと考え、近代科学にも通じる着想を発見することになった。すなわち、存在するいっさいのものは、結局のところ同じ唯一の素材でできている、という着想である。そこでタレスは「万物は水である」としたのだ（港町の住民であるタレスは、水をかなり重要なものと考えた）……というわけです〔アリストテレス『形而上学』九八三b。ディールス゠クランツによる断片番号A一二。前掲『ソクラテス以前哲学者断片集』第Ⅰ分冊、一五〇―一五一頁／前掲『初期ギリシア自然哲学者断片集1』四九―五一頁〕。万物が水であるわけでないことは、今日ではすでに知られています。しかし、それでも万物を成り立たせている唯一の普遍的実体があるかもしれないと、わたしたちは考えてしまいがちです。

しかし「万物は水である」というタレスの命題は、ちょうど二重に間違っています。一方で、万物が水であるということが、確実に間違っています（火もあれば、石もあるからです）。しかし他方で、万物がそれであると言えるような何かがあるということも、やはり間違っています。「万物」すなわち「すべて」は、何も意味しません。「すべて」という表現は、特定のものに関係づけられていないからです。「すべてのライオンはガゼルを好物としている」とか「すべての川には水が流れている」と言うことはできますが、「すべてはXである」と言うことはできません。そのようなことが言えるとしたら、すべてに当てはまる完璧に普遍的なX、すべてを包摂する完璧に普遍的な概念が存在することになるからです。そのような概念が存在するとしたら、それはやはり世界にほかならないでしょう。しかし世界が存在しないというのは、すでに明らかになったことでした。したがって、一度にすべてを説明するような理論は存在しません。「一度にすべて」のようなものは、そもそも存在しえないからです。

しかし先に提案したフラクタル存在論は、すべては同じであると言っていなかったでしょうか。すべては世界の縮小コピーである（いずれの縮小コピーも、それぞれの文脈のなかにしか存在せず、そのことによって世界それ自体から区別されるのだとしても）と？　であれば、フラクタル存在論もタレスと同じ間違いを犯していて、次のように言っていたことになってしまいます。すなわち「すべては意味の場である」あるいは――より文法的に正しくは――「意味の場こそが、存在するすべてのものである」と。

もう少し具体的なイメージで想像してみましょう。いかなる意味の場も、それだけで孤立して存在することはできない以上、そのつど別の意味の場のなかに存在するほかありません。とすれば「現実」とは、無限な入れ子構造をなす無限に大きな複眼のようなものではないでしょうか。わたしたちは、いずれかの個眼のなかに存在していながら、すべての個眼を峻別することができない以上、どの個眼のなかに存在しているのかを確かめることなどできないのではないでしょうか。このような状況は、慣用句で言われる「途方に暮れる」ものではないでしょうか。

しかし、どうかご安心ください。わたしたちは、そのような状況にいるわけではありません。もっと正確に言えば、このような議論を通じて、少なくともわたし自身が示してみせたいのは、わたしたちがそのような――あるいはこれに似た――状況にいるということではありません。すべての意味の場がいかなる点でも峻別されないのであれば、たしかに滑らかな表面として拡がるひとつの意味の場――無限な入れ子構造をなす無限に大きな複眼――が存在することになるでしょう。しかし、さまざまな意味の場のあいだには、それなりの違いがあるのです。たとえばアマゾン川での舟行は、ある晩の夢や、物理学の等式から根本的に区別されます。また国籍は、中世絵画とはまったく別のものです。

意味の場がほかでもなく意味の場であることの理由は、たんにそれが意味の場であるということに尽きるわけではありません。だからこそ対象領域ではなく、意味の場を問題にしているのです。両者の違いは以下のようなものです。まず対象領域は、そこに立ち現われてくるのが何なのかを問わない傾向にあります。ブルックリンのどこかにある家を考えてみましょう。この家についてわかっているのは、七つの部屋があるということだけです。この七つの部屋が対象領域だと考えてください。いずれの部屋にも、いかなる違いもありません。いずれの部屋も、なかに何があろうと、部屋であることに変わりはありません。空っぽの部屋であっても、やはり部屋には違いありません。これにたいして意味の場は、そこに現象する対象の配置や秩序なしには理解することができません。それは磁場のようなものです。磁場を眼で見るには、当の磁場に特定の対象が分布して、磁場の形を描き出してくれなければなりません。それと同じように意味の場も、そこに現象する対象によって規定されます。意味の場と、そこに現象する対象とは、互いを欠かすことができません。対象も、意味の場の意味に分かちがたく結びついているのです。

ここに見て取られるのは、意味の場の理解にとって同一性・個別性が本質的に重要だということです。そもそも複数の意味の場が存在しうるためには、それらの意味の場が互いに区別されていなければなりません。そして、そのつどの意味の場を区別させてくれるのは、意味の場の意味にほかなりません。わたしたちが存在しているのがどの意味の場なのかを知りたければ、どうしても意味の場の意味を知らなければなりません。意味の場の存在論的概念で説明できるのは、数多くの意味の場が存在するほかないということと、それらの意味の場が互いに区別されるということだけです。しかしそれだけでは、どんな意味の場が存在するのか、それがどんな状態にあるのかを具体的に言うことはできません。それを言うには、存在論だけでなく、ほかのさまざまな学問、経験、わたしたち自身の感覚、言語、思考――ひとことで言えば、人間による認識の営みの現実全体が必要です。存在論からわかるのは、さまざまな意味の場がいずれも完璧に同じだとすれば、現実は、そのような結局のところ区別できない意味の場から成り立っているわけではない、ということです。そのつどどんな意味の場が存在するのか、そうした具体的な意味の場を列挙するのは、存在論ではなく経験科学の役目です。

そのさい考え違いをする可能性がないわけではありません。わたしたちは、つい間違った意味の場に自らを位置づけることがありうるからです。このような意味で考え違いをしているのが、たとえばノルウェーにはトロルがいると思っている場合です。たしかに、ノルウェー神話にはトロルが存在しています（そしてノルウェー神話はノルウェーに存在しています）。しかし、だからといってノルウェーにトロルがいることにはけっしてなりません。およそ「ノルウェー」という意味の場に属するのは、はっきり決められた特定の国境のなかに現われるか、特定の国籍をもっているものです。ところがトロルは「ノルウェー」と呼ばれる地域のなかに現われるわけでもなければ、ノルウェー国民でもありません。このようなわけで、トロルはノルウェーにいるとは言えません。むしろノルウェー神話のなかにしか存在しないのです。

以上のような議論を背景にすれば、哲学史のなかでも大きな謎のひとつを解くことができるはずです。その謎とは、否定的な存在言明をどう理解すればよいか、というものです。否定的な存在言明とは、何かについて「それは存在しない」と述べる言明のことです。このような言明は、数世紀の長きにわたって哲学者たちの頭を悩ませてきました。その理由は以下の点にあります。すなわち、およそ何かについて何らかの性質が言明されるときには、その何かが存在することが前提になっているように思われる、ということです。たとえば「ユーディットは頭痛がしている」と言うときには、ユーディットが存在すること、また頭痛というものが存在することが前提となっています。もしユーディットも頭痛も存在しないのであれば、ユーディットに頭痛が起こること自体が、そもそもありえないはずだからです。このようなことが言明一般に当てはまるとすれば、当然、否定的な言明にも同じことが当てはまります。「ユーディットは自動車をもっていない」と主張するときには、ユーディットが存在すること、また自動車というものが存在すること、ただし今のところいかなる自動車もユーディットの所有物になっていないことが想定されているわけです。しかし「ユーディットは存在しない」という主張はどうでしょうか。このように主張するときには、ユーディットが存在すること、またさまざまな「存在する対象」が存在すること、ただしユーディットは「存在する対象」ではないことが想定されているのでしょうか。存在しないという性質がユーディットにあるとすれば、ユーディットは存在してはならないのでしょうか。存在しないものには、結局のところどんな性質もありえません。ところが、ここではユーディットについて「存在しない」という性質が言明されているように思われます。とすれば、ユーディットは存在していなければなりません。こうして矛盾に陥ることになります――ユーディットが存在しないとすれば、ユーディットは存在していなければならない、と。

しばしばこの問題に結びつけられる論点として、存在しないものについては何も言明できない、という問題もあります。存在しないものについて何ごとかを言明するときには、当の存在しないものが存在すること、またそれが何らかの規定をされたものであること――この場合には、ほかでもなく「存在しない」という規定をされたものであること――が、前提になっているように思われます。しかし、もしそうだとすると、問題になっているはずの存在しないものは、ここでは取り逃がされていることになります。そもそも存在しないものは、何らかの規定をされたものでもなければ、存在してもいないはずだからです。むしろ存在しないものは、それについてわたしたちが考えないときにこそ「捉えられる」ように思われます。もちろん、これが意味しているのは、存在しないものを思考によって捉えることはできないということです。ところが、まさにこの点を確認するだけでも、存在しないものについて、やはり何ごとかが言明されてしまっています。かくして、存在しないものもやはり何ものかではあるのではないかという問いが、またしても立てられてしまうわけです。

しかし、このような問題が見かけだけの偽の問題であることは、簡単にわかります。否定的な存在言明も、ひいては存在しないものも、まったく別の仕方で理解しなければなりません。

では、何かが存在しないと言明するとき、わたしたちは何を主張しているのでしょうか。たとえば魔女は存在しないと主張するとき、この主張はそもそも何を意味するのでしょうか。事態をよく見て、真となる否定的な存在言明を定式化してみましょう。

魔女は存在しない。

これにたいして、こう反論することができるでしょう。いやいや、魔女はたしかに存在している。たとえばゲーテの『ファウスト』や、映画作品『ブレア・ウィッチ・プロジェクト』に、またスペインの異端審問官の狂った頭のなかにも、あるいはケルンのカーニヴァルにも魔女はいるではないか、と。したがって、魔女は存在する。

この命題も、同じように真となります。すると、ここに厄介な矛盾があることになります。今、手にしている命題は、次のようなものだからです。

魔女は存在し、かつ存在しない。

とはいえ、ここに本当の矛盾があるわけでないことは、すぐにわかります。わたしたちは、何の前提もなく魔女がそれ自体として存在するとか存在しないとか言っていたわけではないからです。いずれにしてもコンテクストが問題になります。何かが存在するのを否定するとは、その何かが何らかの特定の意味の場に現象するのを否定することにほかなりません。そして、そのような否定を主張するのと同時に、矛盾に陥る危険なしに、その何かが別の意味の場に現象することを主張できるのです。つまり、たしかに魔女が存在するのだとしても、それはスペインの異端審問官が考えていたような意味においてではまったくないわけです。わたしの住んでいる地域にはマクドナルドがないと言うとき、わたしは、およそマクドナルドそれ自体が存在しないなどと主張しているわけではありません。これは一般に言えることです。およそ存在言明は、肯定的であれ否定的であれ、つねに（一つとは限りませんが）何らかの意味の場にだけ関わっているのであって、けっしていっさいの意味の場に関わっているわけではありませんし、ましてやいっさいを包摂する意味の場に関わっているのではありません。つまり、いっさいを包摂する意味の場など存在しないからこそ、存在するということは、つねに相対的なこと、つまり何らかの意味の場に関わってこそ言えることなのです。

ここで、こう異議を申し立てたくなる読者もいらっしゃることでしょう。存在することの正反対とは、幻覚・誤謬・想像にすぎないということではないか。モグラは存在すると言明するとき、我々が言っているのは、モグラはたんに想像されたものではないということ、むしろモグラは現実に存在しているということではないのか。あるいは地球外生命体が問題だとしよう。この場合、我々が知りたいのは、地球外生命体が我々の想像のうちに存在しているかどうかではなく、どこか我々の想像力のそとに現実に存在しているかどうかなのではないか、と。

このような異議は、存在することと想像されていることを間違って区別しています。想像されているものも存在していますし、想像のうちにだけ存在しているものも多いからです。「……のうちにだけ存在している」とか「現実に存在している」と付け加えることで、存在することの相対性が取り除かれるわけではありません。その点を理解するために、次のような二人の『ファウスト』解釈者の議論を考えてみましょう。一方の解釈者の主張によると、『ファウスト』には魔女など存在しない。ファウストが幻覚のなかで魔女を見ているにすぎない、というわけです。これに反論する他方の解釈者の主張によると、『ファウスト』には現に魔女が存在している。ファウストが魔女を想像しているのではなく、『ファウスト』という詩劇の作品世界では魔女は実在するのだ、というわけです。この例からわかるのは、「現実に存在しているもの」と「たんに想像されたもの」の区別が、意味の場によって変わってくるということです。たとえば詩劇の作品世界は、ひとつの意味の場にほかなりませんが、いずれにせよそれ自体としては「たんに想像されたもの」です。そして、その「たんに想像されたもの」のなかで「現実に存在しているもの」と「たんに想像されたもの」を区別することができるのです。

したがって、存在するということは、何かが宇宙のなかに現われてくること、あるいは物理的・物質的な対象であることに、まず第一に結びついているわけではありません。さもなければ、たとえば何らかの小説に登場する虚構のキャラクターたちについて、どれが小説の作品世界のなかでは現実に存在し、どれがそうでないのかといった問いを議論することができなくなってしまいます。存在するとは、つねに、何らかの具体的な意味の場のなかに存在するということです。そして問われるべきは、つねに、どんな意味の場が問題になっているのかということなのですが、わたしたちはこの点で考え違いをしてしまいがちなわけです。魔女狩りを行なった機関にもいろいろありますが、いずれの機関も、自らの想像の産物と、じっさいにヨーロッパにいた女の人たちとを混同し、取り違えていました。ところが当時ヨーロッパ（ないし、ほかのどこであれ）にいた女の人のなかに、じっさいには（魔術を操ることのできる）魔女などいませんでした。魔女は、魔女狩りを行なう者の想像のなかにしかいなかったのです。この地球上に魔女がいたことなどありません。魔女は「地球（上）」という意味の場には現象しません。けれども、たしかに「初期近代の魔女狩り実行者のもっていた表象体系」という意味の場には現象しています。したがって、初期近代における何らかの表象体系には魔女が存在していたとか、『ファウスト』には魔女が存在しているといった主張は、完全に正当なものなのです。

外界と内界

残念なことに、カント以降の近代哲学の進歩の跡をぎくしゃくした足どりでたどっているだけの哲学者は、いまだに少なくありません。そのような哲学者の考えによれば――初期近代の唯物論哲学者のなかにも同じような考えの人がいましたが――いわゆる「外界」が存在していて、わたしたちの感覚器官に影響を及ぼしている。そして、この「外界」それ自体とは別に、わたしたちが当の「外界」についてもつさまざまな表象も存在している。外界がたんに存在している一方で、わたしたちがもつ表象は真であったり偽であったりする。外界それ自体は、真であったり偽であったりすることはなく、たんに存在している……というわけです。そのさい、ごく単純に間違っているのは、外界が存在するとともに、それと並んで、わたしたちが外界についてなす表象が存在するのだという想定です。このような想定は、存在論的に間違った世界像、いわゆる科学的世界像を前提としているからです。

そもそも「科学」と「世界像」を結びつけるところに、すでに第一の間違いがあります。そこに哲学者の知恵が表われているとも言えません。哲学者の知恵と呼ぶべきものをわたしに教えてくれたのは――わたしと同世代の多くの人がそうだったと思いますが――『マペット・ショー』でした。このテレビ番組は、少なからぬ子どもの本や多くの子どもたちと同じく、いわゆる「科学的世界像」の信奉者よりもずっと優れた知恵を見せてくれます。その『マペット・ショー』の番組内コーナーに、「ブタートレック〔Pigs in Space〕」というのがありました。元のタイトル〔「宇宙空間の豚さんたち」〕が、すでにすべてを言い表わしています。つまり、ここで何よりも問題になっているのは、わたしたちがけっして宇宙空間の豚にすぎないわけではないということを、子どもたちに伝えることなのです。わたしたちは、ものを食べ、消化吸収し、計算する動物にすぎないのではありません。無意味な銀河の唖然とするほかない果てしない拡がりのなかで、ほとんどなきに等しい動物なのではありません。そうではなく、わたしたちは人間です。つまり自らが存在していること、世界のなかに現われていることを知っている存在なのです。その「ブタートレック」のある回で、宇宙船「ブタートレック号〔Swinetrek〕」が、ほとんど絶望的に宇宙空間をあてどもなくさまようという話がありました〔『マペット・ショー』第三シーズン、エピソード三〇五〕。そのはじめのシーンで見られるのは、果てしない拡がりの地図を艦長が描こうとするさまです。横倒しにされた8の字は――無限を表わす記号なのですが――艦長には小ガモにしか見えません。そうこうしているうちに、ミス・ピギーが恐怖にかられて叫びます。「もうダメ、おしまいだわ！　果てしない宇宙空間をさまようだけ！　そうに決まってる！」　ミス・ピギーは実存的崩壊を感じているわけです。それにたいして艦長は、こう言い返すだけです。「以前にも似たような窮地に陥ったことがありますが、それも切り抜けてきましたよ」。気づいてみれば、この豚さんたちは「致命的なスナック波地帯」を横切っているさなかなのでした。そのせいで艦長の鉛筆はプラム味になってしまいます。スナック波〔Snacko Waves〕は「宇宙船内のものを何でも食べ物に変えてしまう」のです。こうして豚さんたちは、いっさいのものが食べられるという意味の場のなかにいることになり、豚さんたちの宇宙船は、食べることだけが問題となるような場に変わってしまったわけです。

人間がこのような宇宙空間の豚の類いであることを、いわゆる科学的世界像は前提としています。この世界像は、感覚で捉えられるものの領域を、存在することそれ自体と取り違え、人間にとっての感覚の必要を、銀河の拡がり全体に投影しています。人間を宇宙空間の豚と見なすのであれば（じっさい、わたしたちが宇宙空間の豚のように振る舞うことも少なくないのは、たしかに認めざるをえないとはいえ）、いっさいのものが意義のない無意味なものであるとしても、何ら驚くべきことではありません。

世界像、およそ現実の全体、あるいはリアリティそれ自体に取り組むとなると、わたしたちはたいてい、自らの日常的な経験から大きく離れてしまいます。こうしてわたしたちがあまりに易々と見過ごしてしまうものを、ハイデガーは「跳び越え」と呼んでいました。[31] そのさい、わたしたちはいわば外から現実を見て、現実はどうなっているのかと問うています。そのような奇妙な距離をとると、多くのひとには、あたかも自分のそとに世界があり、自分がある種の部屋や映画館にいて、そのなかで現実を眺めているかのように見えてしまいます。そこから「外界」という概念が生じるわけです。しかし当然のことながら、わたしたちがいるのは現実のただなかです。ただ、現実のなかのどこに自分がいるのか、この現実全体は何なのか、どのような映画のなかに自分がいるのかといった点について、見当がつかないことが多いだけなのです。

しかし、わたしたち自身の現実の生活から離れることで、すでにわたしたちは、あらかじめ多くの理論的決定を下しています。しかもたいていは、わたしたちがそのような決定を自ら意識して下すことはほとんどなく、むしろわたしたちにとって、そのような決定はすでにおのずと下されていると言わざるをえません。メディアや教育システム、あらゆる種類の社会制度を通じて、さまざまな世界像が流布しているからです。じっさい、いろいろな操作を施された（つまり過度に修正され、きれいに彩色された）ハッブル望遠鏡の観測画像や、宇宙への最終的・決定的な洞察を可能にすると言われる最新の素粒子モデルなどが、次から次へとわたしたちに浴びせかけられてきます。かつては各種の「預言者」がお告げを伝えていました。それにたいして今日では、学者や専門家に質問が寄せられます。ところが彼らが伝えてくれるのは、結局のところ神の粒子とヒッグス場しか存在しないこと、それに、わたしたち人間が原則的に繁殖と餌にしか興味のない宇宙空間の豚にすぎないということなのです。このような考え方になってしまうのは、わたしたちが自らの人生をどのように経験していようとも、わたしたちにたいしてそのつど世界がどのように現われてこようとも、そうしたことは結局のところ幻想にすぎないという印象を根底にもっているからにほかなりません。こうなると世界は、アメリカの哲学者トマス・ネーゲルのいう「どこでもないところからの眺め」[32]として見えているものであることになってしまいます。しかしネーゲルがはっきりと示してくれたように、わたしたちは、どこでもないところからの眺めを獲得することはできません。「どこでもないところからの眺め」は、混乱した理想像にすぎません。わたしたちは、真理を尋ねる問いにさいして自らの個人的な興味関心をできるだけ抑えるべく、そのような理想像を追い求めてしまうわけです。

あなたは、八歳の頃に世界がどう見えていたか、思い出せるでしょうか。当時の夢、希望、不安。

一〇年後の生活や、それよりずっと後の将来の生活をどのように想像していたか。当時の友だち、家族の行事、夏休み、最初の夏日、学校で得た大事な認識などを思い出してみてください。こうしたことを思い出してみようとすれば、わたしたちの感覚が時間の経過とともにどれほど変化したかがわかります。そのような変化に見て取られるのは、意味の場の転換、つまりある意味の場から別の意味の場への移動にほかなりません。しかし、それを見て取るために、これまでの人生の歴史すべてが必要なわけではありません。わたしたちは、あらゆる瞬間ごとに——どれほど些細な瞬間であっても——絶え間なく意味の場の転換を経験しているからです。たとえば、わたしは今この文章を自宅のバルコニーで書いています。二〇一二年の四月末、その年に初めて夏のような陽気になったある日のことです。この文章を書きながら、わたしは、バルコニーから見える教会の美しい尖塔に、ときおり眼をやります。隣家の子どもが、わたしに何か声をかけています。その子ども、ちびっ子のダーフィットは、庭仕事用のホースで遊んでいて、わたしの気を惹こうとしています。ちょうど今、上空には一機のグライダーが飛んでいます。ふと、ここに書き記しているような考えについて、かつてトマス・ネーゲルと会話を交わしたことが思い起こされます。すると、ニューヨークのワシントン・スクエア・パークに臨んだネーゲルのオフィスにいるような気持ちになってきます。トマス・ネーゲルがデスクの向こう側に座っていて、慎重に言葉を選びながらも、友愛に満ちた親しさで接してくれている……。ふと思い出から覚めて、ちょっと喉の渇きを覚えます。そこで、かたわらのカップを手にとって、お茶を一口すすります。

ここで起こっているのは、ちょっとした小旅行にほかなりません。このような小旅行は日々無数に行なわれているものです。わたしたちは、さまざまな思い出、ごく身体的な感覚（快適な暖かさや、穿き心地のよくないズボンなど）、理論的な思考、ちょっとした物音や騒音に至るまで、さまざまなものに触れては通り過ぎていきます。隣人（たとえばちびっ子のダーフィット）にどう接したらよいかとか、続く文章をどう書くかといったことを自問することもあります。わたしたちは、こうして無数の意味の場を絶え間なく移動し続けていて、どこかに行き着いて終わることはなく、ましてやすべてを包摂する究極の意味の場に到達することなどありえません。銀河の果てしない拡がりを思い浮かべたり、物理学的な思考実験をしたりするのでさえ、やはり別の意味の場のなかを通過することにほかなりません。意味の場から意味の場へと送られるようなものです。はっきりと意識的に自らの人生を捉え、明確な目的をもって行動するときでさえ、あらゆる瞬間ごとに無数の偶然事に出くわすことになります――予期していなかった匂い、初めて知りあいになる人たち、かつて一度として直面したことのなかった状況、等々。わたしたちの人生は、さまざまな意味の場を通過していく動き、それもほかに替えのきかない一回的な動きにほかなりません。意味の場から意味の場へと移動するたびに、わたしたちはさまざまな意味の場の連関を作っていくか、あるいは見出していくわけです。この文章を入力しながら、わたしは、たとえば「この文章を書いている、その年に初めて夏のような陽気になったある日」という意味の場を顧慮して、現象してくるさまざまな対象をそのなかに位置づけています。だからこそ、今この紙面に、教会の尖塔やちびっ子のダーフィットが登場してきているわけです。いずれも日常の些事ですが、とても重要な些事にほかなりません。

わたしたちの日常言語は不十分なもので、わたしたちの体験することを本当に捉えることはできません。それだけに、ライナー・マリア・リルケのような詩人たちのほうが優れた現象学者——現象を救う者——であると、はっきり示されることがあります。じっさい『新詩集』のある詩作品で、リルケは意味の場の存在論と同じように——というよりも意味の場の存在論のほうがリルケの文学に多くの点で範をとっているのですが——幼年時代を描写しています。

ゆっくりよく考えるのがよいだろう
あのように失われてしまったものについて、何かを言い表わすのには。
あの幼年時代の長かった午後について。
あれらの午後は、もう二度と戻ってはこなかった——しかし、なぜだろう？

今でも、はっとすることがある——雨のなかで、かもしれないが
しかし我々には、それが何なのか、もはやわからない。
もう二度と再び、人生が、出会いと
再会と、別れとに満ちていることはなかった、

あのころのようには。あのころ我々に起こっていたことは、
物や動物に起こることと何の違いもなかった。
あのころ我々は、人間の命と同じく、物や動物の命を生きていた

そして、すみずみまで形象で満たされていた。

そして牧者のように孤独になり、
大きな距たりで満たされ、
遠くから呼ばれ、触れられ、
新しい長い糸のように次第に
あのイメージの連なりのなかに導き入れられていったのだが、
今そのなかに存えることが我々をかき乱している。[33]

この世界全体とはそもそも何なのか、わたしたちはどこに存在しているのか。わたしたち人間がこのようなことを知りたがるのは、まったく正当なことです。このような形而上学的な本能を過小評価してはなりません。それこそが人間を人間たらしめているものだからです。人間は形而上学的な動物です。とはつまり、マックス・シェーラーの古典的な小著での言い方を借りれば「コスモスにおける地位[34]」を自らの問題とするような動物だということです。しかしながら、この世界全体とはそもそも何なのかという問いに答えるさいには、十分に慎重でなければなりません。わたしたち自身が日々している経験をあっさり跳び越えて、途方もなく巨大な世界が存在するかのように考えてはいけません。そのような世界には、わたしたち自身の経験を容れる余地がないからです。このような欠陥を、哲学者のヴォルフラム・ホグレーベは、著書『迫真にすぎることのリスク――人間という演劇的存在』

のなかで、適切にも「冷たい家郷[35]〔kalte Heimat〕」と呼んでいました。

わたしたちの生きている世界は、意味の場から意味の場への絶え間のない移行、それもほかに替えのきかない一回的な移行の動き、さまざまな意味の場の融合や入れ子の動きとして理解することができます。全体としての冷たい家郷など問題ではありません。「全体として」というようなものは存在しないからです。

カントが言っていたように、わたしたちが「人間の立場から」世界を見ていることは、争うべくもありません[36]。だからといって、世界がそれ自体としてどうなっているのかを、わたしたちが認識していないということにはなりません。わたしたちは、世界がそれ自体としてどうなっているのかを、まさに人間の立場から認識しているのです。

次章で見ることになりますが、大事なのは科学の根拠を掘り崩すことでもなければ、ましてや科学の客観性を浸食することでもありません。ただし科学の客観性を、世界そのものの研究と混同してはいけません。自然科学は、それ自身にとっての対象領域を研究しているのであって、正しいこともあれば間違うこともあります。そのさいに問題なのは、世界全体を捉えるのに急くあまりに我を忘れて、わたしたち自身の日常的な経験を見過ごしてしまいがちだということです。けれども、このようなことは物ごとの本性に根差しているわけではなく、幸いにもやめることのできる悪癖のようなものにすぎません。

これにたいして哲学は、古代ギリシアでも、古代インドや古代中国でも、そもそも人間とは何かということを当の人間が自問することから始まりました。哲学は、わたしたちが何であるのかを認識しようとするものです。つまり哲学は、自己認識の欲求に発しているのであって、世界を記述する公式から人間を抹消したいという欲求に発しているのではありません。わたしたちがこれまでに得た「世界は存在しない」および「果てしない派生のなかで果てしなく増殖していく無数の意味の場だけが存在する」という洞察によって、何らかの特定の世界像に依存することなく、人間をテーマにすることができるようになります。すべての世界像は、どれも間違っています。およそ世界像というものは、何らかの像を結ぶひとつの世界が存在することを前提にしているからです。後ほど見るように、わたしたちは世界像という観念を手放すことができますが、だからといって科学も手放さなければならないわけではありません。むしろ、すべてを説明しなければならないという無理な要求から、科学を守らなければなりません。そのような要求に応じられるものなどないのです。

Ⅳ
自然科学の世界像

わたしたちは近代という時代を生きています。そして近代とは、科学と啓蒙の時代にほかなりません。わけても一八世紀に起こった一連の思想的運動は「啓蒙」の名を冠されて、啓蒙主義と呼ばれています。これを近代の最初の頂点と見る人も少なくありませんが、逆に二〇世紀の政治的災厄の先触れと見る人もいます。たとえば『啓蒙の弁証法』[37]のテオドール・W・アドルノとマックス・ホルクハイマーです。この共著によって、彼らは「批判理論」の創設者となりました。つまり、イデオロギー的に歪んださまざまな前提まで掘り下げて自身の時代を研究することを課題とする理論です。これに似た啓蒙批判は、二〇世紀のフランス哲学でも詳細に行なわれました。たとえば哲学者でもあり、社会学者でもあり、また歴史学者でもあったミシェル・フーコーの仕事などです。

しかし科学の時代としての近代を、啓蒙主義の歴史的プロセスと混同してはいけません。啓蒙主義は、一八世紀になってやっと始まったものです。これにたいして科学の時代としての近代は、初期近代と呼ばれる一五世紀に、科学革命によってすでに始まっていました(当然、科学革命には政治的な革命もともないました)。その科学革命の本質は、古代および中世の世界像全体が崩壊するという点にありました。ヨーロッパで数千年にわたって——古代ギリシア哲学の発祥以来——自明と思われてきたような形で世界が成り立っているわけではけっしてないということが明らかになったのでした。人間とその生活空間、すなわち地球という惑星とが世界の中心から外されることによって、近代は始まりました。それまで想像されていたよりもずっと拡がりのある連関のなかに人類が存在していること、それに、その連関がけっしてわたしたちの必要にあわせて裁断されているわけではないことを、当の人類が理解したわけです。しかしその結果は、性急なことに、もはや人間の居場所のない科学的世界像という想定でした。人間は、自らを世界から抹消し、世界を冷たい家郷――すなわち宇宙――と同一視し始めました。こうして人間は、再びこっそり世界像という観念に密入国したのでした。この世界は本質的に観る者のいない世界であるという想定それ自体が、当の想定が抹消したがっている「観る者」なしにはありえないものだからです。

それ以上に興味深いのは、観る者のいない冷たい家郷の観念が登場してきたのが、本当に別の家郷をもつ人たちにヨーロッパ人が遭遇した時代にほかならないということです。そのさい当時のヨーロッパ人に推測されていた以上のものが存在しているという事実の発見でした。アメリカの発見とは、ヨーロッパ人にとって相当に腹立たしかったのは、その別の人たちも完全な人間であって、たんにヨーロッパ人と違っているにすぎないということでした。この遭遇の結果、コスモスにおける人間の地位は、すっかり問いに付されることになってしまいました。ブラジルの人類学者エドゥアルド・ヴィヴェイロス・デ・カストロが強調するように、そのさい「野生人」とされた人たちを次第に排除していったことが、宇宙にとっては人間など必要ないのだという想定のひとつの原因になりました。やはりヴィヴェイロス・デ・カストロが明らかにしてくれたことですが、今日でもブラジルに存在している土着の共同体の相当に多くのものは、科学的世界像よりも存在論的にずっと進んでいます。というのも、それらの共同体では、まさに観る者のいない宇宙に自らが存在しているなどと想定されることはなく、むしろ観る者として自らが存在しているのはなぜなのか、それが意味するのはいったい何なのかということが問われ、考えられているからです。そのためヴィヴェイロス・デ・カストロは、そのような共同体を人類学者ないし民族学者とも見なしています。わたしたち人間はそもそも何なのかという問いが避けられないものであることを、彼らから学ぶことができるわけです[38]。ヴィヴェイロス・デ・カストロは、これを「対称性人類学」と呼んでいます。この呼び名がつまるところ意味しているのは、ヨーロッパから来た発見者たちも、土着の共同体の人たちも、同じ人間であって、互いを理解すべく相手を研究することができるのだということです。

近代が啓蒙を導き、啓蒙が前世紀の巨大な政治的災厄を導いた——アドルノとホルクハイマーを源として、このように考えられがちですが——そう言ってよいのか。この歴史学的・歴史哲学的な難問を措いて、まずいったん冷静になれば先入観なしに言えることですが、科学の時代を生きているというのは、たしかにとても大きな利点です。現代の科学的知識と技術的手段をもった歯科医に看てもらうほうが、プラトンの歯科医に看てもらうよりも明らかによいでしょう。旅行も明らかに快適になりました。たとえば古代ギリシアのアテーナイにいる哲学者が、シケリアで講義するように招待されたとしましょう。この場合、古代ギリシアのことですから、乗り心地のとても悪いことが確実な船を奴隷たちに漕がせて旅行するしかありませんでした（それに講義後の夕食も、今日の基準からすれば、お勧めできるほどのものではなかったでしょう。何より当時のヨーロッパには、まだトマトがありませんでした。トマトは、初期近代の新大陸発見を通じてヨーロッパにもたらされたものだからです。また香辛料についても、古代ギリシアはとても豊かだったとは言えません。香辛料の楽園に至るインド航路が、成立しつつあった近代において重要な因子だったのも驚くにはあたりません）。

古代ギリシア人たちは大きな学問的成果をあげましたが、それでも宇宙をごく限られたものと考えていました。今日の推定と説明によると銀河には太陽系がいくつ存在していることになるのかを聞いたら、古代ギリシア人たちはきっと驚くでしょう。さらに古代ギリシア哲学では――大げさに言えば――すべての出来事の中心に人間が据えられていました。哲学者プロタゴラスに帰せられている「人間は「万物の尺度」である」という命題さえあります（プラトン『テアイテトス』一五二A。あるいは、ディールス＝クランツによる断片番号B一。内山勝利編『ソクラテス以前哲学者断片集』第V分冊、岩波書店、一九九七年、二八―二九頁）。これは**人間尺度命題**として歴史に残りました。これにたいして近代は、**科学尺度命題**を立てます。アメリカの哲学者ウィルフリド・セラーズは、こう明快に説明しています。

> しかし哲学者として言うなら、わたしにはこう述べる十分な用意がある――時間・空間における物理的対象という常識的世界は実在するものではない、すなわち、そのようなものは存在しない、と。もっと逆説的でない言い方をすれば、この世界の記述および説明という次元では、科学が万物の尺度であって、存在するものについては存在するということについての尺度であり、また存在しないものについては存在しないということについての尺度である。[39]

科学の時代には、人間の世界が疑われ、幻想の領域と見なされる一方で、科学の世界、すなわち宇宙が客観性の基準として優先されます。ここで問われるのは、もはやわたしたちにたいして世界がどう現象するかではなく、世界がそれ自体としてどのように存在しているかです。

しかしわたしたちは、これまでの章を通じて、このような科学的な世界観の天気概況を問いに付す準備がすでにできているはずです。意味の場の存在論から導き出されたのは、およそ現実いっさいの基層――すなわち世界それ自体――などありえないということだったからです。そのような基層がわたしたちの認知機構にたいしては歪んだ姿でしか提示されないということではなく、およそ現実いっさいの基層などというものがそもそもありえないのです。ここで、次のような主張を**科学主義**と呼びましょう。自然科学は、およそ現実いっさいの基層――ほかならぬ世界それ自体――を認識する。これにたいして自然科学以外のいっさいの認識は、自然科学の認識に還元されなければならない。あるいは、いずれにせよ自然科学の認識を尺度としなければならない、と。このような科学主義は、端的に間違っています。

とはいえ、ここから何らかの特定の学問分野にたいする批判や、科学性という近代的理想そのものにたいする批判が導き出されるわけではありません。科学の進歩は、医学上の進歩や、調理技術の進歩、経済的進歩、そればかりか政治的進歩さえもたらします。科学的認識が積み重なれば、そのぶんいっそう近づける真理もありますし、かつて陥っていた間違いを克服できるのも確かです。啓蒙と科学がどんな関係にあるかという問題を措いても、ともかく科学の進歩が歓迎すべきものであることは確かです。しかし学問の進歩は、自然科学の進歩とまったく同じことではありません。社会学や芸術学、哲学における進歩もありますし、学問的な思考の軌道をまったく超えたところで起こる進歩のプロセス、たとえばスケートボード技術の進歩もあります。

科学的成果があがるというのは、立派なことに違いありません。わたしたちが科学の時代を生きているのが確かであれば、それは喜ぶべきことですし、わたしたちにとっては栄誉の称号でもあります。科学的であるとは、先入観なしに考えるということ、あらゆる人に――それが誰であるかを問わず――伝えることのできる認識を獲得することだと言ってよいからです。つまり科学的な認識とは、科学的な方法を身につけさえすれば、誰もが追考して再検討することのできる認識だということです。このような意味で科学的に認識しようと努めることは、民主主義的な企図にほかなりません。認識の正しさや真理の発見に関する万人の平等が前提となっているからです。もちろん、学者に良し悪しの違いがないわけではありません。それでも科学は、原則的に万人の共有財産なのです。

　しかし「科学」という称号や「科学的」という形容詞をひとつの世界像に結びつけるとなると、厄介な状況に陥ることになります。それは二つの原理的な理由によります。その二つの理由によって、いかなる科学的世界像も、いかなる世界像の科学性も否定されることになりますが、いずれの理由もそれ自体としては科学的なものです。つまり、きちんと論理をたどって根拠づけられ、また誰にでも追考して再検討することができるものです。ということは、いずれの理由も無効にし、斥け、反駁することができるということでもあります。ただしそのようなことは、それ自体も科学的に、つまり誰にでも追考できるようになされなければなりません。このような意味で、哲学もやはり科学的なものです。それは論理による正当化と根拠づけの営みだからです。これに異議を唱えるのであれば、いっそうよい理由や根拠をもってしなければなりません。ここ二〇〇年の哲学では――特にカントの影響で――何よりも世界概念に大きな変革が起こりました。この点で哲学も進歩したというわけです。しかし、この進歩によって哲学に与えられたのは、もろもろの世界像そのものの基盤を掘り崩す立場でした。

どんな科学的世界像も成り立たないのは、なぜでしょうか。第一の理由は、ごく単純に、そもそも世界が存在しないことにあります。そもそも存在しないもの、思考のなかにさえ存在することのありえないもの、そのようなものについて像を描くことはできません。したがって、世界を考え出すことさえできないわけです。第二の理由は――この章で、いっそう大きな役割を演じることになる論点ですが――わたしたちが世界についての像を描けないのは、外から世界を眺めることができないからだということに関連しています。トマス・ネーゲルの卓抜な言い方を借りてすでに述べたように、わたしたちは「どこでもないところからの眺め」を獲得することはできません。現実を眺めるということは、つねに何らかの地点から行なうほかないからです。わたしたちはつねにどこかにいるのであって、どこでもないところから現実を眺めることはけっしてできません。

科学的世界像が成り立たない第一の理由は、存在論的なものです。それが示しているのは、存在しないと論証することのできる前提に科学的世界像が基づいていること、そのような前提から導き出されるものもやはり存在しないか、少なくとも科学的には無根拠であるほかないということです。これにたいして第二の理由は、認識論的なものです。それは、どこでもないところからの眺めを獲得することができないことに関連しています。すでにお気づきでしょうが、だからといって、わたしたちは何も認識できないわけではありませんし、いつか事実それ自体に行き当たることもなく世界のモデルを素描することしかできないわけでもありません。たとえば、わたしたちのもっている信念や科学的モデルが、ものを歪ませて見せる眼鏡のように、わたしたちの精神の眼にかけられているせいで、わたしたちは、いつでも人間の世界だけを――つまり、わたしたちの利害関心にあわせて解釈された世界だけを――認識するほかなく、けっして世界それ自体を認識することはできない……こんなふうに想定するのは間違っていることになるでしょう。というのも人間の世界も、やはり世界それ自体の一部だからです。あるいは意味の場の存在論の言葉遣いで言えば、こうなります。すなわち、人間だけが関わることのできる意味の場は、いずれも、けっして人間には触れることのできないいろいろな事実が属する意味の場とまったく同じように「実在的」である、と。

いわゆる科学的世界像は、科学的に論証できる理由によって成り立ちません。きちんと方法を踏んで先入観なしに研究してみれば、そのような世界像は、指先でつまんだだけで粉々になってしまいます。しかし科学的世界像に概念のルーペを当て、それを肯定・否定するもろもろの理由をいっそう詳細に検討してみる前に、そもそも「科学的世界像」という表現が何を意味し、何を目的としているのかを理解しておかなくてはなりません。この点をはっきりさせなければ、科学と宗教――ひとつの科学的世界像と、数多くの宗教的世界像――のあいだで戦わされる論争で、そもそも何が問題となっているのかを理解することはできません。この論争については、次章で立ち入って考えるつもりです。

自然主義

科学的世界像の支持者は、たいてい次のように主張します。たったひとつの自然だけが存在する。その自然とは、自然科学の対象領域、すなわち宇宙にほかならない。超自然的なもの、あるいは自然外的なものは存在しない。超自然的なもの、あるいは自然外的なものは、自然法則に抵触するほかないからである。しかるに、何ものも自然法則に抵触することはできない（自然法則はそのように定義される）以上、自然だけが存在するのだ、と。自然だけが存在し、宇宙だけが存在するというこのような主張は、たいていはごく手短かに**自然主義**と呼ばれます。[40] 自然主義によれば、自然科学の領域へと存在論的に還元されうるものだけが存在しうるのであり、それ以外のものはすべて幻想にほかなりません。

哲学者のヒラリー・パトナムは、ほかに匹敵する者がないほど数十年にわたって自然主義に取り組み、また二〇世紀の自然科学の大きな成果（とりわけ理論物理学、また計算機科学と数学基礎論）に取り組んできた人ですが、自然主義の背後にはある種の不安があることを推察しています。最近の著作『科学の時代における哲学』〔Hilary Putnam, *Philosophy in an Age of Science: Physics, Mathematics, and Skepticism*, edited by Mario De Caro und David MacArthur, Cambridge, Mass.: Harvard University Press, 2012〕でのパトナムの指摘によれば、自然主義は、宇宙を守るべく非合理的な想定を斥けようとします。ここで言う非合理的な想定に含まれるのは、科学的に追試することのできない説明や、科学的な基準からすれば理論的根拠が薄弱な説明、あるいはまったくの恣意的な説明などです。

たとえば、地球は二週間前の木曜日に形成されたのだ、と主張する人を想像してみましょう。このような場合、わたしたちは啞然として、そんなことはありえないと反論することでしょう。たとえばアルプス山脈が存在するのにも、長期にわたる地質学的な形成過程がなければならず、それが二週間のうちに起こることはありえない。同じことは、わたしたち自身の存在にも当てはまる。何といっても、わたしたちは二週間前の木曜日以前のことを憶えているのだから、と。これにたいして、わたしたちの対話相手がこう説明したとしたら、どうでしょうか。そのような確信を抱くのは、創造されたばかりの人間にはいたって普通のことであり、いわば創造にさいして人間にインプットされているのだ……。こうなると、もうこれ以上議論しても仕方ありません。このような説明になっていない説明はまったく恣意的だと、そう結論してよいでしょう。この対話相手の言うことを信じるか否かはともかく、そのような仮説を検証できないのは確かだからです。

自然主義者の考えによれば、世界全体についての伝統的な説明はもちろん、世界のなかに現われる特定の現象についての説明であっても、自然的でない対象——神、非物質的な魂、霊、運命など——に訴えるような伝統的な説明は、どれも恣意的な仮説を作っている例にほかなりません。たとえば「神は存在する」という想定は、自然主義者にとって、ほかの似たような想定と同じく完全に恣意的な仮説です。つまり自然主義によれば、神が十戒を授けてくれたとか、クリシュナが神的なものの化身だったなどと主張する者は、形式的に見れば、空飛ぶスパゲッティ・モンスターの信奉者[41]と同じことを主張しているわけです。自然主義にとって、宗教は非科学的な仮説にすぎないので、世界についての説明の当否を競う対等な論争相手ではありません。

ここまでは何の問題もありません。じっさい、わたしたちは恣意的な仮説を作ることを弁護したいのではありません。こうして一見したところ自然主義と科学的世界像とが、危険な毒——すなわち人間の恣意——にたいする特効薬に見えてきます。たしかに、こうであってほしいという願望を思想の父にしてしまうと、わたしたちはたいてい——つねに必ずというわけではないにしても——間違いを犯すことになります。科学的世界像の創設の父の一人であるデカルトは、まさにその点に着眼することによって、なぜ一般にわたしたちが間違えがちなのか、そもそも間違いを犯しうるのかを説明していました。デカルトの考えによれば、その原因は、理性を超える意志の過剰にある〔デカルト『省察』第四省察、第九段落〕。欲望は思考の父だというわけです。科学の時代に生きる者として、わたしたちは真理を知りたいし、幻想から解放されたい。問題は、わたしたちが現実をどう表象するかではなく、現実がどうであるかだ。かくして初期近代の哲学では、人間の恣意と想像力にたいする原理的な懐疑が生じたのでした。以後、現実の世界と虚構を厳しく区別すべきだとされるようになりました。現実の世界、すなわち宇宙は、わたしたちの想像力とは何の関係もないというわけです。

しかし自然主義は、産湯とともに赤子も流してしまいます。自然的なものを超自然的なものから区別するために自然主義が用いる基準は、少なくとも二つあるように思われるからです。

1 超自然的なものは、恣意的な仮説を作ることによる対象であり、つまりは純然たる作り事にすぎない。

2 超自然的なものは、自然法則に抵触する。

これでは、宗教に反論する手がかりすら得られません。けれども宗教は、じっさい科学的世界像の敵手と見なされています。この点は、リチャード・ドーキンスやダニエル・デネットなどに代表される新しい無神論の運動にとりわけ明らかです。[42] 新しい無神論は、宗教一般に、科学を否定する宗教的世界像を見て取ります。じっさい、とりわけアメリカ合衆国には、原理主義的な宗教グループがいくつも存在しています。それらの宗教グループの考えでは、キリスト誕生の数千年前にあたる特定の時点で神が宇宙と生物を創造したのだから、進化論や近代の物理学的な宇宙論はいっさい間違っていることになります。このような、いわゆる**創造論**――「自然にたいする神の介入こそが、自然科学よりもうまく自然を説明する」という主張――は、たんに偽の説明である。そう主張するドーキンスには、たしかに同意することができます。創造論は、真面目に受け取るべき科学的仮説などではなく、人間の想像力による恣意的な作り事にすぎません。しかも、格別に古い考えでもありません。というのも一九世紀になって初めて、とりわけアングロアメリカのプロテスタンティズムのなかで生じたものだからです。創造論は、ドイツでは何の役割も演じていません。ドイツ語圏の神学者には創造論の信奉者などほとんどいないからです。その背景には、ドイツ語圏における神学と哲学の密接な関係があります。要するに、新しい無神論が(正当にではあれ)攻撃している創造論を、宗教現象一般とただちに同じに見なしてはならないわけです。

『創世記』の冒頭――聖書の冒頭――には、こうあります。「はじめに、神が天地を創造した」[43]。自然主義者も、また創造論者も、この文をいわばひとつの科学的仮説として解釈します(しかし啓蒙思想を経た神学は違います。ヨーロッパで支配的なのはそのような神学であって、厳密に学問的な態度として、ほかにもありうる解釈の多様性への参照を促すことを忘れません)。そのような解釈の結果、何らかのとても強大な超自然的人格である「神」が、以前の何らかの時点である「はじめ」に、「天地」――つまり、わたしたちの住むこの星と、その圏域のそとにあるいっさいのもの――を創造したのだ、ということになってしまいます。このようなことは、しかし仮説としてたんに間違っています。この点では、新しい無神論に問題なく賛成することができます。まるで自動車工場が自動車を生産するように、神が地を創造したなどと想定するのは、ばかばかしいとしか言いようがありません。

しかし自然主義が極端になると、多くの現象が見えなくなってしまいます。たとえば国家です。国家は、自然法則に抵触する超自然的な対象でしょうか。自然的であることの基準が、自然科学によって研究できることにあるのだとすれば、たしかに国家は、神や魂とまったく同じように超自然的であることになります。しかし自然科学によって真偽を定められないからといって、国家というものが存在するという仮説は学問的でないとか、おそらくは純然たる恣意でさえあるなどと言ってよいのでしょうか。

一元論

自然主義と科学的世界像がわたしたちに求めているのが、できるだけ先入観をもたずに、きちんとした方法に則って現実を研究せよというだけのことであれば、自然主義にも科学的世界像にも、特に実質的な内容はないことになります。その程度の形式的な忠告であれば、本当に思想信条の自由が保障されている社会に生きるたいていの人には、どのみち受け容れられます。しかし戦闘的な自然主義者や新しい無神論者は、そのような形式的な忠告にとどまることなく、きまってある種の一元論に基づく世界像を主張します。**唯物論的一元論**です。唯物論的一元論とは、宇宙を存在する唯一の対象領域と見なし、これを物質的なものの全体と同一視し、その物質的なものは自然法則によってのみ説明できるのだとする立場です。このような一元論は、実質的な内容のある積極的な主張であって、きちんと根拠を示さなければなりません。そのような主張を、自明な信仰箇条と見なすわけにはいきません。新しい無神論にとって原則的に重要になるのは、全体を統一的に説明することです。であれば、すべてのものを、あるいは全体を視野に収める見渡しが可能でなければなりません。そのさい視野に収められるとされるもの――ありのままの姿の世界、実在する現実の全体――は、巨大な時間的・空間的な容器と見なされます。そのような容器のなかで自然法則にしたがって素粒子が移動したり、影響を与えあったりしていて、それ以外のことは存在しないというわけです。

これが科学的世界像だとすると、数多くの理由から、このような世界像は不条理にしかなりません。いわばプームックルよりもひどいくらいです。プームックルは現に存在していますが（たとえば『エーダー親方とプームックル』のなかに）、唯物論的一元論によって記述される全体像は、まったく対象を欠いているからです。まず、あらゆる一元論と同じく、唯物論的一元論も、ひとつの超対象――世界――を要請するという点で躓（つまず）かざるをえません。原理的な理由によって、そのような対象は存在することがありえないからです。それに科学的世界像は、そもそも唯物論的でなければならないわけではありませんし、けっして物理学的でなければならないわけでもありません。どんな学問分野でも、先入観をもたずに物ごとを説明しようとする研究、きちんとした方法に則った合理的な研究が行なわれています。学問的な神学も同じことです。学問的な神学は、神が物質的対象であると前提したりはしません。むしろ神について何らかの主張をする前に、まずはさまざまなテクストを研究し、またテクストそれぞれの歴史を研究します。

唯物論的一元論が主張する全体の見渡しにたいする、もうひとつの比較的わかりやすい議論は、アメリカの論理学者・哲学者ソール・アーロン・クリプキに遡るものです。クリプキは、その議論を『名指しと必然性』で講義していました。[44] それは、とてもシンプルな事実の考察に基づいています。わたしがたとえば「マーガレット・サッチャー」のような固有名は、ひとりの人物を指示します。わたしが「マーガレット・サッチャーはかつてイギリスの首相だった」と発言するとき、この発言によってわたしは、かつてイギリスの首相だった、あのマーガレット・サッチャーを指しています。クリプキの言葉に基づいて、このような事態を「命名儀式〔baptism〕」と呼びましょう。命名儀式において、ある固有名が、ある特定の人物に結びつけられるわけです。誰かから「マーガレット・サッチャーはまだ生きているか」と問われたら、わたしは、彼女は二〇一三年に亡くなったと言うでしょう。

では、同じマーガレット・サッチャーという名をもち、まだ存命中の別の人物がいるとしたら、どうでしょうか。この場合、「マーガレット・サッチャーは二〇一三年に亡くなった」というわたしの主張は間違っていることになるのでしょうか。いや、おそらく間違いにはならないでしょう。そのように主張するなかでわたしが名指しているのは、かつてイギリスの首相だった、あのマーガレット・サッチャーだからです。クリプキの考えによれば、わたしが命名儀式において名指す人物は、その名指しによって「固定的に指示」されます。つまり命名儀式において名指されることによって、この人物が、ほかのすべての人物（どんな名をもっていようとも）のなかから特別に選び出されるわけです。

かつてイギリスの首相だったマーガレット・サッチャーを、こうしていったん命名儀式において名指したら、それ以後は、この名を用いることで——望むか否かにかかわらず——いつでも当の命名儀式の対象を指すことになり、当の対象の運命を追跡することもできるようになります。クリプキの言い方によれば「固定指示子〔rigid designator〕」は、すべての可能世界において同じ対象を指示する。とはつまり、もはやマーガレット・サッチャーが現在の経済状況を体験することはないにもかかわらず、わたしは「マーガレット・サッチャーだったら現在の経済状況にたいして何をしただろうか」と自問することができる、ということです。ひとつの可能世界を思い描き、そのなかにマーガレット・サッチャーを置き入れて、彼女だったらしたかもしれないことを想像することができるわけです。命名儀式において、マーガレット・サッチャーは、いわば一回きりのこととして、ひとつの固定指示子に結びつけられます。「マーガレット・サッチャー」という固有名の釣り針にかかって逃げられなくなるわけです。固有名を用いるとき、わたしたちは、いわば現実のなかに釣り針を垂らすのです。かくしてわたしたちが釣り上げる対象は、たとえ当の対象についてわたしたちが間違った表象を抱いているのだとしても、あるいはわたしたちとしては本当は別の対象を釣り上げたかったのだとしても（たとえばジゼル・ブンチェンやブラッド・ピットなどを）、わたしたちが垂らした釣り針にかかって、もはや逃げることができません。

　以上のことからともかくもわかるのは、マーガレット・サッチャーの論理的同一性は、彼女の物質的同一性とはほとんど関係がないということです。わたしたちは、マーガレット・サッチャーがもはや物質的同一性をもっていないにもかかわらず、三〇年前と同じく彼女について語ることができます。わたしたちの誰についても事態は同じです。昨晩、わたしが鯛ではなくラインラント風ザウアーブラーテンを食べていたら、今日のわたしを構成する素粒子は少し違っていただろうと思いますが、それでもわたしが同じマルクス・ガブリエルであることに違いはなかったことでしょう。

それに、クリプキの議論にパトナムが付け加えて言っているように、わたしが、わたしを構成している素粒子に等しいということは、どのみちありえません。もし素粒子に等しいのであれば、わたしは生まれる以前から——今とは違った仕方で宇宙のなかに散乱していたにしても——存在していたことになってしまいます。今現在わたしを構成している素粒子は、わたしが存在する以前にも、すでに——今現在とは違ったものを構成することで——存在していたはずだからです。というわけで、もし素粒子に等しいのであれば、わたしは生まれる以前から存在していたことになってしまいます。したがって、わたしたちは自らの身体と論理的に等しいわけではありません。もちろん、だからといって、わたしたちは身体なしで存在することができるということではありません。クリプキとパトナムの議論が明らかにしているのは、わたしたちが素粒子と論理的に等しいとは言えないということ、それゆえ存在論的に宇宙には還元できない対象が少なからず存在するということにほかなりません。唯物論的一元論が間違っているのは、わたしたちによってほかでもなくそれとして名指されているさまざまな対象のなかには、当の対象の物質的な実在性から厳密に区別されなければならないもの（たとえば人格としてのわたしたち自身）が、少なからず存在するからなのです。

科学的世界像は、残念なことに、劣悪なメルヒェンの数々に結びついています。科学的世界像の頑強な信奉者であるウィラード・ヴァン・オーマン・クワインは、省察を進めるなかで、自らの科学的世界像それ自体を、メルヒェン（クワイン自身の言い方では「神話」）と呼ばざるをえなくなったことに気づいたのでした。大きな影響力をもった論文「経験主義の二つのドグマ」のある箇所――それも幾度も引用されてきた箇所――で、クワインは、物理学の対象（たとえば電子）を想定することを、ホメロスの神々が存在するという想定に比しています。

ひとこと言わせてもらえば、わたし自身はアマチュア物理学者として、物理学の諸対象は信じているが、ホメロスの神々は信じていない。これ以外の信念は科学的に間違っていると、わたしは思っている。しかし認識論的な身分という点では、物理学の対象とホメロスの神々との違いは程度の問題であって、質的な違いではない。いずれの類いの存在も、文化的な仮設として我々の概念体系に入ってきているにすぎない。物理学の対象という神話が、ほかのたいていの神話よりも認識論的に優れているのは、操作可能な構造を経験の流れのなかに持ち込む装置として、物理学の対象という神話のほうが、ほかの神話よりも効果的であることを示してきたからである。[45]

クワインは正真正銘の唯物論者です。クワインの考えでは、およそ認識というものは物質的な反応のプロセスにほかならないからです。それによれば、わたしたちの末梢神経が外界による物理的刺激を受け取ることで「情報」が生じ、これを加工するのが認識というプロセスであるということになります。このようなプロセスを通じて生み出される結果が、複雑な解釈を経て、ひとつの世界像へと構築されるというのです。そのさいに用いられる普遍的な概念（原因、結果、素粒子など）は、わたしたちの神経が受け取る刺激を整序するのに有用な、ある種の虚構だとされます。ところが、このような考えから出てくる結論は、この考えそれ自体が恣意的な仮説であるということにほかなりません。この考えによれば、クワイン自身、自らの神経が受け取った刺激を、自らの世界像へと恣意的に加工していることになるからです。だとすると、科学の時代にはできるだけ避けるべき間違いを、クワインは犯していることになります。つまりクワインは、さまざまな世界像のなかから、数学的に最も単純に記述できるということで最も気に入った世界像を選び出しているわけです。であれば、それと同じだけの権利をもって、ホメロスの神々に立ち返り、それを数学的に記述してもよいことになるでしょう（そのほうが単純だとさえ言えるかもしれません。数をかぞえるさい、一二の主神を用いて計算すれば済むでしょうから）。

世界という書物

こうしてクワインは、およそ実在に触れることをあきらめてしまいます。数十年にわたってハーヴァードでクワインの同僚だったパトナムが、最近の著作で、正しくもこの点を強調していました。[46] そこでパトナムは、クワインにたいして科学的実在論を主張しています。それによれば、科学は自らの対象領域のなかに存在するものを見出すが、それは科学自身が決められることではない。つまり、電子が存在するということが真であるとすれば、電子は「文化的な仮設」などではなく、ほかならぬ電子であるということです。直接には観察できないけれども実験によって証明はできるというような物理学的対象でさえ、物理学という対象領域のなかには現実に存在していなければなりません。そのような対象は便利な仮説などではなく、科学的に研究できる事実をなしているのだというわけです。

似たようなことは、必要な変更を加えさえすれば、真である言明のいっさいに当てはまります。それは、どんな学問分野における言明であろうと言えることです。たとえば、ゲーテは『ファウスト』の著者であるということが真であるとすれば、これはドイツ文学における便利な虚構などではありません。つまり、わたしたちが解釈を容易にするために「ゲーテ」という名の著者を仮定しているわけではありません。むしろ、ゲーテはかつてじっさいに存在していたし、また『ファウスト』の著者でもある。さしあたって、このことから大した結果を導き出せるわけではありません。ゲーテとは、現実を説明するためのモデルではありませんし、何らかの世界像の礎石のひとつでもありません。むしろ、ある特定の時期にヨーロッパ大陸に生きていた人物であり、『ファウスト』の著者にほかならないのです。

ここで、もういちど構築主義の問題を見ておくのがよいでしょう。「世界像」という論点に深く関わる問題だからです。構築主義にもいろいろな形態がありますが、どんな形態のものであっても、その基底にある考えは以下のようなものです。例として、緑色のリンゴを思い浮かべてみてください。わたしたち人間には、緑色のリンゴが見えている。わたしたちの世界像のなかには、緑色のリンゴが存在しているわけです。ここで一匹の蜂に登場を願って、このリンゴのまわりを飛びまわっているとしましょう。この蜂にも、緑色のリンゴが見えているでしょうか。おそらくこの蜂に見えているのは、わたしたちに見えているのとはまったく別の色彩でしょう。何といっても蜂の眼は、わたしたちの眼とは違っているわけですから。おそらく蜂には、そもそもリンゴというもの自体が見えていないでしょう。蜂が自らの感覚印象を整序して緑色のリンゴを見ているのかどうか、それどころかそもそもリンゴというものを見ているのかどうか、わたしたちにはわかりません。さらに一匹のイルカにも登場を願いましょう。イルカは、わたしたちには緑色のリンゴに見える対象の像を、ソナーによって獲得します。さて、以上の登場者たち――人間、蜂、イルカ――は、それぞれに自身の世界、自身の対象を見ているにすぎないのではないでしょうか。したがって、いずれの登場者も、物それ自体がどうなっているかを確かめることはできないのではないでしょうか。そして、わたしたちの感覚印象一般にこのようなことが言えるとすれば、およそ自然科学一般にも同じことが言えるのではないでしょうか。というのも、自然科学においても――特定の装置が利用される場合でさえ――最終的には必ず感覚印象に依拠するほかないからです。じっさい、どんな観測装置・実験装置を用いるにせよ、わたしたちは、自らの感覚印象なしに観察を進めることは絶対にできません。観察や実験を行なうわたしたち自身の感覚印象は、どんな装置でも置き換えることができません。というわけで……と、構築主義はこう結論します。誰もが自らの世界を見ているのであって、けっして物それ自体を見ているのではない、と。

これにたいして**実在論**は、こう主張します。およそ何かを認識するときには、わたしたちは物それ自体を認識している、と。これにあわせて言えば、**科学的実在論**とは次のようなテーゼにほかなりません――わたしたちが科学的な理論と装置によって認識するのは物それ自体であって、たんに理論的・文化的な構築物なのではない。

新しい実在論の狙いは、かつて同じ名称のもとに現われた哲学的プログラム[47]を完成させ、実行することにあります。かつての新しい実在論は、きちんとした根拠づけができませんでした。むしろ二〇世紀後半になって初めて、ほかの誰よりもヒラリー・パトナムによって、実在論の改良という点での本質的な進歩が達成されたのでした。そもそも「実在論」という表現をどう理解したらよいのか、どんなテーゼがこの表現に最もふさわしいのかといった点で、哲学史を通じてじつに多種多様な提案がありました。ほかのどんな概念についても同じことですが、哲学で用いられる概念を理解するには、それに対立する概念をはっきりさせるのに越したことはありません。さて、わたしたちの議論の流れのなかで、実在論にたいする最も重要な対立概念は——少なからぬ読者が推測するかもしれないのとは違って——観念論ではなく、唯名論です。これは現代の構築主義の重要な先駆でもあります。

唯名論は、こう主張します。我々のもっている概念やカテゴリーは、世界の分け方なり構造なりをそれ自体として記述したり、写し取ったりするものではない。むしろ我々がまわりの環境と我々自身とについて形成するどんな概念も、自らの生存の可能性を高めるために我々自身が物ごとを一般化した結果にすぎない、と。唯名論によれば、すべての馬を包摂するような馬の一般的概念など本当は存在せず、数多くの個体だけが存在している。我々が事態を単純化して、一つひとつの個体をひとしなみに「馬」と呼んでいるにすぎない。どんな概念も、結局のところ空虚な名辞にすぎない。このような考えが、唯名論という名称のもとになっています。ラテン語で「名辞」を意味する単語「ノーメン〔nomen〕」が、「唯名論（ノミナリスムス）〔Nominalismus〕」の語源になっているわけです。わたしたちのもっている概念がどれも事態を単純化した結果にすぎない――つまり惑星・馬・タンパク質といった、さまざまな現象それぞれの空虚な代理物にすぎない――のだとすれば、もはや対象それ自体が何らかの仕方で構造化されていると想定することはできなくなるでしょう。わたしたちが対象にどんな構造を見て取るにしても、それはじつのところ当の対象それ自体に備わる必然的なものではないことになるだろうからです。たとえば、赤色のリンゴの構造を考えてみましょう。このリンゴが赤色であるということは、まず当のリンゴに色彩があるということです。色彩があるということが、このリンゴの構造に含まれているわけです。さもなければ、このリンゴが赤色であること自体がありえなかったでしょう。さて、ほかにもさまざまな色彩のある対象が存在します。たとえば緑色のリンゴもそのひとつです。ここからただちに導き出されるのが、この赤色のリンゴという対象に備わる構造は、ほかの対象にも備わっていることがありうるということです。このような意味で、この構造は一般的なものです。つまりこの構造は、この赤色のリンゴにだけ関わるものではありません。しかし、およそ一般的な構造が単純化の結果にすぎず、それを実体のない空虚な名辞でわたしたちが呼び表わしているにすぎないのだとすれば、当然、赤色のリンゴも緑色のリンゴも、もはやそれ自体として存在するとは想定できないことになります。

これにたいして実在論は、一般にこう考えます。我々のもっている概念のなかには――「愛」や「国家」などの抽象的概念や、「抽象的概念」という概念も含めて――事態を単純化した名辞にはとどまらないものがある。むしろ概念によって写し取られるさまざまな構造は、じっさいに存在しているのだ、と。こうしたことを背景として、アメリカの哲学者セオドア・サイダーが正しくも擁護しているのが、次のようなテーゼです――実在論とは、構造が存在するという主張に本質をもつ考え方一般のことである。このような立場、すなわち**構造実在論**を、サイダーは『世界という書物を書く』のなかで――この立場にたいしてまともな反論がありうるとは思えないので――イロニーを込めて「神経反射実在論〔knee-jerk realism〕」と呼んでいます。[48] つまり構造実在論とは、わたしたちによる想像物ではない構造が本当に存在するというテーゼにほかなりません。サイダー自身の考えは、やはり根拠づけられていない唯物論的一元論であって、必ずしも構造実在論から導き出されるものではありません。これにたいして**新しい実在論**は、次の二つのテーゼからなっています。第一に、わたしたちは物および事実それ自体を認識することができるということ、そして第二に、物および事実それ自体は唯一の対象領域にだけ属するわけではないということです。存在しているのは、物質的な対象ばかりではありません。たとえば論理法則や、人間による認識も存在しています。わたしたちは、そのようなものも物質的対象とまったく同じように認識することができるからです。ここでわたし自身が主張したい新しい実在論は、意味の場の存在論にほかなりません。すなわち、わたしたちが認識するいっさいのものは、それぞれ何らかの意味の場に現象するという主張です。したがって新しい実在論は、実在性概念と認識概念を形成するさい、もはや唯物論的一元論を目標にはしません。唯物論的一元論は、存在論という領域において、ほとんど全哲学史の跡をぎくしゃくした足どりでたどるだけだからです。じっさい唯物論的一元論にたいして、すばらしい論拠をもって反論した例は、すでにプラトンに――たとえば『ソフィスト』や『パルメニデス』といった対話篇に――見られますし、もっとはっきりした反論は、アリストテレスの『形而上学』にあります。

二〇一二年四月四日付けの『フランクフルター・アルゲマイネ・ツァイトゥング』紙には、ドイツで初めて開催された「新しい実在論」会議について、トーマス・ティールによる記事が載っています。そのなかでティールは、わたしの立場にたいして疑念を表明しています。この立場からすると、我々が個々の物それ自体を認識しているということ以上のこと、すなわち、さまざまな事実が本当に存在しているという事実を論証できるのか、と。この疑念が当たっているとすると、構築主義に大きな領土を認めざるをえないことになります。この場合、わたしたちに認識できるのは、そのつどたったひとつの事実、ひとつの物それ自体だけであることになるからです。じっさい、これでは得られるものが少なすぎます。それ以外のいっさいのものが構築物にすぎないとすれば、すでに構築主義が勝利していたことになるわけです。

そのようなことは成り立ちません。わたしたちは当然のように、とても多くの事実を、それぞれの事実が現にそうであるとおりに認識している。この点を論証するには、もういちど、構築主義のために今日好んで用いられる議論に立ち戻ってみなければなりません。以下で見ることになるのは、そのような議論が新しい実在論と容易に両立するということ、それどころか正確に考えてみれば、そもそも構築主義を支える議論にはなっていないということです。つまり構築主義のために好んで用いられる議論が、果たすとされている機能を果たしていないということです。

ここで問題にしたい議論は、人間の感覚生理学に依拠するもので、すでに古代ギリシア以来、さまざまな形態をとって広まっています。[49] 古代の形態と現代の形態との違いは、今日のわたしたちのほうが人間の感覚生理学について明らかによく知っているということにしかありません（これは決定的な違いではありません)。さて、この議論は、明らかな事実の確認から始まります。自らの身体を取り巻く物理的環境について、わたしたちがもっているいっさいの知識は、わたしたちの末梢神経の刺激によって生じるさまざまな情報を、わたしたち自身が加工することによって得られたものである、と。わたしたちが見る・聴く・嗅ぐ・味わう・触れる世界は、そのように見られた・聴かれた・嗅がれた・味わわれた・触れられた世界、つまりわたしたちによって認知された世界にほかなりません。ここから生じる問題は、たとえば人間にとって特に重要な視覚を例にとれば、たいていは次のように説明されます。果物鉢に盛られたリンゴを、わたしたちが見ているとしましょう。この場合、いわゆる光子、つまり電磁波が、わたしたちの眼に衝突しているとされます。その電磁波が電気的刺激に変換され、わたしたちの脳のどこかで視覚像を結ぶ。わたしたちの頭蓋冠のしたではすべてがまったく闇のなかにあるが、ともかく電気信号が刺激を生み、わたしたちが大脳皮質の視覚野でそれを像として知覚する。このような像を、哲学者は「心的表象」と呼んでいます。そもそもわたしたちが見ているのは、果物鉢に盛られたリンゴではなく、ひとつの心的表象であるというわけです。このような立場は、**心的表象主義**と呼ばれます。これによれば、わたしたちはそもそも果物鉢に盛られたリンゴを見ているのではなく、頭蓋冠のしたの闇のなかに鎮座していて、そこで電気信号が繰り広げる「世界」という映画ないし劇場を見ている。この「世界」映画は、わたしたちが外界のなかで方向を定めるのを助けてくれるが、じつのところ外界は、色彩のない素粒子と、いっそう高次の巨視的水準での素粒子の集合体とでできているのだ……と、こういうことになります。わたしたちが、いわば「神の眼」で物それ自体を見ることができるようになったとしたら、わたしたちのまわりの状況は、かなり恐ろしいものに見えることでしょう。以前であればリンゴを知覚していたところに、今やたとえば振動する素粒子しか見えなくなることでしょう。しかし、それだけではありません。わたしたちには、リンゴだけでなく、頭蓋冠をもった自らの身体も見えなくなることでしょう。さらには、とりわけ心的表象、つまり視覚像も、もはや認識できなくなることでしょう。かくして嗅覚像ないし聴覚像、あるいはエレファントノーズフィッシュにとっての電覚像や、イルカにとってのソナー像と同じように、わたしたちにとっての視覚像も、わたしたちの脳が生み出すある種の幻想だとされることになります。いや、その種の幻想を生み出すのは、むしろ素粒子なのでしょう。わたしたちの脳も、ほかのものと同じく「世界」映画に映し出されているものにすぎないはずですから。

じっさい、わたしたちが脳をもっているということを、わたしたち自身、そもそもどこから知るのでしょうか。人間の感覚生理学がどのように機能するのかを、どこから知るのでしょうか。わたしたちの脳や感覚生理学への唯一の入り口は、わたしたち自身の感覚にしかありません。わたしたちが外界について何ごとかを知るには、わたしたち自身の五感（その組み合わせ）を介して外界を知覚しなければならないのであれば、わたしたちの脳と感覚生理学にも同じことが当てはまります。わたしたちが自らの脳を見るには、どうしても鏡や込み入った技術的な認知機構を用いるほかありません。自らの頭蓋冠のしたに潜り込んで、その闇のなかに脳があるのを直接確認するわけにはいかないからです。わたしたちの意識のスクリーンに映し出されるいっさいのものが幻想にすぎないとすれば、わたしたちの脳も、したがってわたしたちの意識も、やはり幻想にすぎません。この世界ないし外界が感覚与件から構築されたものだとすれば、まさにそう主張するテーゼ自身もまた感覚与件から構築されたものにすぎません。こうして、すべてが巨大な（幻想の）渦巻きに呑み込まれてしまいます。このシナリオでは、たんに物それ自体を認識することができないばかりか、およそわたしたちの認識するすべてのものが幻想だということになります。つまり心的表象主義に従うと、脳も存在せず、心的表象も存在しないことになる。そのような対象のいっさいが、たんなる幻想であることになるからです。

こうして心的表象主義と感覚生理学的な構築主義とにたいして振り下ろされる（多少粗っぽいとはいえ）効果的な棍棒の一撃は、もっと繊細な議論で補うこともできます。感覚生理学的な構築主義が正しいとすれば、わたしたちの視野に現われてくる対象のいっさいは幻想であることになります。とすると、わたしたちにとって、もはや幻覚と通常の知覚との区別はありません。わたしがリンゴを見ているのでも、リンゴの幻覚を見ているのでも、どちらでも違いはないことになります。現に見ているはずのリンゴも、結局のところある種の幻覚だからです。神経の刺激（あるいはほかの何かの刺激）を通じて興奮させられることで、脳（あるいはほかの何か）がそういう幻覚を作り上げている、というわけです。科学的な測定器具に関しても事態は変わりません。幻覚です。このようなわけで、もはや真である心的表象と、偽である心的表象とを区別することはできません。神経の刺激を通じて生じているかぎりは、すべてが真であるとも言えますし、どんな像も物それ自体を表現していないというかぎりでは、すべてが偽であるとも言えるからです。しかし赤裸々な生存のためには、じっさいの生活のなかで、現実に存在する物をきちんと知覚してただの幻覚から区別するという点で、ぜひとも平均以上の成功を収めていきたいものです。とはつまり、わたしたちの頭蓋冠のしたで作り上げられ、結局のところ何の質的な違いも認められないとされた視野のなかにも、けっして質的な違いがないわけではないということです。心的表象の内容が何であっても、どうでもいいというわけではありません。わたしが緑色のリンゴを知覚しているのであれば、そこにあるのは緑色のリンゴにほかなりません。これにたいして緑色のリンゴの幻覚を見ているとか、あるいは太陽に目をやった直後に、白壁のうえによくわからない色の残像を「見ている」のであれば、そこにあるのは緑色のリンゴではありませんし、そのような残像が本当に白壁のうえにあるわけでもありません。

さらに次のような考えに進んでみましょう。果物鉢にリンゴが盛られているのをじっさいに知覚しているとすれば、わたしたちが知覚しているのは、果物鉢に盛られたリンゴであって、リンゴの視覚的模像などではありません。任意の数のさまざまな人びとが同じリンゴを知覚しうるということだけでも、それがわかります。もっとも、それらの人びとの各々は、同じリンゴを違ったふうに見ているでしょうけれども。

すると、この現実の基底となるような何らかの層が存在しているのではないでしょうか。物それ自体はたしかに存在していて、ただ同じ物が人びとにたいしてさまざまに現象するにすぎないと、そういうことではないでしょうか。わたしは自分の左手に触れることもできますし、左手を味わったり、嗅いだり、見たりすることもできるし、聴くことも（たとえば手を叩くことで）できます。だとすると、そのような多様な現象とは別に、物それ自体、つまりわたしの左手それ自体が、たしかに存在していなければならないのではないでしょうか。

これにたいして新しい実在論は、こう反論します。わたしの左手は、そのときどきに違った仕方で現象するということと別に存在するわけではない、と。わたしは自分の左手を、今この瞬間には現にこの視点から見ていますが、次の瞬間にはもう（わずかではあれ）ずれた別の視点から見ています。だからといって、そもそもわたしの左手は存在しないと結論するか、さもなければ、いろいろな視点から見られることとはまったく別に左手それ自体が存在するのだと結論するか、どちらかを選ばなければならない理由があるでしょうか。ポイントは、物それ自体が多様な仕方で現象するということです。それらの現象のいずれもが、それ自身、一つひとつの物それ自体にほかなりません。そのさい重要なのは、どのような意味の場に現象するかということです。現象する仕方が複数あるからといって、それが幻想だということにはなりません。現象とは別に存在するハードな事実がこの現実をなしているのではなく、いわばさまざまな物それ自体とその現象とがともにこの現実をなしているのです。そのさい、それぞれの現象はいずれも物それ自体です。わたしにたいして現われてくるわたしの左手のさまざまな現象は、いずれも左手それ自体と同じように実在的なものです。物それ自体は、いつでも何らかの意味の場に現象するほかありません。ということは、物それ自体が、すでに何らかの事実のなかに埋め込まれているということです。わたしたちが残像を見ているにすぎない場合、あるいは緑色のリンゴの幻覚を見ているにすぎない場合であっても、やはり事実が――たとえば、わたしたちが現に緑色のリンゴの幻覚を見ているという事実が――あることに疑いの余地はありません。緑色のリンゴの幻覚を見ているということは、緑色のリンゴの幻覚を見ているということと同じではありません。

以上のような議論を背景として、新しい実在論はこう主張します。真である認識は、いずれも物それ自体（あるいは事実それ自体）の認識である、と。真である認識は、幻覚でも幻想でもなく、物ごとの現象そのものだからです。

しかし新しい実在論にたいして、こう反論したくなるかもしれません。見るという現象形式や、味わうという現象形式は、ある種の投影にすぎないか、少なくとも物それ自体を原理的に歪曲して現象させるフィルターなのではないか、と。リンゴが果物鉢に盛られているさまを見ているとしましょう。そのさいわたしたちは、リンゴと果物鉢の空間的な位置関係によって両者を区別しています。しかし、リンゴが本当に果物鉢から区別されているということを、わたしたちはどこから知るのでしょうか。むしろ、空間的な違いなしには認識できないような区別は、わたしたち自身が空間的な違いを設けないかぎり、そもそも存在していないのではないでしょうか。カントはまさにそう考えました。そのためカントは、物それ自体は空間・時間のなかにはありえないという不条理な結論に至りました。こうなると、月が地球から区別されるのは、わたしたちがそう見るからだということになりかねません。

したがって我々が言いたかったのは、およそ我々の直観とは現象についての表象にほかならないということである。つまり我々が直観する事物は、それ自体としては我々が直観しているとおりのものではないし、さまざまな事物の関係も、それ自体としては我々にとって現象しているのと同じ在り方をしているわけではない。したがって我々という主体を取り除いてしまうか、あるいは我々の感覚という主観的性質だけでも取り除いてしまえば、客体が空間・時間のなかでもっているあらゆる性質や関係は消えてしまうだろうし、それればかりか空間・時間それ自体すらもが消えてしまうだろう。それらのいっさいは現象であって、それ自体として存在するのではなく、ただ我々のなかにだけ存在するからである。[50]

この箇所については、多くのことがとても疑わしいと言うほかありません。空間・時間が「我々のなかにだけ存在する」とは、そもそもどういうことでしょうか。だいたい「我々のなかに」というのがすでに場所の規定であり、したがって空間的なものではないでしょうか。あるいは「我々」というのは時間的なものであって、わたしたちが昨日・今日・明日と存在していくことを指すのでしょうか。

主観的真理

構築主義は不条理にしかなりませんが、ほとんどの場合、そのことを見抜かれません。わたしたちを取り巻くすべてのものは文化的な構築物であり、物それ自体を記述するのは自然科学くらいだという考えを、わたしたちが慣習的に受け容れているからです。とすると、いわゆる人文科学は、もちろん難しい立場に置かれることになります。人文科学が自然科学と違って文化的な構築物だけを対象とするのだとすれば、人文科学では真／偽の区別が消えてしまい、詩作品の解釈も、何らかの歴史的事実の解釈も、いずれにせよ恣意的な幻覚であることになるからです。悦に入った構築主義は、こんなスローガンを掲げます――誰にでもそれぞれの『ファウスト』があり、それぞれの一一月革命があるのだ、と。すべては人それぞれの知覚の問題だというわけです。

すでに言及した『世界という書物を書く』のなかで、セオドア・サイダーはじつに適切な診断を提案しています。それによれば、新しい実在論は構築主義と即座に両立するというのです。これを理解するために、サイダーの好きな例を少しばかり修正して考えてみましょう。まず、極端に単純化された世界を想定しましょう。きっちり半分に切り分けられた世界です。半分は黒色、もう半分は白色であるとしましょう。

図6　サイダー世界

このような世界を「サイダー世界」と呼びましょう（図6）。このような世界にも、いくつかの事実が存在しています。すなわち半分は黒色、残りの半分は白色として、二つの部分が存在するという事実、そして、それぞれの部分の大きさという事実です。このような世界の事実を記述してくれる表現を、サイダーは、世界を「自然本来の継ぎ目に沿って切り分ける」表現と呼んでいます〔もとはプラトン『パイドロス』二六五E〕。次のような言明を例にとってみましょう。

サイダー世界には二つの部分が存在する。

および

左半分は白色、右半分は黒色である。

いずれの言明も、サイダー世界の継ぎ目に沿った区別を言い表わしています。ここで、これを斜めに横切るような言語を考えることができます。その助けになってくれるのが、アメリカの哲学者ネルソン・グッドマンのおかげで議論されるようになった述語です。[51] 次のような例をとってみましょう。

この長方形は蝶色である。すなわち白色でも黒色でもある。

この類いの述語を**斜状述語**と呼びましょう。このような述語はサイダー世界を斜めに横切っているからです。ここで、サイダー世界を斜めに横切る長方形を切り取ってみたとしましょう。この長方形は、白色の部分にも黒色の部分にも位置しています（図7）。

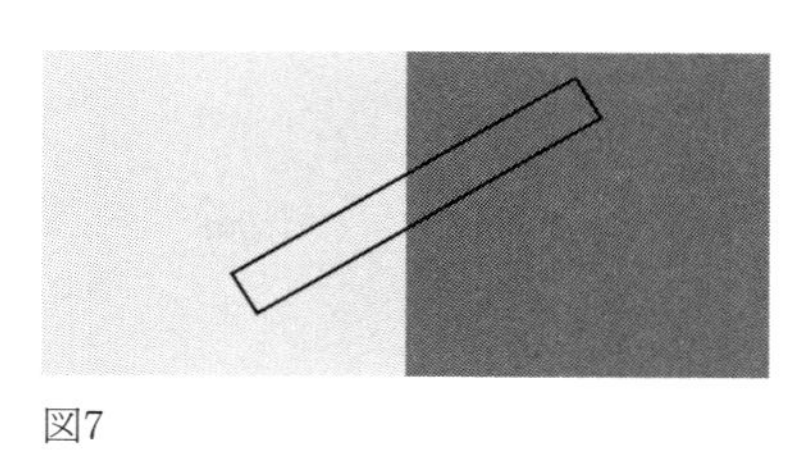

図7

こうして切り取られた長方形は、斜状言語を用いて「蝶色」であると言うことができます。黒色でも白色でもある対象は、どれも定義上「蝶色」だからです。この斜状言語には「白色」、「黒色」という述語だけでなく、「蝶色」という述語もあるわけです。しかしサイダーが指摘しているように、この

「⿰目黒色」には問題があると言わなければなりません。グッドマンは、合衆国における構築主義の主要な代表者の一人でした。そのグッドマンが斜状述語を導入したのは、どんな述語も等しく有用であるということを示すためでした。真である言明を作ることは、どんな述語でも可能であるというわけです。たしかに、わたしたちが切り取ってみた斜状の長方形が⿰目黒色であるということは明らかに真です。それでもやはり「⿰目黒色」は不適切な述語だと言わなければなりません。サイダーがこう強調するのは完全に正当なことです――「白色」と「黒色」の区別はたしかに存在している、と。じっさい「白色」は、サイダー世界の構造を適切に捉える述語です。しかし「⿰目黒色」は、人間による恣意的な投影物にすぎません。

以上のことをいっそう明らかにすべく、また別の斜状述語を導入しましょう。やはり、わたしたちの世界のなかで真なる言明を可能にするけれども、完全に不適切な述語です。

Xは猫（カッツェ）であるか、プームックルであるかのどちらかである。

この場合、現に猫である対象は、猫であるかプームックルであるかのどちらかであるという切り分け方に沿っています。この言明を斜状言語によって書き換えることで、たとえば次の言明が得られます。

Xはカッツームックルである。

ここに次の言明を加えてみましょう。

猫がミルクを飲むか、プームックルがミルクを飲むかのどちらかである。

猫がミルクを飲む場合、この言明は真となります。プームックルがけっしてミルクを飲まない場合にも、やはりこの言明は真となります。これと同じように、カッツームックルについても真である言明を構築することができます。たとえば「カッツームックルがミルクを飲む」などです。しかし普通の述語と斜状の述語とのあいだには、やはり違いがあります。ここからサイダーは、こう指摘します。あらゆるものを自由に組み合わせてよいわけではない、と。電子（エレクトロン）を電子と組み合わせることはできますが、猫（カッツェ）と組み合わせることはできません。それゆえ「エレクトラッツェ」といった言葉を用いるのは正しいことではありません。

「瞟色」、「カッツームックル」、「エレクトラッツェ」といった述語は、どれも真である言明をなすことができるとしても、完全に恣意的なものでしかありません。斜状の領域には「瞟色のもの」や「エレクトラッツェ」がたしかに存在すると言えてしまうので、これらについて真である言明を好きなように作ることができるからです。そこからサイダーは、こう結論します。新しい実在論（サイダーの言う「新しい実在論」はわたしのものとは違っていて、サイダーが導き出している結論もわたしの考えとは違っていますが）は、ちょっとした補足を加えさえすれば構築主義と両立する。「瞟色」、「カッツームックル」、「エレクトラッツェ」などの構築物は、たとえ真である言明を可能にするのだとしても、じつに恣意的でおかしな造形物にすぎない。しかし、ごく恣意的な構築物や、おかしな造形物が存在するからといって、すべてが恣意的な構築物やおかしな造形物にすぎないなどと結論してはならない、と。

そのさいサイダーは、『世界という書物を書く』の別の箇所で、さらなる区別を導入しています。すなわち、斜状言語と人間の主観性とを区別することができるというのです。斜状言語は、恣意的なことをしたいというわたしたちの欲求に応えてくれるにすぎません。つまり真偽に関わりうる述語を好きなように導入し、さまざまな言葉遊びを発案することを可能にしてくれるわけです。たしかに主観的述語はこれとは違っていると言うことができます。ここで言う主観的述語とは、私的・個人的という意味で主観的なものではありません。つまり、わたしの用いる述語もあれば、あなたの用いる述語もあるという話ではない。むしろ**主観的述語**とは、特定の共同体に属するすべての主体――たとえば、すべての人間――が用いる述語のことです。このような述語を用いた例には、次のようなものがあります。

今朝は気持ちのよい春の朝だ。

たとえ個人的に何か気持ちのよくないことを抱えていても、ともかく「気持ちのよい」ものとして感じられる春の朝があるものです。気持ちのよい春の朝にたいするわたしたちの感覚、わたしたちが春に抱きがちな感情は、人類という生物種の歴史に根拠をもっているのかもしれません。とすれば、そのような感覚・感情は客観的なもので、人間の動物学的な性質に基づいていることになります。そのような感情を春に抱く類いの生物は、ほかにもまだ存在するかもしれません。しかし、そうだとしても、そのような述語が必ずしも世界を継ぎ目に沿って切り分けているとは言えません。サイダー世界になぞらえれば、そのような言明は、黒色の右半分のなかに切り取られた円のようなものです。これは斜状ではなく客観的ですが、サイダー世界全体に完全に対応しているとは言えません（図8）。

この円は、たしかにサイダー世界をその継ぎ目に沿って区分するわけではありませんが、斜状述語に比べれば客観的なものです。とはつまり、構築物・幻想・恣意には――それどころか真理にも――数多くの亜種が存在するということです。構築主義は、このような事態をかなり単純化してしまいます。構築主義は、現象形式をひとつだけ想定して、それをさまざまな脳（イルカの脳とは異なる人間たちの脳）の産物、さまざまな人間の言語の産物、あるいは社会的・経済的要因の産物として説明するからです。

これにたいして新しい実在論は、主観的真理もたしかに存在すると想定します。とはつまり、何らかの認知機構が作動してこそ接近することのできる真理が存在する、ということです。そして認知機構によってこそ、わたしたちのこの人間的主観や、ほかにもさまざまな形態の人間的な――あるいはもっと一般的には動物的な――主観性が可能になっています。だか

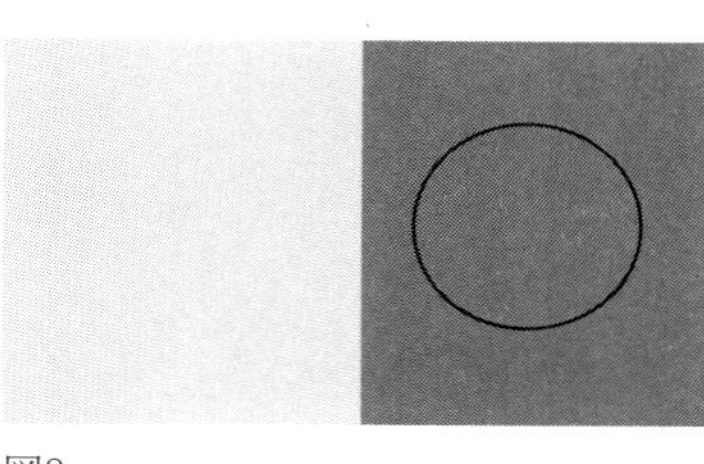

図8

らといって、そのような形の真理がどれもある種の幻覚であるとか、どれも偽であるということにはなりませんし、世界を区分する継ぎ目に沿って物ごとを——すなわち物それ自体として——認識することが、わたしたちにはできないということにもなりません。

杣径

人間の認識や科学・学問のほとんどすべての領域で、構築主義が猛威をふるっています。「世界像」という概念に出くわしたら、いつでも構築主義の流域にいると考えて間違いありません。このような状況は、すでにハイデガーが「世界像の時代」で指摘していました。

それゆえ「世界像」を本質的に理解するならば、これが意味しているのは、世界についての像ではなく、およそ像として捉えられた世界のことである。存在するものは総じて、今やこう捉えられる——およそ存在するものは、表象(フォアシュテレン)=制作(ヘアシュテレン)する人間によって定立(シュテレン)されるかぎりで存在している、と。[52]

像を結ぶことのできる何かとして世界を表象するとき、この「世界像」という隠喩によって、わたしたちがすでに前提してしまっているのは、わたしたちが世界に対峙しているということ、そして、わたしたちが世界について作る像が、いわば世界それ自体に等しくなければならないということです。このようなことが「理論」や「モデル」という表現に示唆されていることも少なくありません。しかし多くの理由から、この世界についての理論はもちろん、およそ「すべてについての理論」が存在することはありえません。ハイデガーが指摘している最も簡単な理由は、そもそも世界が表象の対象ではないことにあります。わたしたちには、世界を外から眺めることができませんし、したがって、わたしたちの作った世界像が妥当なものかどうかを問うこともできません。それは、まるですべての写真を――写真機それ自身の写真も含めて――撮ろうとするようなもので、およそ不可能です。写真機それ自身が写真に撮られて現像されたとしても、その写真に撮られた写真機は、当の写真を撮った写真機と完全に同一ではないからです。それは、鏡に映ったわたしの像がわたし自身と完全に同一ではないのと同じことです。どのような世界像も、少なくとも世界の内側からの像にとどまるほかありません。いわば世界がそれ自身について結ぶ像です。

それだけでなく、そうした言い方が事態を捉え損ねていることも、わたしたちはすでに知っています。世界――すべてを包摂する領域、すべての意味の場の意味の場――は存在しないし、そもそも存在することがありえないからです。したがって、世界像という基本的な考えがそもそも不条理であると言うほかありません。どんな世界像も、像を結ぶことのありえないものについての像であろうとしている時点で、すでに間違っているのです。それでも、世界像というものは必ずしも完全でないとしても、何らかの見通しを与えてくれるのだからよいではないか、と言いたくなるかもしれません。だとしても、それだからこそ世界像は歪曲をもたらす一面的なものに違いありません。世界像の助けによって得られるものは、世界についての何らかの像などではけっしてなく、せいぜいのところ世界の断片にすぎないからです。このような一面的なものに依拠して、性急にも一般化を図ろうとすることになりがちなわけです。

構築主義にとって、一見すると疑いの余地なく出発点になっているのは、わたしたちが理論なりモデルなりを現に構築しているということです。そうして構築される理論は、いわばわたしたちが世界に投げかける網のように見なされます。どの程度まで世界がこの網にかかるかを確定しようというわけです。そのさい、しかしごく単純な考えが見逃されています。それは新しい実在論の中心にある考え、すなわち事実性に基づいて議論するということです。[53]

事実性とは、およそ何かが存在している状態のことです。そして、そのような状態もひとつの事実にほかなりません。事実性に基づいて議論するならば、構築主義にたいして、こう反論しなければなりません。構築されたものではないさまざまな事実を構築主義もまた必要としていることを、当の構築主義は見過ごしている、と。じっさい、構築主義それ自身には、構築されたものではない事実が関わっています。構築主義において、バナナやＩＣＥなどではなく、ほかならぬ構築主義を語るためには、当の構築主義について何らかの事実が成立していなければなりません。たとえば、構築主義は特定の言明をなす理論である――とりわけ「すべての理論は構築されたものである」という言明をなす理論である――といった事実です。このような枠組みのなかで、構築主義はお定まりのようにこう主張します。さまざまな事実の群れは、何らかの認識体系――信念の体系であれ、認知機構であれ、何らかの形式的構造であれ――との相対的関係のなかにしか存在しない、と。これを一般化すると、こうなります。

事実の群れTは、認識のシステムSとの相対的関係のなかにしかない。

たとえばニューロン構築主義の主張によると、わたしたちにたいして現象しているこの彩色の世界は、人間の身体器官——とりわけ脳——との相対的関係のなかにしかありません。とすると、仮にいかなる特定の脳も存在しないとすれば、わたしが今——もういちど状況を言いますと——オーフースからコペンハーゲンに向かう列車のなかにいることも、車窓のそとでは雨が降っていることも、わたしの乗っている列車がここ二〇分の間ずっと断続的に現われる深緑の草原と黄色い菜の花畑のなかを走っていることも、すべて真ではないということになってしまいます。この文章を書いている間に、宇宙中のすべての脳が消えてしまったとしたら、ニューロン構築主義によれば、この文章も偽であることになり、走る列車も深緑の草原も存在しないことになってしまいます。**解釈学的構築主義**、つまりテクスト解釈に関わる構築主義であれば、また別の内容の主張をするかもしれません。『ファウスト』には読者から独立した意味などない、等々と。とすれば『ファウスト』に魔女が存在するかどうかは、何らかの解釈との相対的関係のなかにしかない事実である、ということになるでしょう。

ここで、ごく単純な問いを立ててみましょう。普遍的な構築主義は存在しうるでしょうか。とはつまり、すべての事実は何らかの——まだ正確な詳細は知られていないとしても——認識体系との相対的関係のなかにしかない、と主張する構築主義です。じっさい、すべては相対的であると大ざっぱに主張する人もいますし、世界については像・モデル・理論を作ることしかできないと考える人もいます。そのような主張が正しいとすれば、当然、構築主義についてのいかなる事実も、ひとつの体系、すなわち構築主義それ自身との相対的関係のなかにしかないことになります。しかし、そうだとすると、わたしたちは果てしない事実の入れ子状態に陥ることになってしまいます。

｛［（ＴはＳとの相対的関係のなかにしかない）はＳとの相対的関係のなかにしかない］はＳとの相対的関係のなかにしかない｝はＳとの相対的関係のなかにしかない……。

このモデルでは、すべてのものの相対的関係の準拠先となるものが、結局のところ存在しません。たしかにすべてが相対的ですが、その相対的なもののすべてが何らかの終極的なものと関係を結ぶという事態は、ついに成立しません。相対的なものの果てしない連鎖が、いわば宙に浮いています。普遍的な構築主義とは、すべては相対的であるというテーゼのはずでした。ここから導き出されるのが、すべてのものの相対的関係の準拠先が存在しないということだとすれば、唯一、果てしない入れ子状の事実だけがあることになります。しかし、果てしない入れ子状の事実が存在するということも、やはりひとつの事実には違いありません。そして、果てしない入れ子からなる果てしない入れ子がさらに存在すると考えなければならないわけではありません。じっさいのところ、普通はそこまで進む必要はありません。

ひとことで言うと、こうなります。すべてが構築されているという事実は、何らかの点で、構築されたものではない事実をともなわざるをえない、と。この事実それ自身もまた構築されたものだとすると、すべては相対的であるという全体性に関わる言明それ自体が、もはや維持できなくなってしまいます。この場合、相対的関係の体系には、およそ全体性が存在しないことになるからです。つまり相対的関係のなかにあると主張されうるような「すべて」が、そもそも存在しないことになってしまうわけです。

　これまでに挙げてきたいっさいの理由によって構築主義は間違っている——この認識は、物それ自体、事実それ自体の認識にほかなりません。事実について哲学的に考え、うまく結果を導き出してみれば、さまざまな事実を認識することになりますし、それらの事実のいずれも、猫とマットレスの違いや、タンパク質と光子の違いとまったく同じように客観的なものに違いありません。

　事実性に基づいて議論するならば、かくして理性の実在論へと導かれます。理性の実在論とは、学問的に探究することのできる事実の構造が、人間の理性それ自身に備わっているという考えです。いわゆる「外界」ないし「宇宙」は、もはや事実の特権的領域ではありません。ごく簡単に言えば、「雨が降っている」とわたしが考えていて、これが真であるとき、ここには二つの事実が存在しています。第一に、雨が降っているという事実。そして第二に、「雨が降っている」という真であることをわたしが考えているという事実です。したがって、科学的世界像が想定しがちなのと違って、事実は「世界の側」にだけあるのではなくて、「世界の側」にある事実へと関係していく側にもあるのです。ひとつとして物質的な対象が存在しないとしても、事実は存在しています。たとえば、ひとつとして物質的な対象が存在しないという事実です。

それゆえ事実性に基づいて議論するならば、事実性は避けられないという結論に至ります。構築されたものではないさまざまな事実が、つねに働いているからです。わたしたちの課題は、そのような事実がどこにあるのかを認識することにあります。それに日常生活の振る舞いをみても、わたしたちはすでに理性の実在論を前提としています。それを説明すべく、再び、ごく普通の状況に身を置いて考えてみましょう。今は昼休みで、今日は何を食べようかと食堂で思案しているとします。そこでさまざまな可能性を勘案して、こんなふうに考えます――昨晩は魚料理を食べたし、食堂の魚料理はたいてい健康とは言いがたい雑巾みたいな食感のフライだから、今日はサラダバーにするのがいいかな。ここのブラートヴルストはとても勧められるものではないし……。そこでわたしは、目についたもののなかから選んでお皿に盛り、サラダを作っていきます。すると偶然、某の部署に所属している同僚の某さんと会い、立ち話をしていると、わたしの携帯電話に着信があり、今日の仕事が終わったらどうするかなと考え始める……。これらは、いずれも昼休みという意味の場のなかにある事実であり、そこで得られるさまざまな認識は、いずれも物ないし事実それ自体の認識にほかなりません。このような状況にありながら、わたしたちの考えやサラダバーの色彩よりも、素粒子のほうが客観的・現実的・事実的であるなどと真面目に考える人はいません。実在論の名において特定の事実を特権化することは、根拠がありませんし、的を外しています。それゆえ新しい実在論は、およそ存在するものを予断なく探究するよう主張します。わたしたちは、古代のものであれ初期近代のものであれ、伝統的な世界像にとらわれて、「宗教」や「科学」などのいわゆる権威が認めたものだけを「現実である」、「存在する」と見なすべきではありません。自然科学によって研究することのできない多くのものが真であるというだけではありません。自然科学のなかにも、科学の進歩とともに取り除かれるべき、多かれ少なかれ幻想性に満ちた斜状述語がある。そのようなことを見て取れるよい例が、ジークムント・フロイトの『機知――その無意識との関係』――徹底的な考察を楽しみながら読むことのできる著作です――のなかでも、ゲオルク・クリストフ・リヒテンベルクに帰されている機知です。ハムレットは、あの有名な箇所でこう言っています。「じっさいの人生には多くのことがある／きみの学校での知識が夢見ていたよりも」と。これは科学的世界像にたいする古典的な批判です。ここに、こう付け加えられるのです。「しかし学校での知識には多くのことがある／じっさいの人生では見られないほどの」と。[54]

科学と芸術

科学的世界像は、ある特定の人間像を前提としています。この人間像によれば、理想的な科学者とは、徹頭徹尾一貫して合理的な存在です。およそ認識が生み出されるプロセスは、理念型としては次のようなものです。まず科学者が、何らかの病気などの未知の現象を前にして、何らかの仮説を立てる。次いで、きちんとした方法に則って制御された手続きによって、この仮説が根拠づけられたり、放棄されたりする。そのさいの手続きは、どの操作も反復可能なもの、ほかの科学者によって追試可能なものでなければならない。このような方法の祖がデカルトです。デカルトが勧めていたのは、人生のなかで一度はすべてを疑い、この疑いから出発して、純粋に合理的に根拠づけられた新しい知識の基礎を据えようということでした。こうして理想的な科学的手続きを踏むことで、完全に中立的な仮説形成を通じて何らかの世界像を拓くべきだというわけです。

このように人間の合理性や科学にアプローチすると、わたしたちのもつ信念の一つひとつが、いずれも科学的に検証することのできる仮説であるかのように思えてきます。しかし、わたしたちのもつ信念のほとんどは、およそそのような類いのものではありません。たとえばデートをしていて、相手がだんだんと自分への好意を深めてくれているなと思う——そのような「信念」をもつ——とき、わたしたちは、けっして科学的な仮説を立てて、それが成立するかどうかを、きちんとした方法に則して検証するわけではありません（いや、まあ一度くらいは「検証」のようなことをするかもしれませんが）。同じことが、政治的な判断や信念、また美的な判断や信念にも当てはまります。もちろん、だからといって現代の研究者たちは怯む（ひる）ことなどなく、まさにそのような判断や信念を研究対象としています。

今日では、このような意味で、芸術作品の解釈にさいしての神経の作用プロセスが研究されています。芸術作品のよさが何に存しているのかを、それで確定しようというわけです。少なからぬ研究者が、こう考えています。芸術作品の意味は、わたしたちがそれを美しいと思うところに求められる。そして、わたしたちが芸術作品を美しいと思うのは、その作品が、わたしたち鑑賞者の神経に特定の刺激を惹き起こすからだ、と。このような考えによれば、たとえば映画における特定の色彩モデルや運動モデルが、わたしたちの神経系統とどのような相互作用を起こしているのかを調べればよいことになります。そのようなことも目的によっては有効かもしれませんが、じっさいには芸術作品の理解に寄与するものではありません。たとえば、わたしたちがピカソの「青の時代」の作品を観たときに、それがわたしたちの気に入るかどうか、わたしたちの身体に働きかけるかどうか、わたしたちがいわば快く感じるかどうかなどは、「青の時代」の意味にとってはせいぜい副次的なことでしかありません（じっさい、芸術作品の快さを目標とする考え方こそ、醜悪・畸形・不気味・嫌悪の美学を通じて、現代美術が掘り崩してきた当のものでした）。ピカソを理解するには、美術史の知識はもちろん、創造性のある想像力、それに新たな解釈にたいして開かれた態度を兼ね備えていなければなりません。要約すれば、次のようなテーゼを立てることができます。現代美術は、機会あるごとに科学的世界像に抵抗する、と。ほとんどすべての美学的運動と個々の芸術家とが、各々の作品それ自体によって、「芸術は最終的には自然科学的プロセスに還元できる」とする立場を否定しています。そこでジャクソン・ポロックの「アクション・ペインティング」作品のひとつ、たとえば一九四九年の《ナンバー8》を観てみましょう。

この作品を一見すると、特定の彩色を施された地のうえに、たんに絵の具を垂らしただけのように思えるかもしれません。そのように観ているかぎり、この時期のポロックの作品は、そもそもどれも同じようなものになってしまいます。つまり、鑑賞者がたんに主観的な感想をもち、どの絵が最も気に入ったなどと言っていればよいことになる。すると、その絵が気に入った原因を神経科学的に研究しようということにもなるわけです。このようにポロックを解釈するかぎり、ポロックが何と対峙していたのかは理解できません。この時期のポロックの作品はとても動態的であり、幾重もの複層的な解釈が可能だからです。「アクション・ペインティング」を理解する（つまり、美しいと見なして済ませるのを避ける）ためには、特定の色を追って、いわば一筆ずつを細かく「読む」とよいでしょう。たとえば黒色に集中して、その絵の具の軌跡を追っていくのです。すると、全体の印象が揺らめき始め、黒色のしたたりや筆遣い、偶然による線などが動き始め、何らかの意味をもってきます。次いで眼を転じて、緑色を追うこともできます。あるいは背景に着目するのもよいでしょう。このようにして、この作品をさまざまな方向に読み進めることができます。古典的な具象画を観るときも、じつは事情は変わりません。どんな絵画も、カンヴァスに絵の具を乗せたものにほかならないからです。カンヴァスに乗せられた絵の具は、何らかの秩序を形づくっている。そこに何らかの意味の場が拓かれるわけです。

ポロックは、いわばメタ絵画を創り出したのでした。つまり、わたしたちが芸術作品を読むときに、じつのところ何をしているのかを示してみせてくれる絵画です。わたしたちは、さまざまな色彩の描き出す形を追い、意味を理解しながらさまざまな水準を通過し、さまざまな解釈を検討していきます。そのために、作品の背景となる美術史の知識や、わたしたち自身の思いつきを頼りにしますし、ほかの人たちと思いつきを出しあったり、議論することもあります。こうして芸術作品を理解していく営みは、まったく恣意的なものでは断じてありません。むしろ自由なものなのです。わたしたちは何かを理解しながら、同時に、どのようにしてそれを理解しているのかを体験してもいる。芸術作品の理解の自由は、ここに存しています。[55]

芸術作品の理解も、また個人的な判断や政治的な判断の理解も、純粋に生物学的ないし数学的に記述できるものではありませんし、まったくの恣意的なものでもなければ、たんなる趣味の問題でもありません。科学的世界像に依拠すると、人間存在の意味など無視してかまわないと誤解してしまいかねません。科学的世界像によれば、およそ事実の特権的構造が存在し、それは自然科学の対象領域である宇宙と本質的に同一だとされるからです。じっさい宇宙には意味の問いの余地などありません。これにたいして人間は、あるいは人間のなすことは、それ自体としてすでに意味の問いを投げかけています。

一九世紀初頭にドイツ観念論の思想家たちは、意味——ここで言う「意味」とは「理解される」ということにほかなりません——を**精神**と呼びました。今日に至るまでドイツ語で人文科学を表わす名称となっている「精神科学」は、ここに由来しています。精神とは、たんに心理的・主観的なものではありません。むしろ、人間による理解における意味の次元を表わしているのです。そのような意味の次元を探究するのが、人文科学にほかなりません。性急に「精神」を放棄してしまうポストモダンの構築主義にたいして、「精神」の概念を立て直さなければなりません。前世紀のフランスの哲学者のなかには——誰よりもジャック・デリダがそうでしたが——こんなふうに考える人たちがいました。「精神」という言葉は、政治的に見て疑わしいカテゴリーであり、それと意識することなく全体主義の徴候を示している、と。[56]だからといって、ポロックやホメロス、また『となりのサインフェルド』シリーズなどを理解しようとするのをあきらめてはいけません。じつにさまざまな意味の場が存在していて、いずれもさまざまな仕方でアプローチしたり解釈したりすることができます。しかし、それは恣意的でしかないということにはなりません。ロマンス語文学の研究は、物理学や神経科学にまったく劣ることなく真偽に関わりうる客観的なものですし、物理学や神経科学にたいする利点として、マルセル・プルーストやイタロ・カルヴィーノをいっそうよく理解する助けになりうるということもあります。どんな小説にも、その作品の意味の場を構造化している組み立てや継ぎ目が存在していますし、どんな小説の解釈にさいしても、斜状述語に欺かれることはつねにありえます。

科学的世界像は、合理性についての歪んだ考え方に基づいています。そこで想定されているのは、どのような理解の努力においても、まずは仮説を形成し、次いで実験を通じて当の仮説を証明ないし放棄しなければならないはずだということです。このようなやり方は、それが有効な場合には大いに意味もありますが、どこでも通用するわけではありません。それは宇宙を理解する助けになってくれます。しかし宇宙には人間は現われてきませんし、人間による意味の理解も現われてきません。人間や意味理解を見出すには、解釈することを通じて——それもまったく日常的なコミュニケーション手段によって——精神ないし意味に近づいていかなければなりません。有名な解釈学者でもあるハイデルベルクの哲学者ハンス＝ゲオルク・ガダマーは、正しくもその点を指摘して、こう書いていました。「理解することのできる存在は、言語である」[57]。よく引用されるこの文は、ガダマーの主著『真理と方法』にあります。その『真理と方法』でガダマーが示してみせるのは、芸術作品の解釈も、およそ人間的な世界を理解することも、自然を理解するのとはまったく違った類いのものだということです。方法がなくても、人間的な真理を探求することはできるからです。だからといって、そのような探求がたんに恣意的であるとか、完全に秩序を欠いているということにはなりません。

わたしたちは、ともに生きるほかの人びとを理解するさいに、必ずしも一般化可能な方法を適用しているわけではありません。むしろ、わたしたちがどのように他人を理解しているのかという点に、すでにわたしたち自身の個性が表現されているのです。わたしたちの個性は、けっして食・睡眠・つがいの習慣の総体に尽きるものではありません。むしろ個性とは、それ自身、芸術作品のようなものだとすら言ってよい。だからこそ近代の絵画や演劇は、久しい以前からこう示唆していたわけです――わたしたちは、自身を表現する俳優や画家である、と。人間とは、生きられた創造性にほかなりません。創造性・想像力・オリジナリティは個性の表徴であり、人文科学はもちろん、自然科学にとってもなくてはならないものです。すべての時代を通じて最も独創的で偉大な科学者の一人であるヴェルナー・ハイゼンベルクは、かつてこう書いていました。

［…］時代の精神は、自然科学で扱われるような事実とまったく同じく客観的な事実である。この精神が世界の何らかの相貌を出現させるが、その相貌それ自体は時代に依存しておらず、その意味で永遠的なものと呼ぶことができる。芸術家は、自らの作品において、そのような相貌を理解できるものにしようとする。そのなかで芸術家は、自らの仕事の様式がとるさまざまな形へと導かれていく。

したがって自然科学のプロセスと芸術のプロセスとは、じつはそれほど異なったものではない。科学と芸術は、数世紀の経過のなかで、ひとつの人間言語を形づくってきた。これによって我々は、現実を構成する部分のなかでも、互いにずいぶんかけ離れた部分のいずれについても語ることができるようになってきた。一貫した連関をもつ概念体系も、さまざまな芸術様式も、まったく同じように、いわばこの言語におけるさまざまな語ないし語群である。[58]

科学的世界像がうまくいかないのは、科学それ自体のせいではありません。科学を神格化するような非科学的な考え方がよくないのです。こうなると科学は、同様に間違って理解された宗教に似た、疑わしいものになってしまいます。どのような科学も、世界それ自体を明らかにするわけではありません。何であれ、それぞれの学問分野で説明できること——何らかの分子や、日食現象、あるいは小説作品のある一行や、論証における論理的誤謬、等々——だけを明らかにするのです。世界は存在しないという洞察は、わたしたちが再び現実に近づくのを助け、わたしたちがほかならぬ人間であることを認識させてくれます。そして人間は、ともかくも精神のなかを生きています。精神を無視して宇宙だけを考察すれば、いっさいの人間的な意味が消失してしまうのは自明なことです。しかし悪いのは宇宙ではなく、わたしたち自身です。つまり近代的ニヒリズムを支えているのは、わたしたち自身が犯す非科学的な間違いにほかなりません。すなわち、物それ自体を宇宙のなかに現われてくる物と取り違え、それ以外のすべてを生化学的に惹き起こされた幻覚と見なすという間違いです。このような幻想を黙って受け容れてはいけません。

V
宗教の意味

哲学は、この世界全体とは何なのかという問いに、学問的に取り組んできました。この問いは、人間が現に生きていることの意味への問いと密接に関連しています。わたしたちの人生には、わたしたちが自ら与えるのとは別の意味があるのだろうか。わたしたちが自らの人生に結びつける意味など、人間的な、あまりに人間的な投影ないし幻想にすぎないのではないか。そのような幻想は、わたしたちがしばしばさらされる死や災害といった何の意味もなさそうな痛み・苦しみの経験を何とかするために、わたしたち自身が自らに思い込ませているものなのではないか。

このような問い、すなわち人間が生きていることの意味への問いを立てるという課題が、哲学にはあります。そのさい哲学は、わたしたちが無意味な物質的宇宙に存在しているなどと、あらかじめ前提してはなりません。そのように前提すると、わたしたちはたんに知性をもった肉機械にすぎないか、せいぜい宗教的幻想か形而上学的幻想を抱いた殺人猿にすぎないことになってしまいます。そういうわけで、人間が生きていることの意味への問い――もちろん、宗教の意味と密接に関連しています――に直接答えることはできません。そこで、まずさしあたっては、近代的ニヒリズムが依拠しているもろもろの前提を探究しなければなりません。近代的ニヒリズムによれば、人間がもちうる意味は、いずれも錯覚にすぎません。であれば、わたしたちは冷たい宇宙に投げ出された異邦人であるというのが、もっともらしく思えてきてしまいます。宇宙は、果てしなく無意味・無人なままに際限なく拡がっているのだ、というわけです。

この世界全体とは何なのかと問うとき、わたしたちは、さしあたり最大限の距離をとって、この宇宙・世界・現実をいわば上から、あるいは外から眺めていることになります。これまでに少なからぬ哲学者が、このような俯瞰的な視点に「神の立場」を見てきました。この場合、すでに宗教的なものが作動しています。つまり、俯瞰的な視点から自らの創造物を眺めることが、神にだけ許されているように考えられているわけです。このような「神の立場」は、もちろん幻想にすぎません。「宇宙」、「世界」、「現実」のいずれにしても、この世のすべてを表わす全体概念として用いられる場合には、そもそも対象をもたないはずだからです。それなのに、そのような全体概念は、存在しないものが存在しているかのように思い込ませます。これに似たところは、たとえば自然数にもあります。最大の自然数を求めるという問題に取り組み始めたとしましょう。すぐに気づくことでしょうが、最大の自然数など存在しません。どれほど大きな自然数を想定しても、単純に1を足すことによって、いっそう大きな自然数が得られるからです。形而上学的な全体概念でも同じことです。最も大きな全体概念を得たと想定してみても、それをも包摂するいっそう大きな意味の場が現に存在するからです。

このような考えを追考するなかで、わたしたちが経験しているのは、何ものにも束縛されない根底的な創造性にほかなりません。そのような創造性には、原理的に限界がありません。わたしたちが考えていたよりも大きなものが、つねに存在します。さまざまな意味の場が、考えられるかぎりのさまざまな方向へと、果てしない入れ子状をなして拡がっているわけです。そのさい、この拡がりがどんな規則に従っているのか、あらかじめ確定することはできません。次にどんな意味の場がどんなふうに現象するのか、それを定める規則がもし存在するのであれば、この世界それ自体が存在すると言ってよいのかもしれません。ひとつの全体としてのこの世界それ自体があるとすれば、それこそがすべてを従わせる規則にほかならないだろうからです。しかし、そのような規則は存在しませんし、そもそも存在することがありえません。最大の自然数が存在することがありえないのと同じことです。

前章で見たように、自然科学的な世界像はうまくいきません。それは巨大な幻想にほかなりませんでした。自然科学的な世界像は、逆説的なことに、わたしたちにとって拠り所になろうとするからこそ、ほかでもない意味を世界から追放してしまうのでした。このような意味の危機に結びつけて、しばしば問題にされるのが「世界の脱魔術化」です。これは偉大な社会学者マックス・ヴェーバーが、そのような事態に与えた呼び名でした。ヴェーバーは、一九一七年にミュンヒェンで行なった有名な講演『職業としての学問』で、近代の科学的進歩を「科学と、科学によって方向づけられた技術とによる知性主義的な合理化」と表現しています。[59] ヴェーバーによると、それが意味しているのは、とどまることのない分業化の流れに、わたしたちがますます委ねられていくということです。しかし、その分業体制の全体をひとりで見渡せる者はいません。近代における生活の現実は、初期近代に比べるとずっと複雑になってしまいました。それを見渡したり見通したりすることは、ほぼ完全に不可能なほどです。ところがわたしたちは、意識することもなく、こんなふうに想定しています。わたしたちの生活の現実は合理的である。わたしたちの社会秩序の基盤は、さまざまな科学的な手続きによって保証されている。それらの科学的な手続きは、どれも原則的にはわたしたちの誰もが学び取り、理解することができるものである。すべては最良の秩序のうちにある。それは、その気になって時間を割きさえすれば誰にでもわかることだ。わたしたちの社会全体は、そのうえでさまざまな専門家たちに——たとえば行政の専門家、科学の専門家、法律の専門家、等々に——委ねられているのだ……と。

わたしたちはだいたいそんなふうに感じています。けれども根本的に考えてみれば、このような想定が幻想的ないしイデオロギー的であるのは否めません。ヴェーバーが「世界の脱魔術化」と呼んでいるのは、このような幻想的ないしイデオロギー的な想定にほかなりません。

> したがって、知性主義化と合理化との増大が意味しているのは、ひとを従わせている生活条件についての知識一般の増大ではない。それは何か別のことを意味している。つまり、次のようなことを知っていること、あるいは信じていることを意味しているのである。すなわち、そのつもりになりさえすれば、いつでもそのような知識を得ることができるはずだということ、したがって、我々の生活に関与していながら説明のつかない不思議な力など原理的に存在しないということ、むしろ、いかなる事物も原理的には計算によって支配できるということである。これが意味しているのは、しかし世界の脱魔術化にほかならない。[60]

したがって、ここでヴェーバーが主張しているのは、彼についてよく言われているのとは正反対のことです。ここでヴェーバーが主張しているのは、近代とは見通しのきく完全に透明な——このような意味で脱魔術化された——世界であるということではありません。むしろ、世界の脱魔術化とは社会的な事態であるということ、社会学的に研究され、明らかにされうるものだということです。それは、たとえば——再びホグレーベの表現を借りて言えば——宇宙が「冷たい家郷」にすぎないということの発見なのではありません。むしろ脱魔術化とは、社会的な事態にほかなりません。というのも脱魔術化とは、「自然科学的に観察できる事態だけでなく、原理的にはいっさいのものを支配することができる以上、わたしたちの社会秩序は合理的なものである」と想定してよいのだと、わたしたちが信じるようになることだからです。

このような脱魔術化を、さしあたって世俗化からきちんと区別しておかなければなりません。今日ではたいてい、世俗化とは、科学的な説明が――つまり純粋にこの世界に内在的な説明が――宗教に取って代わっていく事態だと理解されています。ヴェーバーはイロニーをきかせて、脱魔術化を「我々の時代の運命」と呼んでいます。[61] この言い方に、もう十分にヴェーバーの本当の狙いを読み取ることができます。つまりヴェーバーが示してみせようとしているのは、合理化とは近代においてすでに確立した――あるいは成立しつつある――事実ではないということ、むしろ脱魔術化とは自らの生きる近代社会を見通すことのできない市民階級の自画像にほかならないということです。社会秩序の根底に何らかの合理性があることを――そのような合理性が現実に存在するか否かにかかわらず――わたしたちが想定することによって、脱魔術化が生じる。だからこそヴェーバーは、先に引用した箇所で、やはりイロニーをきかせて「知っていること、あるいは信じていること」と書いたのでした。ヴェーバー自身、最終的には、この近代市民階級の自画像を間違いだと見なしていました。結局のところ、ヴェーバーは社会学者なわけです。社会学は、わたしたちによって認識されると否とにかかわらず生じる客観的なプロセスを研究するものです。この点で、社会学は自然科学と違いません。違いがあるとすれば、社会的なプロセスが人間なしには――つまり人間のさまざまな行為や知覚なしには――生じないのにたいして、地球はわたしたちなしでも太陽のまわりをまわるだろうということです。

脱魔術化の根底で働いているプロセスは、たんに合理性を「信じている」かぎり認識できません。結局のところ、これはさまざまな下位システムへと社会が細分化していくプロセスにほかならないのです。その全体は、もはや誰にも見渡すことができません。ニクラス・ルーマンは、自らのシステム理論によってこのプロセスを再構築してみせようとしました。そのさいルーマンが繰り返し強調しているのは、合理性を想定すること、つまり脱魔術化とは――やはり社会学的なイロニーをきかせたルーマンの言い方によれば――「古きヨーロッパの」遺産だということです。この古きヨーロッパの遺産を、ルーマンは、途切れのない合理性の連続体とも呼んでいます。これが指しているのは、合理性の唯一の形式が存在するという想定です。この唯一の形式はこの世界全体を見渡すものであり、この世界を秩序づけている原理と一致するのだ、というわけです。しかしすでに見たように、このような想定は、存在論的にまったく支持することができません。それは、じっさい歴史によって担わされた重荷にほかなりません。これが間違いである以上、わたしたちはこの重荷を投げ捨てなければなりません。

　もちろん、近代的な進歩信仰と言うべきものが存在していて、それがまさに魔術的な力を科学に与えていることに気づいたのは、けっしてヴェーバーやルーマンだけではありません。そのような進歩信仰は、近代的な形態をとったフェティシズムにほかなりません。**フェティシズム**とは、自らの作った対象に超自然的な力を投影することです。そのような投影によって、ひとは合理的な全体に自らの同一性を統合しようとするわけです。何らかの仕方で理解することのできる全体の一部分として自身を捉えることができれば、自分は孤立せずに守られていると感じられて安心できるからです。それに、物ごとがそれ自体ですでに規則に従っていると考えるほうが、物ごとが崩壊しないようにわたしたち自身が社会的協働のなかで配慮し続けなければならないと考えるよりも、ずっと生きやすいに決まっています。そこでひとが自らを組み込んでいく大きな全体は、たいていは社会それ自体ですが、わたしたちには当の社会それ自体の細分化の全貌を見通すことができません。この社会の構造をひとつの対象に投影するところに、フェティシズムが生じます。これによって、自らの同一性にたいしてわたしたち一人ひとりが責任を担っていることも、また社会環境のなかにわたしたち自身がはめ込まれていること――これは最終的にはけっして完全には統御できません――も、いずれも真正面から受け止めなくてもよくなり、楽になるわけです。

フェティシズムは、ポルトガル語の「フェイティース〔feitiço〕」に由来しています。この言葉には、そのもとになった「作る」、「なす」といった意味のラテン語「ファケレ〔facere〕」が潜んでいます。「フェティッシュ」とは、ひとが自ら作ったものです。それも、ひとが自ら作ったにもかかわらず、作ったひと自身が自らを欺いて、自分がそれを作ったのではないと思い込んでいる――そういうものにほかなりません。しかし「科学的世界像」に関して、ある種のフェティシズムがどれほど問題になるのでしょうか。それに、それが宗教にとって何を意味するのでしょうか。

フランスの精神分析学者ジャック・ラカンは、これに関して的確な公式を導入しました。すなわち「知っていると想定される主体」を人間はつねに必要としている、というものです。ラカンはそれを「知っていると想定される主体（シュジェ・シュポゼ・サヴォワール）〔sujet supposé savoir〕」と呼んでいます〔たとえば以下を参照。Jacques Lacan, *Les quatre concepts fondamentaux de la psychanalyse 1964, Le séminaire de Jacques Lacan*, Livre XI, texte établi par Jacques-Alain Miller, Paris: Seuil, 1973, pp. 204, 210 f.（ジャック・ラカン『精神分析の四基本概念』小出浩之・新宮一成・鈴木國文・小川豊昭訳、岩波書店、二〇〇〇年、三〇二―三〇三、三一三―三一五頁）」。この公式を用いて、ラカンはまったく日常的な現象をうまく記述しています。

ありふれた状況に身を置いて考えてみましょう。自転車にまたがって、歩行者用の信号が変わるのを待っているところだとします。道路の向こう側では、幾人かの歩行者がやはり信号待ちをしています。こうして信号を待っているとき、わたしたちはこう想定しています。信号が青に変わるやいなや、わたしたちはおのずから互いに協調した行動をとるはずだ。ほかの通行者たちも、わたしたちとまったく同じように交通規則を知っていて、道路を横断するにさいして巧みに身を避けあい、場所を譲りあうはずだ、と。このような想定は、円滑な道路交通の前提のひとつです。このように道路交通において協調した行動をとらせる規則は、通行者の誰もが好き勝手に解釈したり破ったりするものだ――こんなことをつねに覚悟していなければならないとしたら、心底げんなりしてしまうことでしょう。むしろ道路交通にさいして、わたしたちは、さまざまな不文律に従っています。それも暗黙のうちに、じっさいの行動のなかで、当の不文律の適用範囲を絶えず取り決め直すことによってです。そのような不文律には、たとえば、自転車に乗るときには歩行者に十分に注意しなければならないというルールがあります。自転車は、歩行者よりも頑丈で危険な金属製の乗り物であり、歩行者に怪我をさせかねないからです。それゆえ多くの歩行者が、こう想定しているはずです。結局のところ歩行者のほうが弱い立場にあるのだから、自転車の便利さを多少犠牲にしても歩行者の安全に配慮することと、これを要求するごく正当な権利が歩行者にはあるのだ、と。同じことが、自動車にたいする自転車にも、貨物自動車にたいする乗用車にも言えます。となると、じつのところ道路交通とは、むしろ果てしない議論のようなものだとも言えます。じっさい誰もが身に覚えのあることでしょうが、ストレスの多い日常のなかでは、道路交通に関して本当に言い争いになることもじつに多いわけです。

示唆に富んだもうひとつの例が、スーパーマーケットでのレジ待ちの列です。社会集団が異なれば、列を作って待つ仕方もかなり違った形で規範化されるものです。近所のあるチェーン店では、ほかのチェーンの店舗よりも値段が高い代わりに、レジに並ぶ列が短くてレジ待ちが楽です。そのさいわたしたちは、ほかのお客さんたちや、このスーパーのチェーン、それにレジを打っている女の人にたいして、暗黙のうちに最小限の合理性と秩序を想定しています。もっとも、そのような合理性と秩序は、日常生活のなかでいつ綻(ほころ)びを生じてもおかしくありません。このチェーン店の高い値段には、いわば、その合理性と秩序を維持するための保証金が含まれているわけです。こうした社会的な秩序についてよく知っている主体、秩序を維持してくれている主体がいる——わたしたちがそのように想定するところに、当の社会的な秩序が成り立っています。そのような主体の具体的な形態は多種多様です。それは公的な法文であることもあるでしょうし、警察組織であることもあれば、国家それ自体であることもあるでしょう。あるいは上司の女の人であることもあれば、スーパーの店長であることも、航空管制官であることもあるでしょうし、科学者であることさえあるでしょう。いずれにせよ、究極的には匿名の存在である「知っている主体」が、つねに秩序の維持に配慮してくれている——このような主体を想定するのは、フェティシズムの一形態にほかなりません。そのような形でのフェティシズムを、わたしたちはけっして完全には振り捨てることができません。ラカンに倣って、これを

「大文字の〈他者〉」——つまりは「ビッグ・ブラザー」——の存在を信じることだと言ってもよいでしょう。

ヴェーバーが「世界の脱魔術化」というテーゼによって指摘していたのは、科学が社会秩序の合理性を保証すべき立場に置かれるようになったということでした。しかし、これによって科学は、とても応じられない課題を担わされてしまいました。というのも、わたしたちの共同生活を律するさまざまな規則は、理性的な基盤にしっかりと据えられるために絶えず取り決め直されなければなりませんが、どんな科学的研究も、規則を絶えず取り決め直すという課題から、わたしたちを解放することができるようにはけっしてならないだろうからです。科学のフェティッシュ化は、わたしたちの抱いている秩序への期待や秩序の表象を、ある種の専門委員会に投影することにしかなりません。しかし、そもそもどのように生きるべきかをわたしたち自身で決めるという責任を免除してくれる専門委員会など、あるはずがありません。

フェティシズム

以上の議論を背景として、ここで宗教の二つの形態を区別することができます。そのさい科学的世界像は、第一の形態の宗教に属しています。その第一の形態の宗教とは、フェティシズムです。ここから、ひとつの世界原理——すべてを包摂し、すべてを支配し、すべてを秩序づける原理——の表象が、多種多様に生み出されます。これにたいして第二の形態の宗教とは、わたしたちのもっている「無限なものにたいする感性と趣味」の表現にほかなりません。哲学的に思考するロマン主義的な神学者フリードリッヒ・シュライアーマッハーは、『宗教について』でそのような宗教概念を定義しています。[62]

シュライアーマッハーの出発点となるのは、宗教の対象は「宇宙と、宇宙にたいする人間の関係」であるということです。[63] そのさい総じて「宇宙」という言葉でシュライアーマッハーが理解しているのは、わたしたちがそのなかに存在している「無限なもの」にほかなりません。しかしシュライアーマッハーによれば、無限なのは宇宙だけではありません。宇宙にたいするわたしたちの立場のとり方も、やはり無限に多様にありうる。それゆえ、無限なものの直観がひとつだけ存在するのではありませんし、特定の信念体系という意味での宗教が——それも真なる宗教が——ひとつだけ存在するのでもありません。むしろ、無限なものの直観は無限に数多く存在するし、したがって、そのような直観としての宗教も無限に数多く存在することになります。

つまり、無限なもののさまざまな直観は、いずれも完全にそれ自身だけで存在している。いずれの直観も、ほかの直観に依存しないし、ほかの直観を必然的に導き出すわけでもない。それに、無限なものの直観は無限に数多く存在する。ほかの直観との関係が現にこのようなものであって別のものでないことの根拠は、それぞれの直観それ自体のなかにはまったくない。にもかかわらず、いずれの直観も、異なった点から見たり、ほかの直観に関係づけてみたりすれば、まったく違った姿で現われてくる。それゆえ、ひとつの全体としての宗教が存在しうるためには、どうしても、無限なもののさまざまな直観それぞれのこの多様な相貌のすべてが、以上のような仕方で成立することによって現に与えられなければならない。そして、そのようなことは、無限に数多くの多種多様な形態のなか以外では不可能である[64]［…］。

広く流布している先入観によれば、いかなる宗教にも何らかの独断的・一面的な世界像がともなうものであり、そのような世界像は、いずれもほかにたいして原理的に不寛容だということになりますが、これにたいしてシュライアーマッハーの宗教概念は、無限なものに応じるのが宗教であるということに基づいています。無限なものは捉えがたく、絶対に思いどおりにはなりません。したがってシュライアーマッハーの考えによれば、宗教とは「判断と考察とにおける最大限に無制限な多面性への資質」であることになります。[65]『宗教について』の第二講では、宗教を「無神論」と呼ぶにさえ至っています。[66]すべての宗教が人格神論的なわけではないし、一神論的ですらない宗教もあるからです。「神は、宗教におけるすべてではなく、むしろ一要素にすぎない。そして宇宙はそれ以上のものである」[67]。当時としては、とんでもない主張です。これがプロイセンの上級検閲委員会による検閲を通ったのは、ただの偶然でしかありません（管轄の検閲官が病気だったのでした）。注意しておけば、ここでシュライアーマッハーは必ずしも無神論を勧めているのではありません。シュライアーマッハーが指摘しているのは、たとえばユダヤ教・キリスト教・イスラームという一神教の伝統のような特定の宗教に、宗教一般の意味が還元されてはならないということです。ヒンドゥー教や仏教も、宗教という点では同じように価値あるものだからです。シュライアーマッハーは、最大限に開かれた態度のなかに宗教の意味を見出し、それを展開しています。じっさい、異なる考えをもったほかの人びとにもそれぞれに正しさがあるとする態度、それぞれに価値をもち保護されるべき個々の立場があるとする態度、このような開かれた態度は、宗教の歴史における偉大な成果のひとつにほかなりません。

歴史上存在するどんな宗教も、血で血を洗うような争いを、うんざりするほど惹き起こしてきました。これは第二の形態の宗教よりも、むしろ第一の形態の宗教に帰せられるべきことです。そのさい、いかなる宗教もフェティシズムを完全に免れることはありません。無神論も——いや、無神論こそが——そうです。意味をもたない純粋に物質的な宇宙を崇拝する態度にも、まったく同じように宗教的性格があるからです。まさにこの点を、シュライアーマッハーは認識していました。じっさい、シュライアーマッハー自身がはっきりと定義しているのによれば、「自然主義」は、「宇宙を構成する個々の要素に人格的な意識と意志との表象を見ることなしに、それらの構成要素の多数性において宇宙を観る考え方」だとされています[68]。この世界の完全な像であることを自称する科学的世界像は、このような「自然主義」と基本的特徴が一致しています。しかし科学的世界像は、数ある宗教のひとつにすぎません。とはつまり、歴史全体に意味を吹き込もうとする試みのひとつにほかならないということです。

たとえばアメリカ合衆国やブラジルのように多様を極めた社会において、さまざまな宗教的アイデンティティを可能なかぎりコンフリクトなしに共存させることが問題になる場合でも、だからといって完全に世俗的な——つまり宗教のない——国家に関わっていることにはなりえません。そのような状況を徹底的に描き出しているのが、ニコラス・レイの映画作品『ビガー・ザン・ライフ　黒の報酬』です。この作品の主人公エド・エイヴリィは、アメリカ合衆国の学校教師です。当時――すなわち一九五六年には――すでに、学校教師としての収入だけでは家族を養うのに足りませんでした。そこでエドは副業として「コール・センター」でも働いているのですが、ある日、自宅で気を失って倒れてしまいます。この一件で、エドがとても珍しい動脈の難病に冒されていることが明らかになります。この病気はコーチゾンでしか治療できません。この薬品なしには生きられないエドは、コーチゾンを過剰服用し、そのせいである種の精神病を発症してしまいます。この精神病が誇大妄想を惹き起こし、エドは「ビガー・ザン・ライフ〔bigger than life〕」になる。これが巧みなカメラ・ワークで強調されます。エドは宗教的妄想にとらわれ、かつてアブラハムがイサクにしたのと同じように自らの息子を犠牲にしなければならないと考えるに至ります。エドの妻は絶望しながらも、こう指摘します――神は、アブラハムが人間を犠牲に捧げるのを、いざ実行という最後の瞬間にやめさせたではありませんか、と。これにたいしてエドは、神のほうこそ間違っていたのだと言って譲らず、本当に息子を殺そうとするのですが、当のエドが幻覚状態に陥ったことで、危機一髪のところで息子は助かります。発作の後に目覚めたエドは、医師ノートン博士を見て――まだ妄想にとらわれていたので――今度はノートン博士をエイブラハム・リンカーンだと思い込みます。つまり、聖書における重要な父であるアブラハムをエイブラハム・リンカーンで置き換えて、これにノートン博士を同一化したわけです。ここで興味深いのは、ニコラス・レイがこうしてアメリカの政治文化のサブテクストを示してみせていることです。すなわち、アブラハム（エイブラハム）は宗教の開祖であるとともに、アメリカ合衆国創設の父の一人でもある。そして、この父は息子であるアメリカ国民との仲がうまくいっていないということです。これは、教師に十分な収入が与えられていないところに見て取ることができます（現在このテーマを中心に置いているのが、テレビドラマシリーズの傑作『ブレイキング・バッド』です。このドラマの主人公は、才能ある化学教師なのですが、教師職だけでは十分な収入を得られておらず、加えて肺癌を患ってしまいます。そこで治療費を確保するためにも、また自分が癌で死んだ後の家族の生活を保証するためにも、ドラッグ製造に手を染めていくのです）。

ここに示されているニコラス・レイの診断によれば、アメリカ社会は、ほとんど精神病的な「宗教的」権威と、科学的権威と、宗教的権威とを同一化していることになります。いわゆるフィルム・ノワールの監督たちの多くや、ジョン・ヒューストンのような西部劇の監督たちと同じように、ニコラス・レイは、アメリカ社会の抑圧メカニズムの存在と、これにたいする治療となる審級の欠如とを指摘しているわけです（じっさいヒューストンは、フロイトについての映画作品を撮ってさえいます。この作品のもともとの台本はジャン＝ポール・サルトルによるものでしたが、結局サルトルの台本は使われませんでした）。どんな社会にも、いわばそれぞれに特有のパーソナリティがあり、それに特有の思考・行動の範型は、それに特有の心理的抑圧状況と、それに応じた病いの類型とをともないます。現代のわたしたちの社会組織が、現代において最も広範囲に見られる形の心理的な病いとして、何よりも抑鬱症をともなっているのは偶然ではありません。したがって社会と宗教の関係は、たんに宗教を迷信だと言って済ませられるものではありません。宗教で問題となるのは「神さま」にすぎないとする考え方のほうこそ、通俗的な宗教批判者の迷信にすぎません。

科学的世界像のフェティッシュ的な性格を考慮すれば、科学的世界像が自らを宗教の競合相手と見るのも偶然ではありません。科学的世界像は、厳密に見ればある種の宗教としても現われてくるからです。上述したような第一の意味での宗教が表わしているのは、すべてを統べる神（あるいは神々）が存在するという想定ではなく、具体的には何であれ、すべてを統べる何らかのものが存在するという想定だからです。それが聖書の神であれ、ヒンドゥー教の神々であれ、すべての自然法則を導きうる世界の公式であれ、何でもかまいません。フェティシズムは、特定の対象が格別に崇拝されることではなく、およそ崇拝される対象が存在していることそれ自体にあるのです。そのさい、なぜその対象がそもそもそのように崇拝されるのかと問う余地はありません。フェティシズムは何らかの対象をいっさいのものの根源と同一化し、当の対象から、すべての人間が従うべき同一性の範型を導き出そうとします。そのさい、崇拝されるのが神なのかビッグ・バンなのかは表面的なことにすぎず、決定的な問題ではありません。本当の問題は、これぞ宇宙全体の根源だとして崇拝される何かがあるということそれ自体です。それがどんな姿をとっているかは、まったくどうでもよいわけです。

ここで第一の意味での宗教について注目すべきは、たいていの場合に、ほとんどすべてを包括するような誤謬の理論をともなって現われるという点です。じっさい古典的な救済論の多くが、わたしたちにたいして現象している現実の全体、つまり、わたしたちを取り囲んでいる色彩あるこの世界——わたしたちが生き、解釈しているこの世界——は幻想だと主張しています。だからこそ、そのような幻想の覆いの背後にある真実を認識しなければならないのだ、と。まさにこの主張は、科学的世界像の特徴でもあります。色彩はもちろん、眼に見える対象、手で触れられる対象、耳に聴こえる対象のいっさいがじつは幻想であり、その背後にこそ物の真の存在が隠れている。聖職者あるいは学問の専門家だけが、物の真の存在に近づく方途を手にしているのだ……。そのような専門家が、かつてはラテン語を話し、今日では数学という言語を話しているわけです。

このような文脈でニーチェが述べているのが、フェティシズム（という表現を、もちろんニーチェは用いていませんが）は「世界の背後」を想定している、ということです。『ツァラトゥストラはこう言った』の愉快な一節に「世界の背後を説く者たち」が登場しますが、この者たちが世界の背後なるものを発明するのは、苦悩に満ちた死すべき存在であるという自身の状況から目を逸らすためにほかなりません。

苦悩する者にとって、自身の苦悩から目を逸らし、我を忘れてしまうことは、陶然たる快楽である。この世界とは、このような陶然たる快楽、忘我のことなのだと、わたしはかつて思っていた。［…］

こうしてわたしも、世界の背後を説くすべての者たちと同じく、かつては、人間を超えた彼岸に自らの妄想を思い描いていたのだった。人間を超えた彼岸とは、しかし本当なのか？

ああ兄弟たちよ、わたしが創り出したこの神は、人間による作品であり、人間による妄想だった。あらゆる神々と同じように！

この神は人間だった。それも、ひとかけらの惨めな人間と自我とにすぎなかった。わたし自身の灰燼と焔（ほむら）から出てきたのだった、この幽霊は――本当に！　彼岸から来たのではなかった！[69]

ここからニーチェは、余計な一歩を進めてしまいます。すなわち、人間は人間の世界だけを見ているのだと想定し、それを超えるいっさいは手品師のトリックにすぎないと見なすのです。こうして残念なことに、ニーチェは構築主義に陥ってしまいます。

それでも、ニーチェのフェティシズム批判は間違っていません。世界の背後を想定するときには、たいてい、その世界の背後の構造への洞察を自称することがともないます。たとえば、この世界も、わたしたちのそのときどきの生の営みも、神ないし神々の創り出した夢にすぎない。あるいは、わたしたちが生きているこの世界は、わたしたちによって「世界」と解釈されているけれども、じつのところは自然法則に従う無限小の物質ないし波動が複雑に組み合わさって現われたものにすぎない。そのようにして無限小の物質ないし波動が、多かれ少なかれ偶然に、いろいろな存在者を創り出しているのだ。ちょうど今、お気に入りのヨーグルトのパックがもうひとつ冷蔵庫にあったかなと自問している存在者、すなわちこのわたしもそのひとつだ……等々。

フェティシズムはよくない宗教です。ニーチェ以前にマルクスが商品フェティシズムの分析で指摘していたように、分業体制に基づく近代的な生活は、そもそもフェティシズムへの傾向をはらんでいます。わたしたちはつねに対象を交換・購入していますが、そのさい当の対象がそもそもどのように製造され、価値をもつに至っているのかをほとんど知らないからです。これを指摘するにさいしてマルクスは、商品フェティシズムとフェティシズム的な宗教とを結びつけています。

これに類比しうるものを見出すには、宗教の世界という霧に包まれた領域に逃げ込むほかない。そこでは人間の頭によるもろもろの産物が、独自の生命を与えられ、相互に関係を結び、また人間とも関係を結ぶ自立した姿で現われてくる。商品の世界でも、人間の手によるもろもろの産物がそのように現われてくるのである。これをフェティシズムと呼ぼう。労働による産物が商品として生産されるやいなや、そこにはフェティシズムが貼り付く。それゆえフェティシズムは、商品生産とは切っても切れない関係にある。[70]

このような構造のよい例が、今日のわたしたちの社会に広く流布している、食肉消費にたいする態度です。フライシュヴルストを例にしましょう。フライシュヴルストは、一見すると肉(フライシュ)の塊以外の何ものでもありません。よく見てみれば、出所も品質もかなり怪しい肉が極細挽きされ、香辛料と混ぜ合わされ、加工を施されていることがわかりますが、ともかくフライシュヴルストは、その名にふさわしいものには違いありません。しかし、フライシュヴルストを見ても、それがもともと動物だったことはもはやまったくわかりません。フライシュヴルストは人工的に成型され、たいていは何らかの類いの人工的な表皮に詰められて、プリント加工を施されています。そのようなフライシュヴルストを食べるとき、普通は、原料にされてしまった動物のことを考えたりはしません。フライシュヴルストは、そもそも動物ないしその屍骸を原料としてはいないかのような感じを与えているわけです。同じことが、丁寧に包装された鶏の胸肉や、教会のお祭りなどに出る屋台のブラートヴルストについても当てはまります。このような食肉消費は、それゆえ言葉の正確な意味でフェティシズム的なものにほかなりません。フライシュヴルストは、いわばおのずから冷蔵庫に収まっているかのような感じを惹き起こすからです。しかし本当は、印象に残らざるをえないほどの豚の大群が、すし詰め状態に集められ、機械的に屠畜され、ぼろぼろに挽き砕かれ、食品法違反すれすれの方法でヴルストへと加工されたのです。そのようなヴルスト業界の真実は、一度見たらトラウマになりかねません。そのような事態が、クリストフ・シュリンゲンジーフの映画作品『ドイツ・チェーンソー大量虐殺』では、美学的に見て爆発的とさえ言える表現にまで先鋭化されています。このシュリンゲンジーフの作品は、ニヒリズムとの徹底的な対決にほかなりません。そこで諷刺の込められた砕けた調子でニヒリズムを要約しているのが、作中に出てくる次のような台詞です。「何でもヴルストになっちまう時代なんだから、良し悪しなんてどうでもいいのさ」。

無限なもの

しかし、すべての宗教が明らかにフェティシズム的なわけではありません。むしろ、どの世界宗教にもフェティシズムに逆行する傾向があります。それが、およそ宗教で大切なのは崇拝に値する対象であるという思い込みから、わたしたちを解放してくれるに違いありません。たとえばユダヤ教・キリスト教・イスラームの伝統では、すでに第一の戒律が、神の像を造ってはならないと定めています。先ほどからマルクス、ニーチェ、精神分析に依拠して「フェティシズム」と呼んできた問題は、ユダヤ教・キリスト教・イスラームの伝統では偶像崇拝〔Idolatrie〕と呼ばれます。この言葉は、古代ギリシア語の「エイドーロン〔eidôlon〕」（「イメージ」、「神の彫像」）と、「ラトレイアー〔latreia〕」（「奉仕」、「崇拝」）とに由来しています。したがって偶像禁止は、ほかでもないフェティシズムからの脱却を表わしていることになります。つまり宗教にもいろいろな形がありますが、その少なからぬものが次のような考え方を脱却しているわけです。すなわち、あらゆる現象の背後に隠されている崇拝すべき超対象について、わたしたちは何らかのイメージをもつことができるという考え方です。このような考え方からの脱却は、そのような対象など存在しないという洞察への第一歩にほかなりません。

このような意味での宗教を、先ほどシュライアーマッハーによる定式を借りて言い表わしておきました。それによれば宗教とは、わたしたちのもっている「無限なものにたいする感性と趣味」の表現でした。「神」が表わしているのは、概念によって捉えきることのできない無限性という理念だというわけです。かといって、わたしたちがそのような無限性に解消されてしまうわけではありません。つまり**神**とは、どんなものも——たとえわたしたちの理解力を超えていようとも——けっして無意味ではないという理念にほかなりません。人びとが「神」を信じているとすれば、その人びとがその信心によって表現しているのは、「我々には捉えがたい「意味」がたしかに存在していて、我々を捉え込んでいるのだ」という信念です。フェティシズム的でない意味での宗教は、わたしたちが何らかの意味に関わっている——わたしたちに捉えられるいっさいのものを、当の意味がはるかに超えていても——という拭いがたい印象に存している。「神の道は窮めがたい」という言葉が表わしているのは、このことにほかなりません。新約聖書の『ローマの信徒への手紙』に見られる以下の一節は、まさにこのような意味で言われているのです。

おお、神の富と智慧と認識との深さよ。神の決断のいかに究めがたく、神の道のいかにたどりがたいことか。[71]

ここで「無限なもの」という言葉で指しているのは、つねにある程度まで計算可能な数学的な無限のことではありません。かといって、わたしたちが従わざるをえない何らかの神の計算不可能な恣意のことでもありません。むしろ「無限なもの」によって表わされているのは、跡をたどること、痕跡の探求です。フェティシズム的でない意味での宗教とは、無限なもののなかに意味の痕跡を探求する営みにほかなりません。

言い換えれば、今日多くの場合に「宗教的世界像」として攻撃され、斥けられているものは——そのこと自体は正しいにしても——ここで述べている意味での宗教とはほとんど関係がない、ということです。ここで言う宗教が知識を自称することはなく、したがって科学理論の競合相手として現われてくることもありません。このような宗教は、近代的な意味で「世界を説明する」ことの必要から生じるものではありえません。これにたいして宗教的世界像は、科学的世界像と同じように、世界像であるかぎりで間違っていると言わざるをえません。

文化の歴史が始まった時点に、いったん身を置いて考えてみましょう。もちろん、そのときにどこで何が起こったのか、じっさいにはわかっていません。人間の歴史はほとんど究明されていません。それも現在にあっては、進化論という一方的な旗印のもとでばかり追跡されるようになっているのですから、なおさらです。もっとも、これにたいしてはSF映画というジャンルも反抗する姿勢を示しています。それは、たとえばリドリー・スコットの映画作品『プロメテウス』に見ることができます。この作品で演じられるのは、わたしたちはもともと地球外生命体によって創造されたものだ、という不気味なシナリオだからです。進化論的に見て成功したと言ってよい自然選択を経ることで人間の歴史が始まったと考えるにしても、わたしたちが当の人間の歴史について恐ろしいほど無知であることは否めません。じっさいコンキスタドールたちは、残念なことにメソアメリカの高度な文明の文物のほとんどを破壊してしまいました。また他方では、インドの巨大な文化史・宗教史を明らかにしてくれるインド学研究も、まだとても少ないのが実情です。ヨーロッパでも、わたしたち自身の歴史について、ほとんど何もわかっていないと言わざるをえません。たとえば古代ギリシアにおける紀元前一二～紀元前八世紀のいわゆる「暗黒時代」に――当時、クレタ島にはミノア文明がありましたが――何が起こっていたのか、それほど正確にはわかっていません。

そこで、じっさいとは別の歴史を語ってみたいと思います。はるか大昔、先史時代のあるとき、この惑星で、人間に似た一群の生物が、いわば動物的状態のまどろみから覚め、驚きに打たれて、あらゆるものについてどう考えればよいのかと自問した……としましょう。「わたしたちは、そもそもなぜこの動物たちを狩るのだろう」、「わたしたちが現にこのようなものであるのは、なぜだろう」。このような問いに答えるのは、この生物にとっての認識の地平をはるかに超えることだったので、この最初の人間たちの歴史は、もどかしさで始まりました。最初の人間たちは、自身では理解も統御もできない多くのことが現に起こるという事実に直面させられた。この瞬間に、痕跡の探求が始まったのでした。この世に起こることには何らかの秩序があるのだろうか。歴史は存在するのだろうか。ここにさまざまな宗教が起こって、歴史を物語り、出来事の秩序を認識し始めました。人間をはるかに超えているとしても、そのなかを人間が生きている当の秩序、それを認識し始めたわけです。そこで、こう言うことができます。もともと宗教とは、遠く隔たったものにたいして人間がもっている最も根底的な感覚・感性、すなわち遠隔感覚である、と。わたしたちが生きているのは、ひどく読み解きがたい歴史にほかならない。そのような歴史には、わたしたちのそのつどの運命以上のものが賭けられている。宗教とは、そのことにたいする感覚・感性だということです。

人間とは、自身が何なのか・誰なのかを知ろうとする存在です。この状況はたしかにもどかしいものですが、人間の精神の歴史はともかくここに始まります。人間の精神の進化は、文化の獲得・発展には還元できません。精神は、文化とはまた別のものだからです。精神とは、意味にたいする感覚・感性にほかなりません。それも未決定のまま開かれた意味にたいする感覚・感性です。それゆえ人間の自由は、何よりも特定の在り方に決められていないこと、むしろ在り方の可能性が数多く存在することにあるわけです。これは不確実さの源泉であるだけでなく、進歩の源泉でもあります。とはいえ、放っておいてもおのずから進歩するものだと安心することはできません。人間の精神の自由のポイントは、むしろ進歩することも退歩することもありうるということ、わたしたち人間存在の自己規定がいつでも破綻しうるということにあるからです。

人間は、自身が何なのかを知りません。だから探求を始めるのです。人間であるとは、人間とは何なのかを探求しているということにほかなりません。ハイデガーは、これを特に鋭く定式化していました。「自己であることは、探求することのなかにすでにある発見物である」[72]と。自らを探求することができるためには、わたしたちは、まず自らを失っていなければなりません。わたしたちの存在そのもののなかに、わたしたち自身にたいする距たりが組み込まれていなければなりません。いや、わたしたち自身の存在とは、つまるところこの距たりにほかなりません。この距たりの最初の経験、この最大限の距たりの経験が、「神」ないし「神的なもの」として体験されるのです。したがって人間の精神は、神的なものという形態のなかに、じつは自分自身を探っているわけです。そのさい人間の精神は、自らの外部に探求している神的なものが、じつは当の人間の精神にほかならないということを知らずにいるのです。

これが意味しているのは、人間は立派な仮説工作者として――すなわち近代的な科学者として――世界という舞台に登場してきたわけでは断じてない、ということです。人間が神を発明したのは、物理学を思いつかなかったからではありません。近代という結果を生み出したプロセスを理解するにあたっては、近代の前史に当の近代を投影してはいけません。ところが今日では、このような――ついでに言っておけば、とても非科学的な――投影が広く流布しています。宗教という概念は、ほとんど迷信という概念にまで押しやられてしまいました。そして迷信というものは、間違っていると証明できる仮説、ばかばかしいとしか言いようのない仮説を信じていることだと理解されています。たとえば星の動きがわたしたちの個人的な人生を決めている、というような仮説です。もちろん、このような意味での占星術は、端的に迷信だと言うほかありません。占星術では、精神の歴史におけるさまざまな段階が乱暴にもごちゃ混ぜにされているのですから、なおさらです。しかし、それでも宗教の意味を理解し、理性的な宗教概念を展開しようとするなら、宗教という問題に別の仕方でアプローチしなければなりません。

宗教と意味の探求

そのためには、ともすると解きがたいものに見えるある問題を明らかにしておかなければなりません。それは、わたしたち自身に関わる問題、わたしたち人間の自己意識という問題です。そもそも自己意識とは何でしょうか。それが人間の精神にどう関わるのでしょうか。今日では、脳の特定の状態として意識を理解するのが普通になっています。そのように理解するのであれば、意識とは、特別な透明性をもって現われている認知的・感情的な状態であることになります。たとえば、わたしは特定の視野をもち、そのなかで物ごとに注意を向けて観察をします。そのさい、それ以外の物ごとは、視野には入っていても横目で見るにとどまります。また、わたしは自身について何ごとかを感じます。たとえば「疲れた」とか、そうでなければ「調子がいいな」といったことです。これらの状態は、わたしにたいして何の曇りもなく透明に現われている。とはつまり、わたしがどう感じているのかも、わたしが今まさに何に注意を向けているのかも、わたしには明白にわかっているということです。意識がこのようなものだとすれば、自己意識とは何なのかも、やはり明白にわかっていることになります。自己意識とは、つまりは意識についての意識であり、自らの意識や自らの思考・知覚のプロセスに向けられた注意である、と。

このような考え方をすると、すぐさま、またしてもこんなふうに思われることになってしまいます――わたしたちの一人ひとりが、それぞれの意識という映画館のなかにいて、「世界」という映画を観ているのだ、と。もちろん、この「世界」映画は、わたしたち自身も登場してくる以上、きわめて双方向的なものに違いありません。それでも意識は、頭蓋冠のしたで起こっている何らかの状態であることになってしまいます。こうして、わたしたちは再びニューロン構築主義に陥ってしまうわけです。しかし、そうではないとすれば、意識ないし自己意識とはいったい何なのでしょうか。

わたしが意識をもつとすれば、つねに何かについての意識であるほかありません。とはつまり、意識は何らかの対象に関係するなかでしか成立しない、ということです。たとえば意識は、わたしがどう感じているのかにも関係しますし、わたしの視野のなかに現われる対象・事態や、もちろん音響そのほかの感覚印象にも関係します。さて、わたしの意識をほかのあらゆる対象から区別して、自己意識が得られたとしましょう。これによってわたしが見ているものも、やはりわたしの関係しているひとつの対象であるには違いありません。そしてこの対象についても、ほかのあらゆる対象と同じように間違うことがありえます。そもそも意識とは何なのかということについて、わたしたちは思い違いをすることがありうる。そもそも意識とは何なのかが、それほど自明なことではないからです。わたしが意識する対象は、たいていの場合、当の意識それ自身ではありません。むしろ空や、この文章を入力しているわたし自身の指などです。わたしが意識している対象が、わたし自身の意識ではなく、わたしの対話相手の意識であることも少なくありません。痛みを感じていることを、その痛みを感じている当人が意識しているということを、わたしが疑いなく意識することもありえます。わたしたちがともに何かを意識していることを、当のわたしたちが互いに意識することもあります。いずれの場合も、いったい何が起こっているのでしょうか。今日に至るまで、少なからぬ哲学者が間違ってこう考えてきました。自己意識——すなわち意識についての意識——が間違うことはありえない、と。こう考える哲学者たちによれば、誰もが自らにたいしては間違いの余地なく現われ、いわば完璧に自らを知っていることになります。だとすると、しかし、意識とは何なのかを正確に知っている人がいないのはいったいなぜなのか、説明がつかなくなってしまいます。意識について間違いのない理論を手にしていると自認するのであれば、それだけでも、すでに意識についてのこの議論に加わることができないはずです。その理論によれば、そもそも意識については議論の余地がないはずですから。

事実上、わたしたちは、意識とは何なのかということについて思い違いをすることがありえます。それゆえ、そもそも自己意識とは何なのかを簡単に示してみせることはできません。こうして、わたしたちは自らにたいして距離をとっていると言うほかありません。わたしたちは、ほかのあらゆる対象と同じように、わたしたち自身を知っていかなければなりません。その自己認識のプロセスのなかで、わたしたち自身が変化することもあるでしょう。人間の生であるかぎり、どんな人生にも歴史があります。わたしたちの誰もが、いつでも自らの人生の歴史に携わり、その改築作業を続けているのです。

それは個々人が自分だけで行なうこととは限りません。わたしたちは他人によっても認識されているわけですし、たいていの場合、わたしたち自身については他人のほうがよく知っているからです。自らについて自分だけで考えようとするよりも、むしろ恋愛や友情などのようなさまざまな対人関係のなかでこそ、ずっとよく自分のことがわかるものです。

同じような状況は、それほど深い人間関係に立ち入らない水準でも現象してきます。たとえば、わたしが今、窓から外を見て、軽いにわか雨が降っているなと思っているとしましょう。わたしは、さらに自己意識も得ていて、軽いにわか雨を意識していることを意識しています。ここで、フラットメイトがこの仕事部屋にやって来て、近いうちにまた窓を掃除するほうがよいと提案してくれました。窓ガラスに残った雨跡のせいで、まるで雨が降っているように見えるから、と。こう言いながら、このフラットメイトははっきりと意識しているかもしれません――雨が降っていることを意識しているなと、わたしが自身の意識について思い違いをしているということを。わたしの意識は、軽いにわか雨についての意識ではまったくなくて、じつは雨跡についての意識だったというわけです。こうして、わたしは自己意識のなかで自らの意識について思い違いをしていたことになります。意識にとって決定的なのは、それが何についての意識なのかということだからです。同じことが自己意識にも当てはまります。自己意識にとって決定的なのは、意識がどのようなものかということです。ところが、意識がどのようなものなのかを簡単に示してみせることはできません。この点について、面倒でも考えておかなければなりません。ほかの人びととの対話なしには、わたしたちが何を意識しているのか、けっして確かなことはわかりません。わたしたちの最も単純な知覚にさえ、つねに、わたしたち自身が思い違いをしているかもしれないという留保がつくからです。

自己意識について考えている間にも、わたしたちは、たとえば本を読んだり、事典の記述を参照したり、人生経験を積んだりしている。つまり、そもそも自分が何に関係しているのかを探り出すべくいろいろなことをしています。まさにこの動きが精神にほかなりません。精神とは、すなわち意味との出会いです。いろいろなことをするなかで、わたしたちは何らかの意味を理解している。意味は、理解されるためにこそ存在しています。何らかの理論に取り組んだり、事典の記述を参照したり、人生経験を積んだりするなかで、わたしたちは、すでにそこに意味が存在していること、それも理解できる意味が存在していることを前提しているのです。

わたしたち近代人は、このような前提を比較的容易に追考することができます。そのためには、完全に自己疎外に陥っていてはなりません。つまり、わたしたち自身を生物機械と見なして、生体群の維持・繁殖のために「自我」という幻想を備え付けられているにすぎないなどと考えてはなりません。自分自身を生物機械あるいは肉機械と見なして、そのような機械のなかで上映されている「意識」の映画はそもそも幻想にすぎないなどと考えるのであれば、すでに崖から飛び降りたも同然です。人間の精神には、自分自身を否定すること、いわば自分自身のスイッチを切ってしまうことさえできるという性質があるのです（もっとも、たいていの場合、そのような精神であっても、分厚い本を書くことができないわけではありません）。

宗教の源となるのは、いかにしてこの世界に意味が存在しうるのか――それも、わたしたちが好き勝手に捏造（ねつぞう）することなく理解できる意味が存在しうるのか――を理解したい、という欲求です。こう考えてみれば、宗教とは意味の探求の一形態であると言って間違いありません。

宗教の源となるのは、最大限の距たりから自身へと回帰したいという欲求です。人間は自身を抛擲して、自分など無限なもののなかの些細な一点にすぎないと考えることさえできます。このような距たりから自身へと回帰するとき、わたしたちにはおのずからこんな問いが浮かんできます。わたしたちの人生にはそもそも意味があるのだろうか。それとも、意味があるようにと願うわたしたちの希望は、無限なものという大海のなかの水滴のように空しく消えゆくものなのか、と。かくして**宗教**とは、無限なもの——まったく思いどおりにならないもの、不変なもの——から、わたしたち自身への回帰にほかなりません。この回帰にさいして重要なのは、わたしたちが完全に失われてしまうわけではないということです。

このような意味での宗教は、もどかしさの表現にほかなりません。わたしたちが自身を理解しようとすれば、あらゆるものの全体へと迂回せざるをえません。もどかしさは、ここに由来しています。宗教の源となるのは、この迂回の運動——わたしたち自身から全体へと向かい、そこからわたしたち自身へと回帰する運動——が無意味ではないという印象、この運動が全体にとって何らかの意味をもっているはずだという印象なのです。

この文脈で参照することのできるのが、最初の徹底的な実存哲学者、デンマーク人のセーレン・キルケゴールの著作です。実存哲学は、たいていは実存主義と呼ばれていますが、いずれにせよ存在概念一般について考え、存在論に取り組むだけではありません。**実存主義**とは、人間が現実に存在しているということ、すなわち人間の実存の探究です。キルケゴール、ニーチェ、ハイデガー、サルトル、ヤスパースといった思想家は、人間の実存を、わたしたちの本来の問題だと考えました。『死に至る病』では、人間特有の病いが「絶望」と呼ばれ、その三つの形態が区別されています。キルケゴールは、この病いを人間の実存の根本的情態と見なしています。これはあまりに悲観的な考えだと受け取られることも多いのですが、それももっともなことです。それでも、これによって実存主義は、何か重要なことを認識していたのでした。キルケゴールによる絶望の三つの形態とは、次のようなものです。

1　自己をもっていることを意識していない状態（非本来的な絶望）。
2　絶望しながら、自己であろうとしていない状態。
3　絶望しながら、自己であろうとしている状態。

ここでの背景となる考えは、容易に明らかにできます。わたしたちは、自分は本来は何ものなのかと問うことができます。この問いによって人類の進化が始まるのでした。人間と動物の違いは、人間が――じっさいに何であろうと――たんに存在しているだけでなく、つねに自己を探求しているという点にあります。だからこそ、わたしたちは絶えず議論も交わしています。わたしたちが本来は何ものであろうとしているのか、また本来は何ものであるべきなのか、と。人間は、自身の本質を変えられること、変えるべきでさえあることを知っているわけです。人間による殺人行為をなくさなければならないこと、世界的な飢餓状態を克服しなければならないこと、どんな人間にもある程度の生活水準が保証されなければならないことは、わたしたちの誰もがわかっています。多くの物ごとをどうしたらよいのかわからずにいることも、やはりわかっています。動物たちは自らの本質についてあれこれ思い悩むことはなく、たんに存在しています。動物たちは、組み込まれた生存プログラムを実行することしかできず、自らの生活を変えなければならないなどと思うことはありません。動物たちは、ただ自らの生活を生きることしかできません。これは、動物たちには意識がないということではありません。もちろん動物たちにも、彼ら自身が意識している内面的な生活があります。それでも動物たちには、キルケゴールが言う意味での精神だけはないのです。

人間を動物から分けるのは、考えるということでも、理性的であるということでもありません。動物も考えますし、さまざまな概念のなす秩序に従います。わたしの愛犬は、ごはんのお皿がどこにあるのかを知っていますし、わたしが適当だと思う分量よりも、もっとたくさんのごはんをあげるほうがよいと思わせようとして、いろいろな働きかけをしてきます。そのさいわたしの愛犬は、自分がさまざまな概念をもっていることを考えはしないとしても、じっさいに多くの概念を働かせているのです。おそらくどんな犬も、考えるということ自体については考えません。これは、少なくとも地球上では、人間にだけ与えられた疑わしい特権です。しかし、考えるということ自体について考える能力も、やはり精神と同じものではありません。自らにたいするわたしたちの自己関係は、自らの考えを考えることにだけ存しているわけではないからです。自らの考えを考えることは、通常、哲学に任されています。ともかく精神は、考えること——何について考えるのであれ——以上のものなのです。

わたしたちは、まるで自分が他人であるかのように、わたしたち自身に関係している。この状況こそが、精神にほかなりません。わたしたちは、他人のことを知っていくのと同じように、自らの人格を知っていかなければなりません。そのなかで、わたしたち自身の人格が変化していくことも多い。そのような人格としてのわたしたちに、わたしたち自身が関係するわけです。わたしたちは、たんに考える主体、考える人ではなく、何よりまず人格にほかなりません。そして当の人格が、自己自身に関係するのです。この自己関係のなかで、わたしたちはある程度まで可塑的であり、自らの形を変えていくことができる。だからこそ人間の実存は、それだけ不安定なものでもあるわけです。

よく人間は、さまざまな自己不信や不安に襲われます。しかし、だからこそ自信をもつこともできるし、思い上がることさえできる。人間の心のスペクトルは、いわゆる感情よりもずっと豊かなものです。深い自己不信にせよ、固い自己確信にせよ、たんに怒りや喜びなどの感情に尽きるものではなく、精神の表現にほかなりません。精神が病むこともありえます。つまり、たんなる感情的な障害には尽きない精神病というものがあるわけです。少なからぬ精神病にたいする治療が、自身にたいする自らの態度を患者が初めて自覚していくことで行なわれます。この自らの態度のもとでこそ、無意識のうちに患者は苦しんでいるからです。それを自覚するなかで目指されているのは、感情的にも安らぎをもたらしうる新たな自己関係を築き上げることにほかなりません。

キルケゴールによれば、精神とは自己にたいする関係です。であれば、わたしたちが自らを観察する仕方、およそ自らを見る仕方が、わたしたちの精神を示してみせてくれるわけです。わたしたちの実存とは、わたしたちがいつでも意識しているわけではない、わたしたち自身の自己関係の在り方にほかなりません。精神とは、何らかの自己関係が確立され、維持されている状態のことです。そのさい、わたしたちの自己関係は、つねに他人にたいするわたしたちの関係の一部でもあります。他人にたいして開かれていることが可能であるのも、それ以前に、まずわたしたち自身が自らにとっての他者だからなのです。

前世紀に精神分析が大きな成果を収めた後では、どんな心理学者も知っているように、他人にたいするわたしたちの態度は、わたしたち自身の自己関係によっても規定されています（また逆も同じことで、わたしたちの自己関係は、他人にたいする態度によっても規定されています）。他人にたいするわたしたちの関係には、わたしたち自身にたいするわたしたちの関係と同じ型をしている部分がつねにあります。わたしたちは、つねに他人との生活のなかで――それも多層的な人格的関係のなかで――自らの理想的な自己像や、さまざまな不安も現実のものとして生きています。そのさいわたしたちは、ともに生きている他人を理想化するだけではありません。他人を貶(おとし)めることもありますし、彼らがとってもいない態度を彼らの裏に想定することもあります。それは、いずれにしても、わたしたちが自らの自己関係の投影先として他人を利用しているからにほかなりません（このようなことは、けっして完全には克服できません）。わたしたち自身がそもそも何者なのかを他人によって知ることができるのは、わたしたちの人格の大部分が、他人にたいするわたしたち自身の態度から――疎外された形態で――わたしたち自身へと反射したものだからなのです。

たしかに「無意識」、「転移」といった精神分析の概念を用いることは、キルケゴールにはできませんでした。しかしキルケゴールは、絶望の第一形態という定式――自己は自らを見過ごすことができる――によって、そのような精神分析の概念に近づいていました。自らを見出すやいなや、自己は、自らの生きいきした運動をやめて、見出された自己にしがみつこうとすることもありえますし、見出された自己を手放し、さらに自らを改変していこうとすることもありえます。このような死に至る病いの三つの形態のいずれかに苦しむ人格を、わたしたちの誰もが知っています。それに、わたしたちはこのようなモティーフを自らの身によっても知っています。わたしたちは、たんに自身から目を逸らし、自らの精神から距離をとろうとすることもあれば、自身が何であるのかを動かしがたく決めてしまおうとすることもありますし、自らを改変していき、自らの生活を根本的に改めることもあります。

わたしたちの議論にとって、キルケゴールの分析のなかでも決定的に重要なのは、キルケゴールによって発見された事態、すなわち精神が当の精神自身に関係するということ、わたしたちが自らの可変性を理解しているということです。わたしたちは別の誰かになることができると言ってよい。だからこそ、ほかの人びとと自身とを比べたり、どんな生活形態が自分に合っているのだろうかと考えたりすることもできるわけです。キルケゴールが神を持ち出してくるのは、まさにこの地点です。キルケゴールの定義によれば、「神」とは「すべてが可能である」という事実のことだからです[73]。とはつまり、わたしたちが神ないし神的なものに出会うのは、わたしたちが最大限の距たりに赴き、すべてが可能であることを経験するときだということです。わたしたち自身の人生経験のなかで、そのようなことが実存的に示されるのは、わたしたちが当たり前に思っていた拠り所を失って――わたしたち自身にたいして、まったく多様な態度をとることができる以上――きわめて多様な生き方を受け容れる可能性があることを実感するときでしょう。そのような多様な生き方のなかには、わたしたちが自らの人生を生きていくなかで実現していくものもあれば、そうでないものもあります。わたしたちがわたしたち自身であるということは、石が石であるのとたんに同じことなのではありません。

神の機能

以上の議論によって主張したいのは、神が現実に存在する――わたしたちにさまざまな律法を課している何らかの人格が、宇宙の外部に、あるいはわたしたちには近づくことのできない何らかの場所に存在するという意味で――ということではありません。宗教の意味に取り組む哲学的な考察は、このような意味での神の存在について問われても、たんに相手にしません。厳密に受け取れば、もちろん神は存在します。問題は、いかなる意味の場に存在しているのか、どのように「神」が現象しているのかということだけです。キルケゴールの分析によれば神とは、わたしたち自身の最大限の距たりの経験のことでした。こう考えることでキルケゴールは、自ら神学者としてよく知っているキリスト教の基本的教義を、精神を言い表わす言語表現へとうまく翻訳することができたのでした。かくしてキルケゴールにおいて「罪」は精神の拒否を表わしています。それによれば罪とは、何らかの「悪い行ない」でもなければ「内心でのよからぬ考え」でもありません。むしろ、自らの精神を抹消しようとするような態度を自らにたいしてとること、これが罪だとされるのです。

もちろん、ほかのさまざまな宗教にたいしても、同じような分析を行なうことができるでしょう。

文化や歴史の違いに左右されない宗教の意味が、端的に存在するからです。すなわち、およそ宗教の意味は、理解されうる意味に対峙することから生じるのです。理解されうる意味とわたしたちとの第一の出会いこそが、人間の精神にほかなりません。あるとき人間の精神が自らを問い、その瞬間に精神の歴史が始まったのでした。その歴史があげた偉大な成果には、近代科学も含まれています。もっとも、あらゆる宗教を恥ずべき迷信として片づけることができるなどと、歪んだ自己像に基づいて考えてはなりません。いずれにせよ科学と啓蒙と宗教は、考えられている以上に近い関係にあるのです。その例として、インドのような社会を考えてみることができます。明らかにインド社会には、さまざまな宗教的運動――イスラーム、ヒンドゥー教、仏教、そのほか多くの大小の宗教グループ――が深く刻印されています。しかし、それでもインドが近代的な民主制社会であることは、けっして否定できません。同様にして、わたしたち自身の社会、すなわちドイツも、けっして完全に世俗化されているわけではありません。おそらく、この惑星に住む人間の多くは何らかの意味で宗教的であり、完全に無神論的な人や、マックス・ヴェーバーが自身について言っていたように「宗教的な感性を欠いている」[74]ような人は、むしろ少数派でしょう。わたしたちの社会の現実は、無宗教には程遠い。それはとりわけ宗教が関わっているのが、科学とはまったく別の人間の経験の領域だからです。宗教では、人間の世界こそが問題になるわけです。宗教の意味の場は、理解されうる意味にほかなりません。わたしたちはそのような意味がどこから生じるのかを自問しますが、これは数千年にわたって人間が答えようとしている謎なのです。

これとは逆に、自然科学では、わたしたち人間なしの世界が問題になります。人類遺伝学や医学でも、問題になるのは精神ではなく、わたしたち人間の身体です。わたしたちの身体も、たしかにわたしたちの精神の一部をなしています。じっさい、わたしたちは衣服を購入して身なりを整え、身振りや表情による表現をきかせ、わたしたちの自己関係の表現手段として自らの身体を利用します。しかし医学では、普通、身体は匿名化されています。自然科学の対象領域——すなわち宇宙——のなかに現われてくるのは、表現媒体となる人間の身体でもなければ、わたしたちの人格の共鳴体でもなく、人間一般の身体にほかなりません。これにたいしては、さしあたり何の異論もありません。わたしはけっして、ここで近代医学にスピリチュアリティを持ち込むような主張に与するものではありません。科学の進歩という成果は、たしかに危険にもなりうるのですが、幸いなことに必ず危険になると決まっているわけではありません。

キルケゴールの思想の根底にある考えによれば、科学にせよ、宗教にせよ、わたしたちのどんな自己イメージにせよ——すなわち、わたしたち自身と、そのつどの意味の連関のなかでのわたしたちの位置づけとについてのどんなイメージにせよ——いずれも精神を証し立てるものでもある。わたしたちが自身について記述するとき、そこには規範的な自己理解——すなわち、わたしたち自身がどうありたいと思っているのか——も書き込まれるわけです。これをキルケゴールは「神」と呼んでいますが、思いどおりにならないものへと開かれた人間の精神にこそ宗教は関係しているのだとするかぎりでは、わたしたちもキルケゴールに賛成することができるでしょう。とはいえ、開かれているからといって、何でもよいから好きな対象や対象領域を選んで、それを神格化してよいということにはなりません。それは迷信、あるいはフェティシズムにほかなりません。

わたしたちには、すべてを知ることはできません。何といっても、すべてを取りまとめて組織化している原理が存在しないから、つまり世界が存在しないからです。したがって、そのような原理として「神」を考えるのであれば、そのような意味での神も存在しません。わたしたちは、けっして自らが何ものなのかを知っておらず、むしろいつでもそれを探求している状態にあります。キルケゴールとハイデガーが認識していたように、わたしたちは、そのような自己探求のさなかにいる存在にほかなりません。この自己探求を単純な答えで打ち切ってしまおうとすれば、何らかの形態の迷信と自己欺瞞になるほかありません。

宗教は、世界を説明するのとは正反対のものです。世界は存在しないというテーゼに近いところに宗教が立っているのも、偶然ではありません。この世の生は夢であるというヒンドゥー教の教えから、「わたしの国はこの世には属していない」〔『ヨハネによる福音書』一八・三六〕というイエスの有名な言葉、それに仏教に言われるこの世からの解脱に至るまで、そのような例には事欠きません。ごく挑発的に、こんなふうに言うことさえできるかもしれません。神は存在しないという洞察、つまり神はわたしたちの人生の意味を保証してくれる対象ないし超対象ではないという洞察にこそ、宗教の意味はあるのだ、と。宇宙ないし人生を統べる偉大な主が存在すると考えるならば、それは自らを欺いていることになります。そのような世界全体など存在せず、したがってそれを統べるはずの者も存在しないからです。しかし、宗教ないし神についての話が無意味だということにはなりません。むしろ逆に宗教の意味は、わたしたち人間の有限性を認めるところに見て取ることができます。宗教は、まず最大限の距たりの立場をとってから人間へと回帰してきます。人間は、神に取り組むことによって、精神の歴史という冒険に乗り出したのでした。

宗教なくして形而上学はなく、形而上学なくして科学はありません。そして科学なくして、今日わたしたちが定式化できているようなさまざまな認識はありません。このプロセスのなかで起こることは、たんにある種の啓蒙として済ませられるものではありません。近代を特徴づけるのは宗教の解体ではなく、わたしたちによる自由の理解の拡大です。そのさい近代の人間にとって明らかになったのは、人間が精神であるということ、そして精神には歴史があるということでした。わたしたちにとって、このような精神の次元は、当初は隠されていたか、あるいはごく萌芽的な形でしか接近できませんでした。ですから、精神とその歴史とを認める態度を、近代以前のものであるとか、ある種の退行であるなどと貶めてはなりません。およそ宗教は、精神を認めることに基づいています。もちろん欠陥のある形態の宗教、たんなる迷信や贋物のカルト宗教もあります。しかし、それと同じように欠陥のある形態の科学や、科学的な誤謬もあります。そもそも誤謬がなければ、科学の進歩もなかったことでしょう。人間の態度には、つねに病的なものを形づくる危険があるからといって、およそ態度を放棄すべきだということにはなりません。精神を抹消することも、それ自体やはり精神にほかなりません。ただしそれは最悪の形態での精神、キルケゴールの言う自らを否認するという形態の精神、非本来的な絶望です。したがって、神は存在するのか否かという問いに取り組むさいには、いい加減なセクト宗教や新しい無神論者たちが思っているよりも、ずっと慎重でなければなりません。精神の歴史性を考慮せずに神の存在の問題に取り組めば、それだけですでに問題を取り逃がしていることになるからです。この点は、ドイツ観念論の思想家たちが――それにまたガダマーも――的確に強調していました。神の存在は自然科学の問題ではありません。神はけっして宇宙のなかに現われてくるものではないからです。神が宇宙のなかに現われてくるかのように考えるいかなる宗教も、誤謬として、つまりフェティシズムの一形態として斥けてよい。しかし、すべての宗教がフェティシズム的なわけではありません。むしろ本質的には宗教で問題となるのは人間であり、そのつどの意味の連関のなかでの人間の位置づけです。この位置づけを専門家にお任せして「アウトソーシング」することはできません。わたしたちにたいしてこれを免除してくれるような専門家、つまり「人間であること」の専門家など存在しないからです。

Ⅵ
芸術の意味

わたしたちは、そもそもなぜ美術館やコンサート、映画館や劇場に行きたいと思うのでしょうか。「娯楽のため」というのは、この問いにたいする十分な答えではありません。多くの芸術作品は、いずれにせよ言葉の直接的な意味では必ずしも「娯楽」的なわけではないからです。芸術の魅力とは何でしょうか。古代から言われてきた古典的な答えは、芸術作品の美しさこそがわたしたちを惹きつけるのだ、というものです。しかし、少なからぬ芸術作品が、むしろ神経を逆なでするような歪んだ造形のものであることを考えてみれば、この答えがもはや通用しないことは明らかです。かといって、まさに神経を逆なでするような歪みにこそ、そのような作品の美しさがあるのだというような主張も、よい論法ではありません。ピカソの《アヴィニョンの娘たち》に描かれている女たちが、なぜ「美しい」とされなければならないのでしょうか。むしろ《アヴィニョンの娘たち》や、そのほかの少なからぬ芸術作品（ホラー映画であれ、現代音楽の抽象的な音響作品であれ）のポイントは、古典的な美の概念を打ち破り、それによって「芸術とはある種の娯楽である」というテーゼに抵抗するところにあるのです。

芸術の意味とは何かという問いに、また別の視点からアプローチしてみましょう。わたしたちが美術館に行くのは、美術館では、あらゆるものにたいして違った見方をするという経験ができるからです。わたしたちが芸術に触れるなかで学んでいくのは、「確固とした世界秩序のなかで、わたしたちはたんに受動的な鑑賞者にすぎない」という想定から自らを解放することにほかなりません。じっさい美術館では、受動的な観察者のままでは何も理解できません。訳のわからない、無意味にすら見える芸術作品を解釈することに努めなければなりません。何の解釈もしなければ、塗りたくられた絵の具が見えるにすぎません。それはポロックだけでなく、ミケランジェロでも同じことです。芸術の意味の場がわたしたちに示してくれるのは、さまざまな意味のなかには、わたしたちが能動的に取り組まなければ存在しないものもある、ということなのです。

芸術の意味は、わたしたちを意味に直面させることにあります。通常は、意味が対象を現象させると、ただちに当の対象が、いわば意味の前に立ちはだかって、意味を覆い隠してしまいます。このことが、視覚には文字通りに当てはまります。見られている対象は、視覚の前に立ちはだかって、それが見られている対象だということを覆い隠しています。じっさい、わたしたちは対象を見るのであって、わたしたちがそれを見ているということを見るのではありません。ところが造形芸術では、わたしたちの行なっている「見る」ことの習慣それ自体、つまり対象にたいするわたしたちの見方それ自体が可視化されます。同じことが音楽にも当てはまります。音楽は、注意深く聴くことを教えてくれます。つまり音楽には、わたしたちの行なっている「聴く」ことそれ自体の構造を対象としているところがある。日常生活の場合と違って、わたしたちは、たんに音そのものを聴くだけでなく、音を聴きながら、聴くことそれ自体について何ごとかを経験するわけです。絵画や映画でも同じことですし、それほど正統的な芸術と見なされていない分野、たとえば料理でも、わたしたちの食習慣を対象とし、わたしたちの味覚を変化させるのであれば同じことです。芸術によって、わたしたちは、対象にたいして多様な態度をとるように促されます。このことによって対象は、そのためにこそ生み出された意味の場へと置き移されます。こうして芸術は、その対象を解放するのです。通常、対象は、さまざまな意味の場のなかでわたしたちにたいして現象していますが、そのさいどのように現象しているのかをわたしたちに意識させることはありません。芸術は、そのような通常の意味の場から対象を移動させるわけです。

両価値性

そもそも芸術は、何らかの真理を教えてくれるものなのか。それとも、いわば美しい仮象にすぎないのか。これは、すでに古代から論争になっていました。今日よく知られている実在と虚構の区別も、これに関連しています。実在と虚構を分けるということは、虚構の世界が存在することを前提しています。「実在の」対象・人物・事態ではなく、たんに「ありうる」、「想像上の」、「虚構の」物ごとについて語ることによって虚構の世界が成立するのだ、というわけです。ゴットロープ・フレーゲは、まさにこのような意味で「文学と伝説」をひとまとめにして、次の点によって規定していました。[75] すなわち、そこに現われてくる固有名——「オデュッセウス」や「グスタフ・フォン・アッシェンバッハ」など——が、現実の対象を指示しないということです。フレーゲによれば、そのような固有名に意味（ジン）はあるが、意義（ベドイトウング）はない。つまり、そのような固有名を理解することはできるが、当の固有名は何ものにも結びついていない。というのもフレーゲの用語法では、ある表現の「意味」とは、わたしたちにたいするその表現の与えられ方のことであり、それにたいして「意義」とは、その表現が結びついている対象のことだからです。

しかし「トロイア」や「ヴェネツィア」といった固有名は、どうでしょうか。ギリシア神話の多くの出来事や場所が、アテーナイやトロイア、テーバイそのほか、古代ギリシア人のよく知っていた都市に結びついています。トーマス・マンの『ヴェニスに死す』の舞台になっている都市は、当の小説の読者も知っていますし、すでに訪れたことさえあるかもしれません。以前の章〔第I章、六四頁〕で、プルーストの天才的な発明になる画家エルスチールに言及しました。『失われた時を求めて』の語り手は、このエルスチールの絵画を細部にわたって描写する一方で、モネとその絵画にも言及しています。かくしてプルーストの小説のなかでは、「実在の」芸術作品も「虚構の」芸術作品も議論されているわけです。エルスチールとモネの対照的な関係は、小説のなかで重要な役割を演じています。それは、『ヴェニスに死す』の世界のなかでの幻覚と現実との対照性と同じことです。これだけでも、およそ芸術とは現象世界を写し取る模倣であるか、さもなければ実在とは違う虚構であるとするのは完全に間違っていることがわかります。

はっきりと示されているように見える実在と虚構との区別が、さまざまな方法で作品ごとに掘り崩されることがあるのは、文学や舞台芸術に限ったことではありません。『マトリックス』や『インセプション』といった映画作品や、いわゆる「ネオ・ノワール」のなかでも現代では古典となっている作品なども、その例として挙げることができます。たとえば『ファイト・クラブ』、『メメント』、『シャッター・アイランド』といった作品や、デヴィッド・リンチのほとんどの作品、それに『トゥルーマン・ショー』などです。これらの映画を観ると、わたしたちは不気味な状態に追いやられてしまいます。つまり、そこで物語られている世界がどんな規則のもとにあるのか、わたしたちがそもそもどんな意味の場にいるのかが、もはや定かでなくなってしまうのです。わたしたちは、今たしかに目覚めているのか、それとも夢を見ているのか。これがわたしだと自分で思っているものが、本当にわたし自身なのだろうか。自分が絶対に統合失調症ではないこと、自分の人生の大半が妄想でないことを、どうやって知るのだろうか。ちょっと想像を働かせてみれば、わたしたちの人生の少なからぬ側面がじっさいには想像的なものであること、あるいは完全に象徴的なものであることが容易にわかります。とりわけ人間どうしの相互関係のなかでは、ほかの人びとがわたしたちをどう見ているのか、またほかの人びとが彼ら自身のことをどう見ているのか、それにわたしたちの共通の話題になっている対象をほかの人びとがどう見ているのかというように、ほかの人びととの視点をわたしたちがどう想像するのかが、きわめて重要な役割を演じています。わたしたちは、共通の状況のなかに自らを位置づけるべく、つねに虚構のイメージと現実の知覚とを協働させているわけです。もし何の幻想もなければ、わたしたちにとっては、わたしたちの一人ひとりが各々の人生経験の前景にはっきりと知覚しているような対象も現実も存在しないことでしょう。

現代のアメリカ合衆国の哲学者スタンリー・カヴェルは、映画の存在論についての著書で、まったく適切にもこう述べています。

幻想とは実在の世界から画然と分けられた世界であり、自らの非実在性を明確に示す世界であるとするのは、幻想の観念としては貧しいものである。むしろ幻想とは、まさに実在の世界と渾然一体になりうるものにほかならない。実在性という価値にたいするわたしたちの確固たる信念は、幻想を通じてこそ打ち立てられる。幻想を放棄するということは、この世界との接触を放棄するということである。[76]

したがって芸術の意味は、娯楽であることにも、現実の模倣であることにも求めるわけにはいきません。それでも芸術は、わたしたちに何らかのイメージを示してみせてくれます。それは、わたしたちの自己イメージや時代のイメージ、わたしたちの趣味を示すイメージや、音のイメージであることもあるでしょう。しかし芸術から得られるイメージは、つねに両価値的です。つまり（恣意的にではないにせよ）多様に解釈することができるのです。

例としてフェルメールの絵画作品を見てみましょう。フェルメールの作品には、窓から光の差し込む室内空間――アンテリエール――が描かれているものがたくさんあります。例として《窓辺で手紙を読む女》を取り上げてみましょう。

この作品は、さまざまな水準で、実在と虚構の区別を――あるいは一般に存在と仮象の区別を――もてあそんでいます。この作品では、画面内に描かれていない光源から、左側にある窓を通して光の差し込んでいる場景が、わたしたちの注意を惹きます。この場景は、まるで舞台上の場景のようです。前景に緑色の幕がかかっていることが、そのような印象を強め、この作品の舞台的な構造を強調しています。そのなかで若い女が手紙を読んでいるのですが、思うに恋人からの手紙でしょう。彼女の頰はうっすら赤らんでいますが、これは含羞によるものと解釈できるからです。それに、開かれた幕は女の着ている服と同じ色をしています。この点は、ちょっと精神分析的な鋭敏を働かせれば、こう解釈できるでしょう。すなわち、この絵画作品を観る者（つまり、わたしたち）は、ほかでもない自らのまなざしをもって、この若い女を無防備な裸の状態にしている。わたしたちは、ごくプライヴェートな場面にいる女をいわば窃視しているのだ、と。この作品に潜む性的な含意を示すさらなる徴候は、ひっくり返りかかった果物鉢に見て取られます。その果物鉢からはほかでもない半分食べられた桃が転がり落ちていて、しかもそれらのすべてが乱れたベッドのうえにあるからです。

さらに気づくのは、女が手紙を読むことにすっかり没入していて、光源のほうを向いていないことです。そのさまは窓ガラスにも映り込んでいますが、これは罪のモティーフを批判的に含意するものとして解釈してもよいかもしれません。すなわち、この女は神という光源から眼を逸らし、まったく世俗的な欲望に傾いているのだ、と。だとすると、それを観ているわたしたちの立場も疑わしいものになるでしょう。わたしたちが演じているのは、結局のところ、はじめから窃視者の役割だからです。この絵画作品をこのように解釈することで、わたしたちは、手紙を読む女と同じような立場にあり、つまりは神という光源から眼を逸らし、世俗的な観ることの快楽に傾いている、というわけです。

この絵画作品は、世俗的な快楽を克服するように要求しているのか。それとも——まったく同じようにありうることですが——そのような快楽の克服をイローニッシュに批判しているのか。どちらの解釈を採るのがよいか、ここで決める必要はありません。それでも以下の点は、容易に想像がつきます。すなわち、ルネサンス以来の絵画において相当な密度で進められてきた光と色彩の関係の研究は、ありふれた日常的な現実を絵画作品のなかでいわば理想化するものとして解釈できるということです。近代の科学革命によって、色彩は、わたしたちの感覚に備わった幻覚のようなものとして斥けられてしまいました。ところが近代の絵画では、その色彩こそが芸術の意味の主要な担い手になっているわけです。

意味（ジン）と意義（ベドイトウング）について

芸術の意味は、意味の両価値性に親しませてくれることにあります。芸術は、対象を現象させるだけではありません。当の対象がどんな意味において現象しているのか――その意味をも、ともに現象させます。これによって芸術が示すのは、およそ対象はつねに何らかの意味の場のなかでしか現象できない、ということにほかなりません。このテーゼには説明が必要でしょう。そのためには、もういちど、ちょっとした理論的な迂回をしなければなりません。本書の前半で見たように、さまざまな対象領域が存在します。たとえば物理学の対象領域や、美術史の対象領域などです。しかし、これらの対象領域はそもそも何によって区別されるのでしょうか。ある対象領域をほかならぬ当の対象領域としているものとは、いったい何でしょうか。

すでに論じたように、ゴットロープ・フレーゲの理論によれば、およそ表現の「意味（ジン）」は当の表現の「与えられ方」として理解することができます。ここで言う「与えられ方」は、まったく客観的なものです。ある対象がどのように与えられるかは、当の対象がわたしたちにたいしてどのように現象するかにだけかかっているわけではありません。ソレントから見るヴェズーヴィオ山は、ナポリから見るヴェズーヴィオ山とは違って見えます。これはヴェズーヴィオ山を見る者の眼によるものではなく、ひとつの事実にほかなりません。ひとつの表現から、さまざまな連想や表象が思い浮かぶかもしれません。しかし当の表現の意味は、さしあたってそれらの連想や表象には関係がありません。たとえば「ミーアキャット」という言葉から青色を思い浮かべるとしても、それは「ミーアキャット」という表現の意味には関係がありません。このような「意味（ジン）」にたいして、フレーゲの言う表現の「意義（ベドイトゥング）」とは、その表現が結びついている対象のことです。そのような対象は、何らかの対象領域に属しています。そして、そもそも何らかの対象領域に接近するには、まず何らかの意味が働いていなければなりません。

　このように考えると、じっさい存在しているのはヴェズーヴィオ山（という特定の火山）であって、それがソレントからとナポリからとで違って見えるのは偶然にすぎないようにも思われます。しかし、このような考え方では、意味（ジン）と意義（ベドイトゥング）とを――すなわち意味の場と、そのなかに現象する対象・事実とを――区別することはできません。これでは、さまざまな「与えられ方」（わたしたち個々の視点）を通じてしか接近できないにしても、じっさいに存在しているのは同質的な唯一の対象領域（すなわち現実それ自体、すべてを包摂する物それ自体の領域）であるかのように考えてしまいかねません。しかし、そのような印象は間違っています。「与えられ方」としての意味も、それとして存在しているからです。つまり、意味もひとつの対象だということです。それと同じように、対象が何らかの対象領域に属していること自体も、ひとつの対象にほかなりません。どんな領域に属しているかということは、対象にとって外的なことではありません。わたしのデスクが「想像」という意味の場に属するのと、わたしの仕事部屋という意味の場に属するのとでは、はっきりした違いがあると言わざるをえません。

したがって、わたしたちは、客観的な意味が存在することを認めるにとどまらず、さらに一歩を進めなければなりません。ここで再びフレーゲが参考になります。フレーゲは「意味（ジン）」だけでなく、さらなるカテゴリーを導入しているからです。フレーゲはそれを「照らされ方」ないし「着色のされ方」などと呼んでいます。このカテゴリーは、たとえば（最も普通の呼称としての）「イヌ」と、（罵倒語としての）「犬畜生」との違いに見て取れます。この違いは、意味の違いではなく「照らされ方」の違いだというわけです。それによれば、一匹のイヌを「犬畜生」と罵倒するとき、わたしたちは当のイヌにたいして違った見方をしていることになります。このとき当のイヌは、また違った光の当て方をされて現象しているというわけです。

どんな対象も、何らかの特定の仕方で現象するほかありません。つまり特定の仕方で与えられるほかありません。あらゆる物ごとは、つねに何らかの特定の光の当て方をされるなかで現象するほかありません。こうしてさまざまな与えられ方がありうるということは、およそ対象がさまざまな意味の場に属しているということでもあります。わたしの言う「意味」には、このような表現ないし思考の「照らされ方」や「匂い」も含まれているわけです。

一見すると、芸術作品はあまりに多義的なので、むしろ芸術作品について議論する余地はほとんどないと考えてもよさそうに思えます。いっさいは、芸術作品がわたしたちに与える偶然的な印象にかかっているように思えるわけです。このような前提のもとでは、客観的な妥当性をもつ詩作品の解釈など存在しないことになるでしょう。とすれば、作品解釈による文学研究の長所は、さまざまな主観的印象を明晰に言い表わすことにしかないことになるでしょう。しかし、詩作品がさまざまに解釈できるからといって、それらのさまざまな解釈――当の詩作品の照らされ方を考慮に入れることも解釈に含まれます――が、どれも客観的でないことにはなりません。さまざまな解釈が可能であるということ、つまり多義性は客観的なものです。芸術家の意図を参照しても、この多義性を縮減することはできません。芸術家の意図それ自体も、つねに両価値的だからです。詩作品のさまざまな解釈は、いずれも当の詩作品のさまざまな意味にほかなりません。芸術作品の美的な要素を解釈において特に考慮することも、当の芸術作品の意味のひとつです。

　わたしたちにたいして対象が現象するさい、ほとんどの場合、その現象の仕方もともに現象することはありません。ちょうど今、わたしの部屋の窓の前を、若いカップルがタバコを吸いながら通り過ぎていきます。そのさい、このカップルがどのように現象しているかを、わたしは必ずしも意識しているわけではありません。多くの場合、対象を理解するさいには、どのように理解しているかをいささかも意識する必要がありません。これにたいして哲学者たちは、自身やほかの人びとがどのように考えているのかということを考えることが少なくありません。この態度は**反省**と呼ばれます。すなわち、考えることについて考えることです。この態度のなかで現象してくるのは、もはや対象だけではありません。当の対象がどのように現象しているか、つまり現象の仕方も、ここにはつねに現象してきます。いわば、もはやある意味の場で起こることが直接的に見られ、考察されるのではなくて、むしろある意味の場で何かが起こっているということ、その何かがどのように起こっているのかということが意識されるようになるのです。ある対象領域における対象から、当の対象領域それ自体の個性へと、いわばアクセントが移動する。これによって、わたしたちは当の対象領域の意味を経験することになるわけです。

こうして芸術は、わたしたちを純粋な意味に直面させてくれます。これは、芸術には対象や実在性が存在しないということではありません。意味に直面する経験は、もちろん芸術や哲学でしか得られないわけではありません。そのような経験の巨大な宝庫として、旅行があります。といっても、商業主義的な意味での旅行のことではありません。商業主義的な旅行で問題になるのは、そもそも旅行ではなく、たんに気候条件のよいところに場所を変えて過ごすとか、なじみのない物ごとに触れる驚きを体験するといったことにすぎません。これにたいして本当の旅行では、絵葉書向けの写真を撮るといったものです。わたしたちとは異なる環境に暮らす人たちがしている多くのことは、わたしたちには疎遠・珍奇に映る。ほとんど意味がわからないことさえある。わたしたちは、その人たちの振る舞いを理解するように努めるほかありません。つまり、わたしたちは突然にして異なった意味の場に置かれ、その意味の場の意味を探求している状態にあるということです。これにたいして慣れ親しんだ環境では、わたしたちは何よりもまず対象に向かっています。わたしたちの日常的な儀礼とルーティンは、途切れのない対象のマネージメント、つまり実践的な管理と統御を狙いとしている。そのなかでは、思いも寄らない着色のされ方や照らされ方によって対象がわたしたちを驚かせることはほとんどありません。むしろ、どんな対象も摩擦なく処理できるものでしかありません。

かくして芸術の意味は、通常であれば自明にすぎない物ごとを、注目するほかない奇妙な光のもとに置くことにあります。芸術は、行為を舞台に上げ、映画に撮影し、額縁に収め、以前には思いも寄らなかった仕方で和音から交響曲を展開し、優れた詩作品において思いも寄らない言語表現を見せる。つまり芸術は、新たな意味でわたしたちを驚かせ、日常とは違った角度から対象を照らしてくれるわけです。このような事情を多くの芸術家がはっきり認識し、全力をあげて探究してきたのでした。

類比の魔

例として、ステファヌ・マラルメによる散文詩の小品「類比の魔」を見てみましょう。[77] この詩作品では「ラ・ペニュルティエームは死んだ」なるナンセンスな命題が、ふと語り手に思い浮かびます。「ペニュルティエーム」とは、ラテン語で、単語の最後から二つ目の音節のことであり、アクセントの規則一般と同じように、韻文詩にとって重要な役割を演じるものです。「ラ・ペニュルティエームは死んだ」という言葉には、さしあたり何の意味もないように見えます。この言葉は無意味だと見なしてもよいのではないか。さしあたりは語り手自身がそう疑っています。じっさい語り手は、苦々しいことのように「意味をなさぬ文の呪われた断片[78]」と言っています。さらに語り手には「鳥の翼」のイメージも浮かんできます。

〔…〕楽器の弦のうえを辷(すべ)る鳥の翼という特有の感覚、軽やかに擦(こす)るような感覚がともなっていた。この感覚に、ひとつの声が取って代わった。その声は、音調を下げながら「ラ・ペニュルティエームは死んだ」という言葉を発していた。そのさい、

ラ・ペニュルティエーム

で詩句は終わっていて、

は死んだ

は運命的な中断によって切り離され、

意味の空虚のなかでますます無用のものとなっていた。[79]

この「ラ・ペニュルティエームは死んだ」という言葉が頭から離れぬまま、通りを逍遥する語り手は、ふと目を上げて、古楽器を売る古物商の店先にいることに気づきます。この瞬間、語り手は、問題の言葉を再びつぶやき、この古物商の壁に楽器が吊るされているのを見るとともに、「床には、黄ばんでしまった棕櫚(しゅろ)と、暗がりに埋もれた昔の鳥の翼と」[80]を認めます。一見するとナンセンスなもの

だった「ラ・ペニュルティエームは死んだ」という言葉の印象が、これによって対象化され、驚くべき仕方で確証されることになります。こうして語り手は、さしあたってはナンセンスと見えた思いつきが、ある真理を開示していることを思い知るわけです。語り手の「つい先頃まで自らを支配していた精神[81]」は、この真理をナンセンスと見なしていたのでした。

　この散文詩に見て取れることは少なくありません。語り手は、自ら強調しているように、「ペニュルティエーム」という言葉に、「無」を意味する「ニュル」という音節を聴き取っています。つまり語り手にとって、この言葉は「ペ-ニュル-ティエーム」というふうに響くわけです。さしあたり語り手が聴き取るのは、無意味、ナンセンス、意味の空虚でしかありません。まさにこのような態度を、フレーゲは文学と結びつけていました。つまりフレーゲは、文学を、言葉の「匂い」によって惹き起こされるような、結局のところは意義(ベドイトゥング)のない表象の連鎖と見なしているわけです。このような「文学」を、この散文詩の語り手は「ラ・ペニュルティエームは死んだ」という言葉で表わしています。この言葉は、韻文詩が終焉を迎えたという主張として理解することができます。ペニュルティエームに正しく注意を払うことは、ラテン語のアクセントの規則のひとつだったからです。ラテン詩人は、自身の詩作品を彩る(いろど)ために、このアクセントの規則を顧慮しなければならなかったのでした。こう考えてみると、「ラ・ペニュルティエームは死んだ」という言葉がナンセンスであるという印象、つまり意味の空虚という印象は、打ち消されることになります。ここで、いわば現実が言葉に歩み寄るわけです。この事態は、詩作品のなかでは「超自然的なものの拒みえぬ介入[82]」と言われています。ここで言われる超自然的なものとは、マラルメにおいて真理を表わす呼び名にほかなりません[83]。一見したところ、まったく意味のないナンセンスだった言葉が、じつは真理であるということが明らかになる。そのさい、その言葉の真理は、語り手の心理的状態にすぎないわけではありません。語り手は、自らの自由意志でこの言葉を思いついたわけではないからです。この偶然が、マラルメにあっては総じて意味の担い手になるわけです。

こうしてマラルメが示してみせてくれているのは、わたしたちの知覚と思考の本質的な基本条件にほかなりません。何らかの言葉がふと思い浮かび、しかもそれが真であるという偶然は、いつでも起こっていることだからです。「雨が降っているな」とわたしが考えていて、じっさいに雨が降っているとすれば、その雨がわたしに降りかかっているのと同じように、「雨が降っているな」という考えも、わたしに不意に降ってきたものにほかなりません。じっさい、わたしたちは、まるで自らの考えの背後に立って自らの考えを選び出すかのように、自由意志で考えを生み出すわけではありません。「雨が降っているな」という考えは、いわば――かつてアメリカの哲学者ウィルフリド・セラーズが適切に呼んでいたように――雨それ自身によって、わたしたちから「絞り出された[84]」ものです。どんな思いつきも、「説明のつかぬペニュルティエーム[85]」と同じように、最終的には説明のつかないものです。わたしたちは、そのような個々の思いつきを後から結びあわせて、そのつどの信念を形づくっています。その過程はさまざまな法則に従っていて、なかには論理的な法則もありますが、わたしたちはいつでも推論形式で考えるわけではありません。だからといって、わたしたちのもつさまざまな表象は、文学によって刺激されることもあれば、論理によって規制されることもあるにせよ、たんに無意味なものとして現われては消えていくにすぎない、というわけでもありません。文学も、きっちり論証された数学的な命題とまったく同じように、真偽に関わりうるものなのです。

重要な違いは、文学がつねに自らについても語っているという点にあります。文学では、語られている内容だけでなく、語っているということそれ自体も問題になります。文学では、言語それ自体が問いに付される。文学は、言語について語る——もっと正確に言えば、言語と現実との奇跡的な邂逅について語る。まさにこのことを、マラルメの散文詩は示してみせてくれているわけです。

反省性

自然主義の時代における芸術の意味を、改めて明らかにしなければなりません。わたしたちの誰もが映画・コンサート・美術館などに行きますが、それでも、その美的な経験をたんなる娯楽と見誤る傾向があることは否めません。そのように見誤ると、芸術をたんに神経の刺激であるかのように考えることにもなってしまいます。つまり芸術とは、わたしたち人間の身体や脳を刺激する特定の様式だというわけです。このようなものの見方は、わたしたちの自然科学的な態度の許しがたい一般化の結果にほかなりません。いわば、わたしたち自身を観察するのに、つねにレントゲン写真を用いるようなものです。しかしこのレントゲン写真は、自然科学の意味の場から生じたもので、わたしたち自身の亡霊を表わしているにすぎません。

ジークムント・フロイトは、『機知——その無意識との関係』で、表現の「照らされ方」や「匂い」

の代わりに「心的アクセント」という言い方をして、「心的アクセントの転位[86]」の法則についての理論を展開しています。その出発点となるのが、無意識は音声の連なりに表われるという考えです。フロイトの有名な例のひとつがE氏です。E氏は、子どもの頃、黒い甲虫を捕まえようとして不安の発作に襲われました。[87]分析のなかで明らかになったのは、E氏の最初のベビーシッターがフランス人の女だったということです。子どもだったE氏は、無意識的にこのベビーシッターに惹かれていました。そこからE氏は、「ク・フェール？〔Que faire?〕」という音声の連なりに思い至ります。これはフランス語で「どうしたらいいんだ？」という意味の言葉です。そしてE氏は、これを叔母から聞いた話に結びつけます。E氏の母が結婚を躊躇していた、という話です。さて「ク・フェール」という音声には、甲虫を意味するドイツ語「ケーファー〔Käfer〕」に似たところがあります。類比の魔が「ク・フェール」を「ケーファー」に変え、抑圧されたものにたいして甲虫恐怖症という形での回帰を可能にしていたのです。つまり甲虫には、E氏の愛情の対象となる女の人、すなわち母が圧縮されている（テントウムシを意味する「マリーエンケーファー〔Marienkäfer〕」という音声の連なりを介して。E氏の母は「マリー〔Marie〕」という名でした）とともに、フロイトの解釈によれば、母が父との結婚を躊躇していたことを欲するE氏の願望が圧縮されていた、というわけです。

フロイトのテーゼを明らかにしてくれる別の例として、アリ・サマディ・アハディ監督のコメディ映画『サラーミ・アライクム』を見てみましょう。すでにこのタイトルが、フロイトの考えていたことを表現しています。この『サラーミ・アライクム』というタイトルは、アラビア語の挨拶表現〔「アッサラーム・アライクム」〕をもじったもので、平和を意味する「サラーム」の代わりに「サラーミ」という言葉が用いられています。つまり平和の代わりにサラミソーセージと言われているわけです。このタイトルだけで、もうこの映画はコメディだとわかります。「サラーミ」と「サラーム」との奇抜な置き換えが、機知のきいた洒落になっているからです。この機知によって「サラーミ」と「サラーム」とが対照関係に置かれているわけですが、それが、この映画作品の内容の本質も規定しています。この作品のプロットの主要な筋のひとつは、イラン人の肉屋の息子であるケルン出身の男が、ヴルストを製造しなければならない状況に陥り、屠畜業に就くというものです。この映画作品全体を通して、この屠畜という営みが、殺生の禁止と対照関係をなしています。とりわけ主人公のモーシェンが、ヴェジタリアンであるアナに恋して以降には、その対照関係は見紛いようがありません。こうしてサラミソーセージと平和とが、意想外に接近させられ、また対立させられているわけです。さらに、この映画作品のプロットに登場するさまざまな対照関係——東ドイツと西ドイツ、ドイツとイラン、男と女、共産主義と資本主義——の地盤が、このタイトルに潜む機知のきいた対照関係によって準備されていることにも注意しないわけにはいきません。たわいないユーモアが、いわばわたしたちの無意識を明るみに出してくれる。さもなければ主題にならないか抑圧されていたはずの物ごとが、こうして主題にできるようになるというわけです。

フロイトの考えによれば、機知は、言葉の心的アクセントを転位することができる。これが、わたしたちにたいして無意識的な連想を可能にし、わたしたちはこの連想を笑うことができるというのです。機知は、普通であれば抑圧されているはずのものに対応していて、わたしたちの無意識を示してみせてくれます。しかも、そのさいこのプロセスそれ自体を顕示するわけではないので、わたしたちの心の健康にたいする直接的な危険は生じません。どんな心的アクセントの転位でも、深く掘り下げてみれば必ず無意識に行き当たります。無意識について フロイトが特に言っていたのは、無意識は通常の合理的な論理――無矛盾性と、一貫性と、思考内容の明晰判明な規定とに則った論理――には従わない、ということでした。

つまり幼年期的なものが無意識的なものの源泉であり、無意識的な思考過程は、幼児期の初期に唯一生み出される思考過程と別のものではない。機知を形成するという目的のために無意識のなかに沈み込む思考内容は、そこで、かつて行なった言葉の遊びという古い住み処を再訪するにすぎない。こうして思考は、しばし幼児的段階に送り返されることで、幼児的な快楽源泉を再び確保しようとする。[88]

芸術と同じように、ユーモアもまた「思考の自由による快[89]」として、わたしたちが自己制御のために自らに課している思考の束縛から、わたしたちを解放してくれます。ユーモアは、対象にたいして距離をとらせ、対象の意味を示してくれる。いわば、わたしたちの眼前に鏡を差し出し、わたしたち自身の姿を見せてくれる。『サラーミ・アライクム』のような社会派コメディは、このようなユーモアの働きを巧みに利用しているわけです。じっさい『サラーミ・アライクム』では、ほかの思考形態や文化にたいする錯綜した多くの先入観が問題になっています。先入観とは、硬直した意味の場にほかなりません。芸術やユーモアによって、わたしたちは、そのような硬直した意味の場の背景を問い、考えることができるのです。

芸術作品において、わたしたちは対象だけを見るのではありません。ひとつの対象であれ、複数の対象であれ、つねに自らの意味とともに現象する対象を見るのです。およそ芸術作品は、反省的な意味の場にほかなりません。そこでは（ほかのいっさいの意味の場とは違って）対象だけが現象するのではありません。芸術作品という意味の場では、およそ対象は、何らかの意味の場における対象としてはありません。つまり芸術の対象は、芸術のなかで自らの意味とともに現象してくるわけです。もちろん、そのような現象の仕方には、数限りないヴァリエーションがありますけれども。

二つの例をとってみましょう。マレーヴィチの《黒の正方形》と、フェルメールの《窓辺で手紙を読む女》です。一見したところ、この二つの芸術作品には、じっさい何の共通点もないと考えても仕方ないように思われます。フェルメールの作品が具象的なのにたいして、マレーヴィチの作品はまったく抽象的です。フェルメールの作品が豊かな彩色を施されているのにたいして、マレーヴィチは白黒モノトーンの表面によってそれを拒否しています。抽象芸術は、その本性からして、総じて対象をもたないように思われます。だとすると、どうすればこう主張できるのでしょうか——抽象芸術においては、対象が自らの意味とともに現象するような意味の場、すなわち反省的な意味の場が問題になっているのだ、と。そして、フェルメールの作品においては、そもそもどこに反省性があるというのでしょうか。

まずは、ごく単純な考察から始めましょう。すなわち、マレーヴィチの絵画作品は、まったく対象をもたないわけではない、ということです。対象をもたないどころか、むしろマレーヴィチの作品は、異常なところのないごく普通の対象、白地を背景とした黒い正方形を示しています。もっとも以前には、これとは別のことが芸術には期待されていました。とりわけ、人間に深く関わるような対象を写し取ることが期待されていたのでした。マレーヴィチはそうした期待を裏切り、まさにそれによって、そもそも対象がどのように現象するのかを示してみせます。つまり、どんな対象も、何らかの背景をもって——究極的には自らの意味の場を背景として——現象するということです。これは、とりわけ視覚を例にするとはっきりわかります。視覚は空間的なものなので、前景・背景という隠喩に特に適しているからです。わたしは、ちょうど今デスクのうえに、水の入った瓶があるのを見ています。この瓶は、デスクを背景にして現象しています。同じデスクのうえにあるほかの対象は、わたしが当の瓶に注目しているときにも、漠然とではあれ現前しています。しかし背景は、けっしてそれ自体として目の当たりになってはいません。わたしが水の入った瓶の背景（デスク）に注意を向ければ、また何らかの別の背景——たとえば、わたしの仕事部屋——があることになり、これは新たな前景に隠されて見えなくなるからです。

もちろん、わたしは仕事部屋に注意を向けることもできます。しかし、そのときには仕事部屋にとっての何らかの背景があり、仕事部屋が前景へと歩み出ているのです。したがって、古代ローマ人によって導入された「存在（エクシステンツ）」の語源となる言葉が、じっさい「歩み出る」という意味であるのは、じつに意味深いことです。存在するいっさいのものは、何らかの背景の前に歩み出ているというわけです。しかし背景は、けっしてそれ自体としては歩み出ることができません。背景に注意を向けると、それは新たな前景へと変貌するほかありません。

まさにこの背景と前景の転換を、マレーヴィチはいわば純粋な形で示しています。そのためにこそマレーヴィチは、白地を背景とした黒い正方形を描いたのでした。わたしたちは、まず描かれたものに興味を惹かれ、黒い正方形に注意を集中させます。そして一見して——この作品は対象をもたない抽象絵画だと見なされているので——この絵画作品では何の対象も問題になっていないのだなと思います。が、次に黒い正方形がひとつの背景をもち、その前に歩み出ていることに気づきます。こうして背景に気づくやいなや、わたしたちは、当の背景を主題化する可能性を手にしています。このとき当の背景は、何らかの新たな背景をもつ前景へと変わっているわけです。

しかし、マレーヴィチが、自らの理論的な著作、とりわけ『シュプレマティズム——対象のない世界』で、ほとんど明らかに言っているように、さらなる一歩を進めなければなりません。たんに後景と前景の転換にとどまっていることはできません。さらなる一歩は、次のような認識にあります。すなわち、白地を背景とした黒い正方形、つまりマレーヴィチの芸術作品をわたしたちが観ているとき、わたしたちは世界のなかを動いているが、この世界を背景として、当の芸術作品がその前に歩み出ている、ということです。マレーヴィチの作品に体現されている背景と前景の転換は、それ自身、芸術作品という形態をとって、当の作品を観ているわたしたちが存在しているこの世界という背景の前に歩み出ているわけです。

このマレーヴィチの作品を観るとき、わたしたちは、この世界をフェードアウトさせています。こうして対象をもたないものとなるのは、「抽象芸術」について語るさいに考えられがちなのと違って、当のマレーヴィチの絵画作品ではなく、わたしたちが芸術観賞者としてそのなかに立っている世界のほうです。というのも、この世界は完全に背景へと退いていて、未見・未知なものとして遮蔽されているからです。このような世界の空疎化を、マレーヴィチは自らの絵画の重要な効果だと見なしています。この効果を得るには、次のことを理解しなければなりません。すなわち、この一見すると対象をもたない絵画作品では、じつのところ、わたしたちと世界とのあいだに立つ対象一般の性質が問題になっている、ということです。

> このようなことは、この世界が人間に知られていないために起こるのにほかならない。仮に人間がこの世界を理解したとすれば、この世界の何ごとも存在しないだろうし、そもそも人間がこの世界についての表象を形づくる必要がないことになるだろう。我々はつねに、未知のものを規定し、あらゆる現象を理解可能な「何か」へと形づくろうと努めている。しかし真の意味は、その反対にある。つまり、まったくの「何か」にたいして、まったくの「無」が現れてくるのである。「無」だったものが「すべて」となり、すべての「何か」は「無」へと変化し、「無」にとどまる。[90]

普通、わたしたちは世界にではなく、さまざまな対象に関わっています。そのさい、そのつどの意味の場における対象の位置づけに、つねに明示的に取り組んでいるわけではけっしてありません。むしろ、たんに対象があるのを目の当たりにしているにすぎません。対象は、そのようにしてわたしたちと世界とのあいだに立ち、自らの身をもって自らの意味の場を覆い隠すとともに、世界それ自体は存在しないという決定的な事情をも覆い隠しています。だからこそ、わたしたちは、世界は存在すると考えるわけです——が、このような間違いから、芸術はわたしたちを解放してくれるのです。

結局のところ、いっさいのものは何らかの背景の前に歩み出ていますが、当の背景がそれ自体として前に歩み出ることはありません。たとえばマレーヴィチの作品を出発点とする思考の歩みを自らたどってみれば、このことに気づき、世界は存在しないことがわかります。いっさいのものがその前に歩み出ているような究極の背景それ自体などというものは存在しません。《黒の正方形》が象徴的に示してみせているように、どんな対象も何らかの意味の場のなかに現象しますが、当の現象の背景はそれ自体として現象することがありません。だからこそマレーヴィチのシュプレマティズムには、もはや通常の世界は現われてきません。それでこそマレーヴィチは、世界の空疎化という所期の効果を得ているわけです。こうしてマレーヴィチは、「すべてを包摂する意味の場があるはずであり、そこにすべてを統合しなければならない」という強迫的な表象からわたしたちを解放し、統合への強迫を克服させてくれます。そのような強迫は、わたしたちが「存在するいっさいのものを組み込まなければならない唯一の概念的秩序が存在する」と前提するところに生じるものだからです。

多様性

そのような思考の強迫は、『サラーミ・アライクム』でも、シュリンゲンジーフの『ドイツ・チェーンソー大量虐殺』でも、テーマのひとつになっています。いずれの映画作品も、すべての人を統合すべき統一的なドイツ社会など存在しないことを示してみせ、それによって統合への強迫にたいする批判として成功しています。わたしたちの社会は、けっして一枚岩のものではありません。すべての人が平等なわけでもなければ、異邦人・外国人と呼ばれる人たちのなかに、社会の網の目からこぼれ落ちる者がいないわけでもありません。東ドイツと西ドイツとで文化的に相当な違いがあるだけではありません。どの州にも、どの町にも、それぞれ固有の特徴があります。それに加えて、わたしたちの社会は、さまざまなサブカルチャーやジェネレーション、社会集団へと分化しています。およそ社会とは、当の社会にたいするさまざまな見方の豊かな多様性それ自体であって、異邦人と呼ばれる人たちをむりやり統合すべき統一性ではありません。

ほかの人たちは別の考えをもち、別の生き方をしている。この状況を認めることが、すべてを包摂しようとする思考の強迫を克服する第一歩です。じっさい、だからこそ民主制は全体主義に対立するのです。すべてを包摂する自己完結した真理など存在せず、むしろ、さまざまな見方のあいだを取り持つマネージメントだけが存在するのであって、そのような見方のマネージメントに誰もが政治的に加わらざるをえない――この事実を認めるところにこそ、民主制はあるからです。民主制の基本思想としての万人の平等とは、物ごとにたいしてじつにさまざまな見方ができるという点でこそわたしたちは平等である、ということにほかなりません。わたしたちに思想の自由という権利があるのも、そのためにほかなりません。もちろん、だからといってすべての見方が等しく容認されるわけではありませんし、すべての見方が等しく真であることになるはずもありません。だからこそ、わたしたちはを見極めるためにほかなりません。

芸術によって推し進められ、自由を指し示している世界の空疎化のポイントは、対象を孤立させて対照関係なしにそれだけで存在する物と見なす代わりに、むしろ対象を連関のなかで認識するところにあります。何ものも、それだけで存在することはありません。むしろ、いかなるものも、そのつどに異なった特有の仕方で、何らかの意味の場のなかに現われてきます。じっさいマレーヴィチの黒い正方形も、ひとつの意味の場のなかに現象しています。そしてポイントは、この意味の場それ自身も、当の絵画作品のなかに現象しているということです。この絵画作品それ自身が、自らの対象に枠組みを与えているわけです。この作品自身による枠組みに示されているのは、いかなる対象も何らかの特定の意味の場でこそ問題になるということにほかなりません。

このようなことを背景にすると、やはり注目に値するのは、手紙を読む女の場景にたいして、当の絵画作品のなかで、明らかにフェルメールがじつに多様な枠組みを与えているということです。じっさいフェルメールの作品は、さまざまな枠と枠組みに満ちています。たとえば、開かれた窓がそのひとつです。この窓を通して、室内に光が差し込んできています。また、その窓枠もひとつの枠になっています。この窓枠は小さな内枠で仕切られていて、そのなかに手紙を読む女が映り込んでいます。この絵画作品《窓辺で手紙を読む女》に描かれた情景の枠も、ひとつの枠にほかなりません。この作品の枠を強調しているのは、わたしたちが現に枠づけられた風景に眼をやっているという事実です。もし手前に描かれているカーテンが閉まっていたら、この場景は完全に遮蔽されて見えなくなっていたかもしれません。女の読んでいる手紙それ自体も、いわばひとつの枠になっています。そのなかには手紙のテクストが現象しているわけです。それと同じように、果物鉢もひとつの枠になっていて、そのなかには果物が現象しています。

見方(パースペクティヴ)の多様性の発見は、バロック時代の成果であり、ゴットフリート・ヴィルヘルム・ライプニッツの哲学の中心にあるものです。ライプニッツが『モナドロジー』で主張しているのは、無限に多くの見方があるということ、それらの見方が全体としては互いに調和しているということです。これまでに幾度も引用されてきた箇所で、ライプニッツはこう書いています。

同じ街が、異なった側面から観られるとまったく違って見え、いわば見方によって多数化されているのと同じように、単純実体の無限な多数性によって、同じく無限に多くの宇宙があることになる。とはいえ、それらの宇宙は、個々のモナドのさまざまな視点から観られた、ひとつの宇宙のさまざまな見え方にほかならない[91]。

ここでよく考えなければならないのは、ここで言われている見方・見え方が、もともと、たんに主観的な考え方ではないということです。見方・見え方――パースペクティヴ――は、客観的な構造にほかなりません。じっさい、その数学的な法則がルネサンス絵画の中心にありました。そしてバロック時代になると、パースペクティヴの数学的法則は徹底的な複数性へと導かれ、数学的な無限を計算する近代数学の方法に至りました。バロックにおいて世界は無限となり、つまりは無限に多くの枠組みへと分岐するわけです。このようなパースペクティヴの複数性が、フェルメールの絵画作品に可視化されているのです。

ハンス・ブルーメンベルクが広範な研究で明らかにしているように、[92] 近代は、五〇〇年来の科学上のさまざまな大革命によって「世界の読解可能性」という印象を急速に強めてきました。その一方で、すでに初期近代に明らかだったように、科学の進歩によって世界にたいする見方が多様化された結果、どの見方を優先させればよいのか、もはや簡単には決められなくなってしまいました。ここから、多くの領域で無限性が発見されることになりました。わたしたちは、およそ無限というものをそれにふさわしい大きさで考えるという課題に、いまだに取り組み続けているのだ、とさえ言うことができます。というのも、無限に多くのものだけでなく、無限に多くのものにたいする無限に多くの見方も存在しているからです。

ここでもういちど強調しておかなければならないのは、すべての見方（パースペクティヴ）が等しく真であるわけではないということです。わたしたちが考え違いをして、対象を不適切な意味の場に位置づけてしまうことは、しょっちゅうあります。間違いも、ひとつの意味の場です。間違いだからといって、それが存在しないことにはなりません。この点で、パースペクティヴィズムは誤解を招きかねません。**パースペクティヴィズム**とは、現実にたいするさまざまな見方（パースペクティヴ）があるというテーゼです。あらゆる見方が関わっていく唯一の現実なるものが存在するということが、このテーゼではすでに前提されています。これには主観的パースペクティヴィズムと、客観的パースペクティヴィズムとがあります。客観的パースペクティヴィズムは、どんな見方も客観的なものであり、現実を歪めて見せているのではないと想定します。これにたいして**主観的パースペクティヴィズム**は、どんな見方もある種の虚構だと見なします。わたしたちは、たとえば生存といった目的のために、そのような虚構を作るのだというわけです。これによれば、およそ見方は、ニーチェが言ったような「道徳外的な意味での虚偽[93]」と見なされることになります。

少なからぬ理由から、いずれの選択肢も採ることができません。客観的パースペクティヴィズムは、見方（パースペクティヴ）が真偽に関わりうることを**過大**評価しています。客観的パースペクティヴィズムの定義によれば、どんな見方も、究極的には見方に左右されない現実に関わっているとされるからです。これにたいして主観的パースペクティヴィズムは、見方が真偽に関わりうることを**過小**評価しています。主観的パースペクティヴィズムによれば、見方は、現実を遮蔽してしまうヴェールと見なされてしまうからです。いずれのパースペクティヴィズムも、人間という立場から、ほとんど一面的にしか見方を理解していません。これとは逆に、意味の場の存在論は、人間によるさまざまな見方・見え方――パースペクティヴ――を、存在論的な事実として理解します。世界が存在しないがゆえに、無限に多くの意味の場が存在する。わたしたちは、それらの意味の場のなかに投げ込まれ、またそれらの意味の場のあいだを移行し続けています。つまり所与の意味の場から出るさいに、新たな意味の場を生み出しているわけです。しかし新たな意味の場を生み出すとは、けっして無からの創造ではなく、さらなる意味の場への転換にすぎません。人間は、誰もが一人ひとりの個人です。しかし、同じようにそれぞれ個々のものであるさまざまな意味の場を、わたしたちは共有しています。ですから、わたしたち一人ひとりが自分自身に閉じ込められているわけではありません。ましてや自らの自己意識に閉じ込められているのではありません。わたしたちは、無限に多くの意味の場のなかをともに生きながら、そのつど改めて当の意味の場を理解できるものにしていくわけです。それ以上に何を求めるというのでしょうか。

Ⅶ

エンドロール

テレビジョン

わたしたち人間が特に視覚に深く依存していることは、わたしたちに生物学的に備わった性質の一部であるように思われます。ギリシアの哲学者たち、とりわけアリストテレスが『魂について』で挙げている五感――視覚、味覚、触覚、嗅覚、聴覚――のなかでも、進化という点で見ると、たしかに視覚が群を抜いています〔アリストテレス『魂について』四二四b二二―二三、四二九a二一―二二〕。遠隔感覚のひとつである視覚のおかげで、わたしたちは対象に近寄りすぎることなしに、わたしたち自身の生存にとって意味のあるさまざまな性質を、多くの場合に十分に正確に捉えることができるからです〔同書、四三四b二六―二七〕。このような条件のもとで考えてみれば、人間が行なうある活動に「テレビジョン」――すなわち「遠く隔てられて〔tele-〕見ること〔vision〕」――という名が与えられたのは、たしかに当の活動に特有の名称であり、またそれにたいする価値評価の表現であると言えます。つまりテレビを観るという活動において、人間が世界をわがものとしていくさいの基底的様式が問題になっているというわけです。

テレビのニュース番組は、とりわけ戦争や怖い話、スポーツでのまさに超人的なパフォーマンス、天気などを好んで報道します。そのようなニュースは、報じられている当の出来事にたいする適度な距離を表わしているだけでなく、わたしたちが当の出来事を統御していることをも象徴的に表わしているからです。幸いなことに、戦争はたいてい――少なくともテレビで観ている余裕があるのなら――どこかよそで起こっているわけです。もちろん、このような見かけは、無数のメディア批評家が繰り返し強調してきたように、わたしたちを欺いていることが少なくありません。それでもやはり注目に値するのは、大衆にたいして格別に働きかける遠隔的装置が、テレビという形で生み出されたということです。その浸透ぶりが美術館・劇場・映画館を凌駕しているのは明らかです。ラジオのスイッチを入れるのも、たいていはテレビを観られない場合——たとえば自動車を運転しているときなど——に限られています。

したがって、わたしたちの生きているこの世紀に、テレビドラマシリーズが中心的なイデオロギー媒体の地位を占めているのも、けっして驚くべきことではありません。この間にいわゆる「傑作シリーズ」によって習慣化したような事態は、もはや古典的な劇映画ではもたらすことができません。つまり「傑作シリーズ」と呼ばれるテレビドラマシリーズは、いずれも視聴者をドラッグ中毒のような状態にしてしまうのです。このこと自体が、多くの傑作シリーズそれ自身のなかに意識的に反映され、演出として取り入れられています。じっさい、たとえば『ザ・ソプラノズ』、『ザ・ワイヤー』、『ブレイキング・バッド』、『ボードウォーク・エンパイア』といった作品の中心には、麻薬密売の問題があります。いったん『ザ・ソプラノズ』を観始めると、まるで中毒のように先を観たくなってしまいますが、それは、当の『ザ・ソプラノズ』の登場人物たちがさまざまな水準で中毒的である——女やヘロインに溺れたり、もっと単純に、やたらとパスタやソーセージやワインを欲しがったりする——のと同じことです。また、ひとつのテレビドラマシリーズ全体を観ると、八〇時間以上かかることもあります。そのため、物語を通じてのキャラクターの造形や展開に、いっそう多くの時間をかけられるわけです。だからこそ、特に『ザ・ソプラノズ』などは、長大な小説作品——たとえばプルーストの『失われた時を求めて』——と比べられたりもします[94]。

『となりのサインフェルド』、『ザ・ソプラノズ』、『ブレイキング・バッド』、『マッドメン』、『ラリーのミッドライフ★クライシス』、『ザ・ワイヤー』、『The Office』、『ルイ』などの知的な成功作となったシリーズには、深い意味をもった射程の広い時代診断が含まれています。これらのシリーズは、まさにわたしたちの時代を映す鏡にほかなりません。このこと自体を明示的にテーマのひとつとしているテレビドラマシリーズもあります。たとえばイギリスのオムニバスドラマシリーズ『ブラック・ミラー』がそうです。じっさいこの作品は、同時代のメディア環境の現実を映し出す、まさに黒い鏡(ブラック・ミラー)と言うほかありません。すでに第一話にして、英国首相が豚とのセックスをテレビで生放送しろと脅迫されるという内容なのです。

もちろん映画というメディアも、まだ完全に終わったわけではありません。最近では、『アーティスト』などの作品が映画固有の可能性を再構築していましたし、デヴィッド・クローネンバーグ監督の『コズモポリス』などの作品が大規模な時代診断を示してみせていました。それでも、とりわけアメリカ合衆国のテレビドラマシリーズがイデオロギー的な主調を決めていることに、やはり疑いの余地はありません。つまり、わたしたちが自身と環境とをどう理解しているのかを大部分で反映し、また決めているということです。それによってアメリカ合衆国のテレビドラマシリーズは、お笑いにたいするわたしたちの感覚、センス・オヴ・ユーモアを規定しているわけです。

ドイツでも、もはや笑いが忌避されなくなって久しくなりました。『シュトロームベルク』のような――これは『The Office』のアイデアを借りていますが――ほとんど傑作と言ってよい作品もあります。それでも、わたしたちドイツ人がコメディ番組市場を牽引する立場に程遠いことは否めません。ドイツ人は生真面目すぎると言われ続けてきました。このような意味で、ニューヨーク在住の哲学者サイモン・クリッチリー――自ら『ユーモアについて』という本を書いています[95]――も、先日わたしと雑談していたときに、口元にイローニッシュな微笑をたたえて、こう言っていました。ドイツでは誰もが簡単に笑いすぎる。会話のなかで少しでも機会があればすぐに笑う、と。主調を決めているのがアメリカ合衆国の「文化産業」であることに疑いの余地はありません。アメリカ合衆国が手に入れている成功の本当の秘密を、そこに見て取ることさえできるほどです。じっさいアメリカ合衆国の文化産業は、遅くとも第二次世界大戦以後、大衆文化において否みがたい強力さで、わたしたちの視聴覚習慣を規定しています。メディアを支配していることが、事実として経済的に優越していること以上に、冷戦以後の勝者としてのアメリカの地位を確かなものにしています。つまり世界像をコントロールすることが、ともかくも、グローバル化の進んだ世界における権力の中心的要因だということです。

先に挙げたさまざまなテレビドラマシリーズは、わたしたちの時代の感覚を的確に表現していま す。いずれの作品も、圧倒的に真実の表現であろうとしていますし、じっさい社会的現実をその多層性とともにうまく表現しています。しかし、そのさいつねにほのめかされているのは、ひとは社会関係の序列のなかで自らの地位を勝ち取らねばならない――機知によってであれ、暴力によってであれ――ということです。この点に関してディートリッヒ・ディーデリヒセンが述べているように[96]、そこでは日常生活それ自体が脅迫的な事態として表現されますが、それは、よく指摘されるアメリカの不安社会におそらく対応しています。つまりアメリカ社会を生きる人たちは、陰に陽に失敗や転落の懸念に絶えず脅かされていて、そのことによって「もっとやらなくては」、「もっとがんばらなくては」

と駆り立てられているというわけです。

何でもないことをみせるショウ

テレビは、古くからある問いを新しい形で投げかけます。すなわち、わたしたちの人生を悲劇として描き出すのと、喜劇（あるいはむしろ笑劇）として描き出すのと、どちらが適切なのかという問いです。わたしたちの好きなテレビドラマシリーズの実存論的分析は、わたしたちがここまでに親しんできた哲学的考察と一致するでしょうか。

ハイデガーや、そのほかキルケゴールのような実存主義哲学者は、わたしたちの現存在を喜劇よりも悲劇として描き出しています。ハイデガーが主著『存在と時間』で説得力をもって論じようとしているのは、わたしたちは根本的に見れば「死に向かう存在」だということです。それによれば、わたしたちを待ち受けている死という光のもとで、あらゆる瞬間を考察するときにこそ、真性さ、あるいはハイデガーの言う本来性が、明るみに出てくる。しかし「すでに死んでいるかのように生きよ」という教えは、わたしの見るところ特に参考になるものでもありません（テレビドラマシリーズ『ブレイキング・バッド』を観さえすれば、そのような生き方を目の当たりにすることができます。死を目前にした主人公がドラッグと暴力の泥沼にはまり込んでいく、という話だからです）。キルケゴールが似たような調子で主張しているのは、わたしたちは必然的に「絶望」、「罪」、「不安」にとらえられるということです。このような診断に一致しているのが、たとえば映画作品『メランコリア』に見られるラース・フォン・トリアーの診断です。この映画作品では、小惑星が地球と衝突し、それによる人類滅亡前の最後の瞬間が描かれています。しかし、ここで考えてみなければならないのは、ラース・フォン・トリアーがこのような見通し（パースペクティヴ）を巧みにサディズムと等置していることです。じっさい『メランコリア』の（キルスティン・ダンスト演じる）暗く抑鬱症の主人公の名がジャスティン〔Justine〕であるのは、偶然ではありません。この名は、マルキ・ド・サドによる同名の著作〔『ジュスティーヌ（Justine）』〕をほのめかしてもいるわけです。[97]

このような実存主義的な抑鬱症が、すでに見た「近代的ニヒリズム」の危険を表わしているにしても、この抑鬱症に感染してはなりません。『ザ・ソプラノズ』でも、まだアンソニー・ジュニアだけはこの抑鬱症に襲われます。彼は、まわりくどくニーチェとサルトルを持ち出して、ぎこちない自殺の試みを実行しようとします。もちろんこの自殺の試みには、本当のところ、思春期特有の実存主義とはまったく別の動機があるのですが、そのような実存主義的な悲嘆の気持ちが生じるのは、人生にたいして、ありもしないことを期待するからです――不死や、永遠の幸福、すべての問いにたいする答え、等々。そんなことを人生に期待しても、じっさい失望するほかありません。

そんな期待をすること（そして避けがたい宿酔を味わうこと）に抵抗しているものとして、とりわけ『となりのサインフェルド』を挙げることができます。これはジェリー・サインフェルドの大成功作で、テレビドラマシリーズ新時代の始まりを告げるものともなりました。この人気を博したシットコムは、一九八九年から一九九八年までに全九シーズンが放送されました。このドラマは、ポストモダンの絶頂点を表わしていると見なされることも稀ではありませんでした。ポストモダンに直結していると見なされていた完全な恣意性を、このドラマは面白おかしくもてあそんでいるように見えるからです。

ここで個々のエピソードの細部に立ち入ることはせずに、まずは『となりのサインフェルド』の大ざっぱな構造を思い起こしておくのがよいでしょう。それは、コメディアンのジェリー・サインフェルドを中心とするニューヨーカーの友だちが集まって、自身の社会生活でのたわいない経験についておしゃべりするというものです。とりわけ誰もが身に覚えのある恋愛関係での失敗が、よく話題になります。じっさい恋愛関係は脆(もろ)くて、維持するのが難しいものです。結局のところ、これが主要な登場人物――ジェリー、クレイマー、エレイン、ジョージ――を結びつける唯一の点にほかなりません。このようなテレビドラマシリーズのなかで、ジョージが、日常生活をテーマにした「ショウ」をジェリーと一緒に売り出したらよいのではないかと思いつきます。言い換えれば、「ショウ」のなかで登場人物たちが「ショウ」を撮影したらよいのではないかと思いつくわけです。ジョージは、将来の共同制作者になりうる友人たちにたいして、このショウの企画を「何でもないことをみせるショウ」――無についてのショウ〔show about nothing〕――だと言って売り込みます。このテレビドラマシリーズでは、何でもないことが話題となる。当のテレビドラマシリーズのなかで、そう発言されています。字義通りに翻訳すれば「ショウ」とは「示してみせる」ことです。そして『となりのサインフェルド』が示してみせるのは、このドラマが示してみせるのが当のドラマそれ自身にほかならないということです。当のドラマそれ自身以外の何ものも問題になっていない。隠された深い意味など存在しない。どんなものの意味も表面にしかないのだ、と。およそ形而上学は、わたしたちの生きるこの世界の背後に、隠された真の現実がある——物理学の現実であれ、何らかの神秘的な真理であれ——と想定します。このような形而上学に、このテレビドラマシリーズは抵抗しているわけです。しかし、およそ意味など存在しないということではありません。いっさいのものには何らかの意味があり、しかもそれぞれの意味はショウそれ自身のなかで示してみせられます。かくしてこのショウは、当のショウそれ自身の内容をなしています。当のショウそれ自身の外部を示してみせることはなく、一貫して当のショウそれ自身をめぐって進行します（疑いもなくどこかナルシシズム的な登場人物たちも、そのように考え、行動しています）。『となりのサインフェルド』は、自らを撮影するテレビドラマシリーズにほかなりません。その制作者たちも当のドラマ自身のなかに登場してくるのですから、なおさらそう言えるわけです。

『となりのサインフェルド』のもう一人の制作者ラリー・デヴィッドは、『となりのサインフェルド』に続けて、さらなるシットコム『ラリーのミッドライフ★クライシス』を制作しました。この『ラリーのミッドライフ★クライシス』は、『となりのサインフェルド』よりも、さらに決定的な一歩を進めています。このショウで問題になるのは、もはやたんに「何でもないこと」——すなわち「無」——だけではありません。むしろ、かつて「何でもないことをみせるショウ」の作家のひとりだったラリーが、いかにして自らの日常生活に意味を与えようとするのかが問題になっているのです。このショウのなかで『となりのサインフェルド』新シーズンの撮影を通じて、ラリーは、自身のもとを去ってしまった妻を取り戻そうとします。つまり「何でもないことをみせるショウ」の制作者をテーマにしたショウのなかで、当の「何でもないことをみせるショウ」の新シーズンが撮影されるわけです。この新シーズンは、当の「何でもないことをみせるショウ」の制作者をテーマにした一種のメタショウのなかでなければ、けっして撮影されることがありませんでした。

もはや登場人物たちは、何でもないことをみせるショウのなかに——彼ら自身が(また当のショウを観ているわたしたちも)このショウを笑うことができるのだとしても——たんに投げ込まれているのではありません。むしろ登場人物たちが当のショウを自ら制作していることが、今や明らかになるのです。ラリー・デヴィッドは『となりのサインフェルド』の自己関係性に、さらに以下のポイントを付け加えます。すなわち、わたしたちは自らの運命の主人だということ、わたしたちが自ら運命を作っているのだということです。これにたいして『となりのサインフェルド』の登場人物たちは、いわばギリシア悲劇の英雄たちのように、彼ら自身の犠牲者でしかありませんでした。たしかに彼らはおかしなことを言いますし、自らのこと、またほかのいっさいのことを笑います。しかし倫理的態度を展開することは、彼らにはできませんでした。倫理的態度があってこそ、ひとは自らの自己関係性を相対化することができるのです。このような意味での社会的空間、つまり自己関係性の個々の中心が出会い、互いに折り合っていく領域としての社会は、『ラリーのミッドライフ★クライシス』になって初めてテーマになるのです。

したがって、自己関係性を笑っているだけでは十分ではありません。わたしたちが精神的な存在者であること——すなわち自己自身を発明していかねばならない存在者であり、本書で考えてきたような果てしない入れ子状をなす存在論的状況のなかに置かれた存在者であること——をたんに笑っているだけであれば、それは解放的な笑いではなく、絶望的な笑いでしかありません。

したがって、存在〔Sein〕から『となりのサインフェルド〔Seinfeld〕』へと至らなければならず、そこからさらに『ラリーのミッドライフ★クライシス』へと至らなければならないと言うことができます。そのさい問題になるのは、いかにして、わたしたちの人生――わたしたちの集合的・共同的な生活――の意味を失わずに、わたしたちの人生を喜劇として見ることができるか、ということにほかなりません。

感覚……

あらゆる笑いがニヒリズムを克服するわけではありません。そのことは、『ラリーのミッドライフ★クライシス』にたいして、最近のテレビドラマシリーズ『ルイ』が明らかにしてくれました。『ルイ』でも、『となりのサインフェルド』と同じようにニューヨークのコメディアン――ルイ・C・K――の日常生活が問題になっています。『ルイ』は、意識的に『ラリーのミッドライフ★クライシス』に似せた展開を見せてくれますが、そのなかで『ラリーのミッドライフ★クライシス』の権威を蝕んでいきます。たしかにラリー・デヴィッドも、さまざまな社会慣習を揶揄し、これを変えようとする――ときには成功を収める――ことで、いつも顰蹙（ひんしゅく）を買っています。これにたいしてルイは、いつでも失敗し、考えられるかぎり最悪の状況に陥ります。一度ならず乱暴な目に遭い、あらゆる恋愛関係に惨めに失敗し、日常のなかで恐怖を体験します。たとえば、生肉を食べて浴槽に糞をする太った子どもに出くわすとか、ニューヨークの路上でホームレスの頭部切断を惹き起こしてしまうとかです。ルイがホームレスを突き飛ばすと、そのホームレスが路上に倒れ込み、そこに走ってきたトラックに轢かれて――どんな視聴者もゾッとしたことでしょうが――彼の頭部が路上に転がる。じっさい美学的に見て、これが明らかにやりすぎであるのは否めません。しかし、これがルイ・C・Kのユーモアの原理なのです。こうしてルイ・C・Kは、決定的な一歩をあえて踏み出し、いわばラリー・デヴィッドのユーモアに潜む醜怪な容貌を示してみせているわけです。

もちろん、さまざまなテレビドラマシリーズに見られる時代精神の表現をかき集めれば、立派な図書館ができるほどの記録が得られることでしょう。およそテレビドラマシリーズを文化産業による大衆娯楽にすぎないとして片づけるのは、ともかくも知性にたいする犯罪行為と言うほかありません。可能なかぎり批判的であろうとする理論家であれば、これについて一度といわず考えてみなければなりません。いずれにしても、テレビドラマシリーズを大衆操作という性格に還元し、もってサブカルチャー／ハイカルチャーという古臭い区別を再生産するだけだとすれば、事態を決定的に単純化しすぎていると言うほかありません。

しかし、ここでわたしにとって結局のところ重要なのは、テレビドラマシリーズの成功とテレビの機能とに関連した別の問いです。すなわち、そもそも意味（ジン）〔Sinn〕の場は、わたしたちの感覚（ジン）〔Sinn〕にどのように関わってくるのかという問い。そして、わたしたちの人生に意味があるのか、それとも無意味にすぎないのかという問題が、そこから解明されないかどうかという問いです。

そこで、そもそも明らかだとされている手持ちの説明を吟味することから始めましょう。わたしたちは、五つの感覚があると考える習慣に浸りきっています。すなわち視覚・聴覚・触覚・味覚・嗅覚です。ほかの動物には、また違った感覚をもっているものもありますし、人間にも備わっていることが知られている感覚でも、別の動物では別の強さをもち、それによって当の動物を特徴づけたりもします。ここまではよいでしょう。しかし、わたしたちには五つの感覚しかないと、いったい誰が言ったのでしょうか。それに、そもそも「感覚」とは何でしょうか。すでに述べたように、わたしたちの感覚器官を五つに分けることは、古代ギリシア哲学、とりわけアリストテレスの『魂について』に遡ります。アリストテレスは（彼以前にプラトンがしていたように）思考を感覚に対置しています（たとえば、アリストテレス『魂について』四一三b二九―三一、四二七b六―七、八―一一など）。アリストテレスの考察によれば、思考は、わたしたちのさまざまな感覚を整序・統一して、ひとつの対象に関係づける。たとえば、わたしがアイスキャンディを見て、触って、香りを嗅ぎ、味わうとき、わたしの思考が、わたしにこう告げるというわけです――今さまざまな感覚があるけれども、それらの感覚の対象はひとつの同じものだぞ、と。しかし、なぜ思考それ自身は、そもそも感覚ではないとされなければならないのでしょうか。なぜ思考は感覚に対置される（もって、およそ身体に対置される傾向にある）のでしょうか。

とても奇妙なことに、わたしたちは、今日では自然科学に関するアリストテレスの認識にはほとんど妥当性を認めていないのに、よりによって『魂について』の基底となっている考え方は受け容れてしまっています。結果、わたしたちを取り巻く事物の世界への通路を、いまだにアリストテレスと同じように解釈しているわけです。しかし、まったく別の選択肢もあったのではないでしょうか。じっさい古代インドの哲学者たちのなかには、思考ないし精神を、数ある感覚のなかのひとつとして解釈していた人もいました。わたしたち自身も、ごく日常的に、音楽や美食にたいして「鋭い感覚をもっている」といった表現をよく用いています。

このように考えてみれば、およそ感覚というものも、実在性に通じていて真偽に関わりうる——したがって誤謬に陥ることもありうる——通路として理解できるでしょう。見ることや嗅ぐことを「感覚」として理解するとは、そのような理解にほかなりません。わたしたちは、実在性への通路、すなわち見られる世界・嗅がれる世界への通路をもっていて、しかも、そのさいにわたしたち自身を欺き、誤らせることがありうる。たとえば、イヌの餌みたいな匂いがするなと思ったら、出来損ないのコック・オ・ヴァンだったとか、絹のような手触りだと思ったら、ただのイミテーションだったというようなことは、じっさいよくあることです。

では、わたしたちのさまざまな感覚をこのように拡張して理解することが、どのように意味の場の存在論に関係するのでしょうか。その答えはすでに明らかでしょうけれども、やはり驚くべきものです。すなわち、わたしたちの感覚はけっして主観的なものではない、ということです。わたしたちの感覚は、わたしたちの皮膚のしたに、あるいは皮膚の表面に挿入された添加物ではありません。むしろ感覚とは客観的な構造であって、わたしたちのほうがそのなかに存在しているのです。たとえば誰かがドアをノックしているのが聞こえているとしましょう。このとき、わたしたちが捉えているのは客観的な構造であって、わたしたちの身体のなかに生じる感覚的印象などではありません。わたしたちの身体のなかでノックが起こっているのではなく、ドアがノックされているのだからです。人間は、自らの頭蓋冠のしたや魂のなかに閉じ込められているわけではありません。ところが、普通の感覚生理学や古代の魂論では――これが、残念なことに今日に至るまで、わたしたちの考え方を規定しているのですが――わたしたちは、まるで閉じ込め症候群に苦しめられているかのように扱われます。ジュリアン・シュナーベルの映画作品『潜水服は蝶の夢を見る』や、反戦映画の古典『ジョニーは戦場へ行った』の主人公のようなものです。しかし、かつて言語表現の意味についてヒラリー・パトナムが書いていたように[98]、わたしたちの感覚は、けっして「わたしたちの頭のなか」にあるのではありません。

もういちど確認しておきましょう。人びとが列車に乗り込んでくるのを見ているとき、わたしが見ているのは、列車に乗り込んでくる人びとであって、けっして心的表象ではありません。つまり、わたしの視覚は実在的なものに違いありませんし、それによって見られている当のもののそとに存在することはありえません。同じことは、方向感覚にも当てはまります。方向感覚も、実在する現実のただなかで――すなわち無限に数多くの意味の場のなかで――方向性を獲得すべく、自ら意味の場を生み出し、つまりは無限なもののなかを通る道を生み出していきます。そして、どんな視覚よりももっと射程が広いのが、思考にほかなりません。思考は、無限なものそれ自体に取り組むことができるからです。テレビは、さまざまな傑作シリーズを媒体として、わたしたちの遠隔感覚、つまり視覚を、思考と結びあわせます。それゆえテレビを観るとき、わたしたちは視覚によって視覚を超え出ていくのです。テレビを観ているときには意識しませんが、繰り返し批判されてきたテレビの大衆操作的な機能も、これによって可能になっています。

わたしたちが認識しているいっさいのものを、わたしたちは何らかの感覚を通じて認識しています。そのさい当の感覚は、わたしたちの身体のなかにあるのではありません。むしろ身体のそとに、まさにネズミや果樹のように「そこに」ある。つまり「現実のなかに」あるいは「実在性のなかに」あるのです。これが意味しているのは、わたしたちの遠隔感覚、つまり視覚の地位を、もういちど批判的に評価し直さなければならないということです。世界全体のなかでのわたしたち自身の位置づけは、伝統的に以下のようにイメージされてきたからです。すなわち、わたしたちは、ある種の巨大な容れ物である時空間のなかにいる。この容れ物の拡がりは、あるいは光学的に、あるいは眼には見えない波長の光線によって、あるいは特に思考実験によっても測定することができるのだ、と。およそ思考実験というものは、アインシュタインの有名な思考実験と同じく、たんなる心的表象でできているのではありません。思考実験は現実に機能するからです。思考実験によって複雑な事実関係を明らかにするとき、わたしたちが働かせている思考は、ほかのあらゆる感覚と同じように真偽に関わりうるのであり、したがって誤謬に陥ることもありうるのです。

わたしたちは、無限なもののなかに道を切り拓いて進んでいます。わたしたちが認識するものは、どれも無限なものから切り取った断片にほかなりません。しかし無限なものそれ自体は、ひとつの全体でもなければ、超対象として存在しているのでもありません。むしろ存在しているのは、果てしない意味の炸裂です。わたしたち自身、この果てしない意味の炸裂に参与している。わたしたちの感覚は、潜在的には宇宙の最果てにも、またミクロコスモスにおけるほんの一瞬の出来事にも及んでいきうるからです。この点を認識しさえすれば、「わたしたちはどこでもない場所でうごめいている蟻にすぎない」などという考えは、容易に斥けられます。たしかに、わたしたちは――少なくとも、この文章を書いている今このときには認めざるをえないことですが――誰もがいずれは死ぬほかありません。それに不幸が数多く起こっていること、必要のない理不尽な苦しみがあることにも、疑いの余地はないでしょう。しかし、わたしたちには以下の点もわかっているはずです。すなわち、どんな物ごとでも、わたしたちにたいして現象しているのとは異なっていることがありうる、ということです。それは、存在するいっさいものが、無限に数多くの意味の場のなかに同時に現象しうるからにほかなりません。わたしたちが知覚しているとおりの在り方しかしていないものなど存在しない。むしろ無限に数多くの在り方でしか、何ものも存在しない。これは、ずいぶんと励みになる考えではないでしょうか。

テレビを観ることによって、わたしたちは「すべてを包摂する唯一の世界が存在する」という幻想から自らを解放することができます。テレビドラマシリーズや映画を観ながら、ひとつの状況にたいして、さまざまに異なる複数の見方を展開することができるからです。テレビや映画を観るときには、演劇と違って、舞台を前にして座っているわけではありませんし、舞台空間に現前している人物を、俳優自身とは別のキャラクターの表現として理解しなければならないわけでもありません。映画は、出演している俳優がもはや存在していないときでも観ることができるからです。映画は、根本的な意味で「何でもないことをみせるショウ」――すなわち存在しないものをみせるショウ、無についてのショウ――にほかならず、また「そのなかでいっさいが生じる唯一の世界、何が実在で何が虚構かを決めている唯一の世界が存在する」という固定観念を超える数多くの解釈可能性に取り組むものにほかなりません。実在的なものとして存在するさまざまな見方（パースペクティヴ）の多数性を認めるということが、まさに、不必要な統一性を目指すことのない現代的な自由の（そして現代のテレビドラマシリーズの）ポイントであるわけです。

したがって、世界は存在しないということは、総じて喜ばしい知らせ、福音にほかなりません。そのおかげで、わたしたちが行なう考察を、解放的な笑いによって終えられるからです。わたしたちが生きているかぎり安んじて身を委ねることのできる超対象など存在しません。むしろわたしたちは、無限なものに接する可能性、それも無限に数多くの可能性に、すでに巻き込まれているのです。さもなければ、現に存在しているいっさいのものは、存在することができていなかったに違いありません。

……そして人生の意味

意味の場の存在論が、ハイデガーの有名な表現を借りて言えば「存在の意味」とは何かという問いにたいする、わたし自身の答えです。存在の意味、つまり「存在」という表現によって指し示されているものとは、意味それ自体にほかなりません。このことは、世界は存在しないということのうちに示されています。世界が存在しないことが、意味の炸裂を惹き起こすからです。いかなるものも、何らかの意味の場に現象するからこそ存在する。そのさい、すべてを包摂する意味の場が存在しえない以上、限りなく数多くの意味の場が存在するほかない、というわけです。それらの意味の場は、互いに連関をなして一個の全体を形づくったりはしません。もしそうなら、世界が存在することになってしまいます。さまざまな意味の場がなす連関は、じっさい、わたしたちによって観察されたり惹き起こされたりしますが、それ自体、つねに新たな意味の場のなかにしかありえません。わたしたちは、意味から逃れることはできません。意味は、いわばわたしたちの運命にほかなりません。この運命は、わたしたち人間にだけでなく、まさに存在するいっさいのものに降りかかってくるのです。

人生の意味の問いにたいする答えは、意味それ自体のなかにあります。わたしたちが認識したり変化させたりすることのできる意味が、尽きることなく存在している――このこと自体が、すでに意味にほかなりません。ポイントをはっきりさせて言えば、人生の意味とは、生きるということにほかなりません。つまり、尽きることのない意味に取り組み続けるということです。幸いなことに、尽きることのない意味に参与することが、わたしたちには許されています。そのさい、わたしたちが必ずしもつねに幸福に恵まれているわけではないことは、おのずからわかります。必要のない苦しみや不幸が存在することも事実です。しかし、そのようなことは、人間という存在を新たに考え直し、わたしたち自身を倫理的に向上させていくきっかけとすべきものなのだろうと思います。こうしたことを背景として大切なのは、わたしたちの存在論的状況を明らかにすることです。人間は、この現実の基本構造にたいする自らの考えに関しても、つねに変化し続けるからです。これに続くべき次の一歩は、すべてを包摂する基本構造なるものを断念すること、その代わりに、現に見られる数多くの構造をもっとよく、もっと先入観なく、もっと創造的に理解するべく共同で取り組むことです。わたしたちは何を維持すべきで、何を変えるべきなのかを、いっそうよく判断できるようにならなければなりません。あらゆるものが存在しているからといって、あらゆるものがよいということにはならないからです。わたしたちは、皆でともに途方もない探検のさなかにいる——どこでもない場所からここに到達し、ともに無限なものへとさらに歩みを進めているさなかにいるのです。

訳者あとがき

本書はMarkus Gabriel, *Warum es die Welt nicht gibt*, Berlin: Ullstein, 2013の全訳である。適宜、仏訳（*Pourquoi le monde n'existe pas*, traduit de l'allemand par Georges Sturm avec la collaboration de Sibylle Sturm, Paris: Jean-Claude Lattès, 2014）および英訳（*Why the World Does Not Exist*, translated by Gregory S. Moss, Cambridge: Polity Press, 2015）を参照した。誤記・誤植と思われる箇所は、訳者によって断りなく訂正して訳出してある。

著者マルクス・ガブリエルは[1]、一九八〇年四月六日にドイツ南西部の町レーマーゲンに生まれた。ハーゲン通信教育大学およびボン大学で学んだ後、二〇〇五年にはシェリング後期哲学についての研究で博士号を、二〇〇八年には古代の懐疑論および観念論についての研究で教授資格を、いずれもハイデルベルク大学で取得した。ニューヨークのニュー・スクール・フォー・ソーシャル・リサーチのアシスタント・プロフェッサーを経て、二〇〇九年からボン大学教授（認識論／近現代哲学講座）。ドイツで最年少の哲学正教授として話題になった。また二〇一二年からボン大学の国際哲学センターのディレクターも務めている。

ガブリエルは、ハイデルベルク大学での研究テーマにうかがわれるように、古代哲学とドイツ観念論（とりわけシェリング）を研究の出発点としているが、それに加えて二〇世紀の哲学（とりわけハイデガー、ヴィトゲンシュタイン、分析哲学およびポスト分析哲学）も研究対象とし、歴史的にも理論的にも幅の広い研究に基づいて、認識論・存在論・形而上学の議論を刷新しようとしている。こうした歩みのなかから打ち出されてきたのが、本書でもキーワードとなっている「新しい実在論」である。その内容の詳細や検討については——本書の閲読を願うのはもちろんとして——後に掲げる参考文献の参照を願うこととして、ここでは、ごく表面的にではあれ「新しい実在論」の糸口に触れておきたい。

ここで問題となる「新しい実在論」は、イタリアの哲学者マウリツィオ・フェラーリスの唱道した思想運動で、[2]二〇一一年八月八日付けの『レプブリカ』紙に掲載された「ニュー・リアリズム宣言」に発する。[3]その背景のひとつに、政治の現状にたいする批判的な意識が見て取られる。「ニュー・リアリズム宣言」は、いわゆる「ポストモダン」思想を——この呼び名に表われている論敵の単純化・矮小化は否めないにせよ、それでも必ずしも頷けなくもない動機によって[4]——批判する。ヴァーチャル・リアリティの滲浸した劇場型政治の現状にあっては、事実無根の虚言・戯言でも、いったん支持層を得て人びとを「連帯」させるスローガンになってしまうと、あたかも何らかの事実に基づく政治的主張であるかのように通用し、顧慮されるようになる。中立を装う報道・出版メディアが、そうした動きを後押しする……。フェラーリスによれば、多様な解釈の可能性ばかりを強調して、真理や客観性の主張を避けてきたポストモダン思想は、このような政治状況と共犯関係にある。これにたいして、客観的に実在する真理を主張しなければならないし、そのような真理の認識は可能なはずだ、というわけである。

本書の記述によれば、「新しい実在論」という呼び名は、必ずしもフェラーリスの発案になるものではなく、むしろ「ニュー・リアリズム宣言」の一ヵ月ほど前にガブリエルから提案されたようである。[5] おそらく、実在論を鍛え直す必要を個々独立に感じていた哲学者たちが自然発生的に交流を活発化させていたところに、フェラーリスやガブリエルが「新しい実在論」なる名を与えることで、一定の方向が生まれたのだろう。[6] この呼び名の背景には、実在論を鍛え直す別の思想運動である「思弁的実在論」の勃興もあったことと思われる。[7] じっさいガブリエルが『スペキュレーションズ』誌に寄稿するなど、「思弁的実在論」と接点をもち、批判を交わしながらも連動している面がある。[8] こうした同時代的な動向のなかで、「新しい実在論」は、フェラーリスの著書『新しい実在論の宣言』[9]（二〇一二年）を始めとして強力に喧伝されてきている。

こうしてポストモダン以後の新たな哲学的態度として企図された「新しい実在論」は、本書では「形而上学」と「構築主義」とをともに批判するなかでスケッチされていく。

一方での形而上学は、いかなる事象にも、人間による認識から独立した唯一真正な本質が存在することを主張する。それによれば、ひとつの事象がもつ複数の様相は、どれも認識主体の主観的な偏向による幻想であって、当の事象の本質に還元されうるし、されなければならない。他方での構築主義は、いかなる事象にも唯一真正な本質が存在するという考えを否定する。それによれば、ひとつの事象についても、さまざまな認識主体によって見られた複数の様相しか存在せず、それらの諸様相の交渉から当の事象のイメージが社会的に構築されるのであって、そうした構築作用から独立した本質があるとする考えのほうこそが幻想にすぎない。

形而上学の欠点は、事象の諸様相それぞれのリアリティを考えられないことにある。構築主義の欠点は、構築作用の収斂するひとつの対象のリアリティを考えられないことにある。この両者にたいして新しい実在論は、さまざまな認識主体による対象の構築を認める（どんな事象にも複数の様相があり、それぞれの様相にそれぞれのリアリティがあることは、事実として認めざるをえないから）と同時に、認識主体による構築作用とは別に対象それ自体の存在を認める（さもなければ、もろもろの認識主体が同じ対象に関わっていると言えなくなってしまうから）。対象それ自体の確固とした存在を認めるにあたって構築主義の議論を経由するところに、たしかに素朴な実在論ではない「新しい実在論」の特徴があるのかもしれない。

「新しい実在論」は、認識論と存在論の刷新を図るだけではない。新しい実在論の利点として、ガブリエルは、批判性と平等性を挙げている。[10] 新しい実在論は、事象それ自体の実在性を認める。この実在性がなければ、そもそももろもろの主体が同じ事象に関わっていると言えなくなってしまう。つまり新しい実在論は、もろもろの主体に共通の準拠点を与える（平等性）。この準拠点があってこそ、同じ事象にたいするもろもろの主体それぞれの関わり方——たとえば当の事象の「認識」——の当否を決することができる（批判性）。かくして新しい実在論は、ポストモダン思想の構築主義を経た後に、批判性・平等性の価値を再獲得する新しい啓蒙主義の運動でもあるとされるわけである。

このような啓蒙（主義）的な性格は、本書にも見て取ることができる。本書は、既存の哲学者や理論の解説書でもなければ、日常生活に有益なヒントを与えてくれる人生論の本でもなく、じっさいに哲学的思考を行なってみせる書物であろうとしている。日常的な——ときには突飛な感じで、笑いも誘うような——事例に即して、砕けた平易な文体で、形而上学・存在論・認識論から美学や宗教哲学にまで及ぶテーマを「新しい実在論」によって考え直していこうとする。こうして本書は、専門家でない読者に向けた哲学書としては非常な成功を収め、ベストセラーとして話題になった[11]。著者ガブリエル自身の国際的な活躍[12]とも相俟ってドイツ語圏外でも注目を集め、すでにヨーロッパの数多くの言語に翻訳されており、中国語訳やトルコ語訳も準備中とのことである。

本書に先立って、著者ガブリエルの論考がすでに日本語に翻訳されてきている。単行本としては以下のものがすでに刊行されている。

- 『神話・狂気・哄笑——ドイツ観念論における主体性』(スラヴォイ・ジジェクとの共著)、大河内泰樹・斎藤幸平監訳、飯泉佑介・池松辰男・岡崎龍・岡崎佑香訳、堀之内出版、二〇一五年。

論文の翻訳も、すでにいくつか刊行されている。

- 「シェリング『世界年代』の述定存在論」小野純一訳、『国際哲学研究』別冊五、東洋大学国際哲学研究センター、二〇一四年、二五—三九頁。
- 「シェリング『世界年代』における時間哲学」中島新訳、同前、五六—七〇頁。

＊以上の二本は、以下で読むことができる。http://www.toyo.ac.jp/site/ircp/61912.html

・「形而上学の根本的問いに対するシェリングの答え——『啓示の哲学 初稿』における」加藤紫苑訳、『Νύξ（ニュクス）』第二号、堀之内出版、二〇一五年、一七四—二〇〇頁。

・「中立的な実在論」斎藤幸平訳、『現代思想』二〇一六年一月号（第四四巻第一号）、青土社、二〇一六年、八六—一〇五頁。

・「グローバル哲学?-」堀内俊郎・中島新訳、『国際哲学研究』第五号、東洋大学国際哲学研究センター、二〇一六年、八七—九四頁。＊以下で読むことができる。http://www.toyo.ac.jp/site/ircp/93206.html

以上の日本語訳に付された解説・解題も含めて、ガブリエルについて日本語で書かれたものを読むこともできる。訳者の眼にとまったかぎりでいくつか挙げておく（千葉・岡嶋の対談記事は、厳密にはガブリエルについてのものではないが、有益だと思うので改めて掲げる）。ガブリエルの思想について踏み込んだ理解を得るために、以下に挙げる文献の参照を強く勧めておきたい。

・長島隆「Weltalter の研究動向とマルクス・ガブリエルのシェリング研究」、前掲『国際哲学研究』別冊五、一四二—一六〇頁。＊以下で読むことができる。http://www.toyo.ac.jp/site/ircp/61912.html

・千葉雅也・岡嶋隆佑（聞き手）「思弁的実在論と新しい唯物論」、『現代思想』二〇一五年一月号、青土社、七〇—八八頁。

・浅沼光樹「解題　マルクス・ガブリエル「形而上学の根本的問いに対するシェリングの答え」を読

むために」、前掲『Νύξ（ニュクス）』第二号、二〇二一—二二五頁。
・岡崎龍「訳者解説」、前掲『神話・狂気・哄笑』三二九—三四一頁。
・中島新「新実在論とマルクス・ガブリエル——世界の不在と「事実存在」の問題」、前掲『国際哲学研究』第五号、一七五—一八六頁。＊以下で読むことができる。http://www.toyo.ac.jp/site/ircp/93206.html
・中島新「なぜ今「実在論」なのか？——マルクス・ガブリエルの「新実在論」を例として」、全国唯物論研究協会第三九回大会、二〇一六年一〇月二三日（於・立教大学）。＊以下で「報告要旨」、「報告レジュメ」を読むことができる。http://www.zenkokuyuiken.jp/contents/taikai/39taikai/39taikai1026.html

最後に、拙訳について弁解をさせていただきたい。

(1)文体について。原文がきわめて話し言葉に近く感じられたこと——たとえば語彙に見られるレジスターや不定関係代名詞の使い方など——から、拙訳は「です・ます」調にしてある。もちろん、砕けた口語文体であっても「だ・である」調で書かれる現代日本語文の蓄積がすでにあり、拙訳も「だ・である」調にしようかと少々悩んだが、「です・ます」調にした。これによって文意が曖昧になる箇所が生じうること、また煩わしく感じられる読者がおられることを恐れるが、ご容赦を願う。

(2)本書のキーワードの訳語について。拙訳で「新しい実在論」とした「der Neue Realismus」には、先に掲げた既訳や諸論考では「新実在論」という訳語が充てられている。また「意味の場」とした「Sinnfeld」には、「意味の領野」、「意義領野」といった訳語が充てられている。後者の訳語「意義領野」は、フレーゲの用語の定訳語である「意義（Sinn）」を踏襲したものとして首肯できる（じっさい拙訳も当初はこの訳語を採用していた。フレーゲの用語については、本書の原註24に付した註記（本書、三二二頁）を参照されたい）。ただ拙訳では「Sinn」には原則的に「意味」という訳語を充てている――ほかに文脈によって「感覚」、「感性」の訳語も用いた――ので、「Sinnfeld」は「意味の場」とした。いずれのキーワードについても、ことさら既訳に異を唱えるつもりのないことを断っておきたい。

(3)本書の英訳（本「訳者あとがき」冒頭を参照されたい）には、原書・仏訳との異同が少なからずあるが、拙訳ではひとつとして異同を挙げなかった。この点、興味をもたれるかもしれない読者には、ご寛恕を願うほかない。ただし訳者の見たかぎりで一箇所、センテンスの肯定／否定が正反対になっている箇所があるので、これについて記しておきたい。問題のセンテンスは以下である。「文化や歴史の違いに左右されない宗教の意味が、端的に存在する」（第V章、二三七頁）。ドイツ語の原文は「Es gibt einfach einen Sinn von Religion, der kulturell und historisch invariant ist」（S. 209）、仏訳は「Il y a un sens de la religion, et ce sens est un invariant culturel et historique」（p. 213）である。これが英訳では「There is not just one culturally and historically invariable meaning of religion」（p.179）――「文化や歴史の違いに左右されない宗教の意味は、端的に存在しない」――と訳され、存在の有無が正反対となっている。私見では、英訳では理屈の筋が通らないので、原書・仏訳に即して訳出した。

(4)「作品名索引」は原書にはない。これは日本版タイトルを確認するために訳者が自分用に作ったものだが、読者の役に立つこともあるかもしれないと思って収録することにした。訳者自身のためのものだったので使い勝手の悪い点が多々あろうかと思うが、ご容赦を願いたい。

(5)訳者はマルクス・ガブリエルという人に関して門外漢であり、本当のところ本書の適切な翻訳者ではなかった。本書の日本語訳を待望なさっていた方々にたいして訳稿の完成が遅れてしまったことを申し訳なく思っているのはもちろん、ガブリエルの議論が正確に伝わるように訳出できていないかもしれないと恐れている。不適切な訳文や文意不明瞭な箇所について、読者諸賢のご指摘・ご教示を乞う。

門外漢の訳者が、それでも本書の訳出に取り組めたのは、宮﨑裕助・互盛央の両氏の多大な力添えがあってのことである。本書の訳出を通じて、重要な認識を新たにする機会を得ることができた。ここで両氏に改めて感謝を申し上げる。

二〇一七年八月　　信州・松本にて

訳　者

註

1 以下、履歴や専門分野の記述にあたっては、ボン大学ウェブサイトの教員紹介ページにアップされている履歴書（Curriculum Vitae）に拠った（https://www.philosophie.uni-bonn.de/de/personen/professoren/prof.-dr.-markus-gabriel-2）。

2 各種の文書・文献を集めた「公式サイト」も作られている（https://nuovorealismo.wordpress.com/）。

3 原口昇平氏が訳文を公開している（http://siesta.lostworks.net/Ferraris2011a.html）。

4 野口雅弘「構築主義から「意志の力」へ——近年の「ニュー・リアリズム」関連の文献をめぐって（ボン便り7）」、『みすず』第六二四号（二〇一四年三月号）、みすず書房、四六—五一頁を参照されたい。

5 「ここで言う「新しい実在論」は、いわゆる「ポストモダン」以後の時代を特徴づける哲学的立場を表わしています（私事にわたって恐縮ですが、わたしがこのようなことを言い始めたのは、二〇一一年の夏——正確には二〇一一年六月二三日の一三時三〇分頃——ナポリで、イタリアの哲学者マウリツィオ・フェラーリスと昼食をともにしているときのことでした）」（本書、八—九頁）。

6 じっさいガブリエルは『新しい実在論』という論文集を編集・刊行している（Markus Gabriel （Hrsg.）, *Der neue Realismus*, Berlin：Suhrkamp, 2014）。

7 千葉雅也・岡嶋隆佑（聞き手）「思弁的実在論と新しい唯物論」（『現代思想』二〇一五年一月号、青土社、七〇—八八頁）は、「思弁的実在論」の明快な見取り図を与えてくれる。一読を強く勧めておきたい。わずかではあるがガブリエルにも言及がある（七一—七二頁）。

8 Markus Gabriel, "The Meaning of 'Existence' and the Contingency of Sense", *Speculations: A Journal of Speculative Realism*, IV (2013), pp. 74-83.

9 Maurizio Ferraris, *Manifesto del nuovo realismo*, Roma: GLF, Ed. Laterza, 2012. 二〇一四年には独訳・仏訳・英訳が刊行されている。

10 Markus Gabriel, "Wir verblendeten （Neuer Realismus （5））", in: *Die Zeit*, 5. Juni 2014 （http://www.zeit.

de/2014/24/neuer-realismus-5-genforschung-neurowissenschaft).『ディー・ツァイト』紙上で「新しい実在論」についての連載記事が展開されていること自体に、この思想運動の流行を見て取ることができる。また哲学と民主主義との関係については本書にも言及がある。

11 ドイツ語圏の代表的な新聞各紙に、いずれもおおむね好意的な書評が掲載されている。版元であるウルシュタインのウェブサイトを参照されたい(http://www.ullsteinbuchverlage.de/nc/buch/details/warum-es-die-welt-nicht-gibt-9783550080104.html)。日本語圏の新聞で最初に本書を紹介したのは、おそらく以下の記事である。美濃口坦「「世界」は存在できるのか」、『朝日新聞グローブ』二〇一三年九月一五日、第一三面(http://globe.asahi.com/bestseller/2013091200025.html)。

12 日本語圏でも、二〇一五年度に東洋大学国際哲学研究センターの客員研究員を務め、研究発表も行なっている(http://www.toyo.ac.jp/site/ircp/)。また、専門家どうしの交流活動にとどまらず、テレビ番組・ウェブ配信番組、書店イヴェントなどに出演してのプロモート活動にも積極的に取り組んでいる。日本語圏でのものに限っても、NHKのドキュメンタリー番組『BS1スペシャル「欲望の民主主義」——世界の景色が変わる時』(https://www.nhk.or.jp/docudocu/program/2443/2225488/index.html)や、ジュンク堂書店池袋本店でのトークイヴェント「ドイツ観念論の現在」(https://www.youtube.com/watch?v=6e-ry3TBLeg)などがある。

法則によってのみ説明できるのだとする立場。

唯名論（Nominalismus）「我々のもっている概念やカテゴリーは、世界の分け方なり構造なりをそれ自体として記述したり、写し取ったりするものではない。むしろ我々がまわりの環境と我々自身とについて形成するどんな概念も、自らの生存の可能性を高めるために我々自身が物ごとを一般化した結果にすぎない」とするテーゼ。

の獲得を目的とする。

パースペクティヴィズム（Perspektivismus）　現実にたいするさまざまな見方（パースペクティヴ）があるというテーゼ。

反省（Reflexion）　考えることについて考えること。

否定的存在論の主命題（Hauptsatz der negativen Ontologie）「世界は存在しない」。

フェティシズム（Fetischismus）　自らの作った対象に超自然的な力を投影すること。

物理学主義（Physikalismus）「現実に存在するすべてのものは宇宙のなかにあり、したがって物理学によって研究されうる」とする考え方。

フラクタル存在論（Fraktale Ontologie）「果てしなく派生していく世界の縮小コピーという形で、世界の非存在が繰り返される」とする主張。ほかから切り離された対象は、いずれも世界と同じ事情にあることになる。世界が存在しない以上、世界という大きな問題は、それと同じ事情にある小さな個々の対象において繰り返される。

ブロブジェクティヴィズム（Blobjektivismus）　以下の二つのテーゼからなる。「すべてを包摂するたったひとつの対象領域が存在する」。かつ「この対象領域それ自体がひとつの対象である」。

メレオロギー（Mereologie）　論理学の一領域として、部分と全体の形式的関係に取り組む分野。

メレオロギー的な合成（Mereologische Summe）　複数の部分が結びつくことによって、ひとつの全体をなすこと。

唯物論（Materialismus）「現実に存在するすべてのものが物質的である」という主張。

唯物論的一元論（Materialistischer Monismus）　宇宙を存在する唯一の対象領域と見なし、これを物質的なものの全体と同一視し、その物質的なものは自然こと。

存在論（Ontologie）　伝統的には「存在することについての理論」を表わす名。本書では「存在するということの意味」の分析を指す名として用いる。

存在論的還元（Ontologische Reduktion）　立派な対象領域と見えていたものが、じっさいには話の領域にすぎなかった。客観的な言説と見えていたものが、じっさいには実体のない空談にすぎなかった。このようなことが判明するときに、存在論的還元が行なわれる〔問題となる対象領域の本質を話の領域に帰したうえで、この話の領域が、それ自身によって想定されているようには客観的でなく、むしろ特定の歴史的・社会経済的・心理学的な偶然事によって規定されているのを示してみせること〕。

存在論的な限定領域（Ontologische Provinz）　全体の一部である領域。これを全体そのものと取り違えてはならない。

対象（Gegenstand）　真偽に関わりうる思考によって考えることのできるもの。そのさい、すべての対象が時間的・空間的な拡がりをもった物であるわけではない。夢のイメージや数も、形式的な意味において対象である。

対象領域（Gegenstandsbereich）　特定の種類の諸対象を包摂する領域。そのさいには、それらの対象を関係づける規則が定まっていなければならない。

多元論（Pluralismus）「数多くの（少なくとも二つより多くの）実体が存在する」とする考え方。

超思考（Supergedanke）　世界全体と自己自身について同時に考える思考。

超対象（Supergegenstand）　およそありうる性質をすべて備えた対象。

二元論（Dualismus）「二つの実体、すなわち二種類の対象だけが存在する」とする考え方。そのさい特に思考と物質は、互いにまったく異なると考えられる。

人間尺度命題（Homo-Mensura-Satz）「人間は「万物の尺度」である」。

認知機構（Registratur）　前提・手段・方法・素材のセット。情報の加工と知識

自然主義（Naturalismus）「自然だけが存在する。その自然とは、自然科学の対象領域、すなわち宇宙にほかならない」とする主張。

実在論（Realismus）「およそ何かを認識するときには、わたしたちは物それ自体を認識している」とするテーゼ。

実存主義（Existenzialismus） 人間の実存の探究。

実体（Substanz） 性質の担い手。

斜状述語（Diagonalprädikat） サイダー世界を斜めに横切る述語（図7）。すなわち不条理な仕方で世界を分割し、表現する述語。

宗教（Religion） 無限なもの――まったく思いどおりにならないもの、不変なもの――から、わたしたち自身への回帰。この回帰にさいして重要なのは、わたしたちが完全に失われてしまうわけではないということである。

主観的述語（Subjektives Prädikat） 特定の共同体に属するすべての主体――たとえば、すべての人間――が用いる述語。たとえば、ソナーを送受する器官をもつイルカにだけ認識できる述語は、主観的述語である。

心的表象主義（Mentaler Repräsentationalismus） わたしたちには物を直接知覚することはできず、物はつねに心的イメージとしてしか捉えられないとする考え方。そのさい、物に直接関わることはつねにできないとされる。

世界（Welt） すべての意味の場の意味の場。それ以外のいっさいの意味の場がそのなかに現象してくる意味の場。

絶対的区別（Absoluter Unterschied） ある対象とほかのすべての対象との区別。

創造論（Kreationismus）「自然にたいする神の介入こそが、自然科学よりもうまく自然を説明する」という主張。

相対的区別（Relativer Unterschied） ある対象とほかのいくつかの対象との区別。

存在（Existenz） 意味の場の性質。その意味の場に何かが現象しているという

科学的実在論（Wissenschaftlicher Realismus）「わたしたちが科学的な理論と装置によって認識するのは物それ自体であって、たんに理論的・文化的な構築物なのではない」とする理論。

神（Gott）どんなものも——たとえわたしたちの理解力を超えていようとも——けっして無意味ではないという理念。

近代的ニヒリズム（Moderner Nihilismus）「結局のところすべては無意味である」という主張。

形而上学（Metaphysik）この世界全体についての理論を展開しようとする試み。

現象（Erscheinung）「現われ」、「出来事」、「存在」を表わす一般的な名称。現象は、数のような抽象的なものでもありうるし、時間的・空間的な制約のもとに存在する物のような具体的・物質的なものでもありうる。

構造実在論（Strukturenrealismus）「構造が存在する」という主張。

構築主義（Konstruktivismus）「およそ事実それ自体など存在しない。むしろわたしたちが、わたしたち自身の重層的な言説ないし科学的な方法を通じて、いっさいの事実を構築しているのだ」と主張するあらゆる理論の基底にある考え方。

肯定的存在論の第一主命題（Erster Hauptsatz der positiven Ontologie）「限りなく数多くの意味の場が必然的に存在する」。

肯定的存在論の第二主命題（Zweiter Hauptsatz der positiven Ontologie）「どの意味の場もひとつの対象である」。

誤謬の理論（Irrtumstheorie）問題になる話の領域の体系的な誤謬を明らかにし、当の領域の本質を一連の誤った想定に帰するような説明方法。

事実（Tatsache）何かについて「真である」と言える何らかのこと。

事実性（Faktizität）およそ何かが存在している状態。

用語集

新しい実在論（Neuer Realismus）　以下の二つのテーゼからなる主張。第一に「わたしたちは物および事実それ自体を認識することができる」ということ。そして第二に「物および事実それ自体は唯一の対象領域にだけ属するわけではない」ということ。

一元論（Monismus）「たったひとつの実体、すなわち超対象だけが存在する」という考え方。そのさい超対象は、ほかのすべての対象をうちに含むと考えられる。

意味（Sinn）　対象が現象する仕方のこと。

意味の場（Sinnfelder）　およそ何かが現われてくる場。

意味の場の存在論（Sinnfeldontologie）「およそ何かが現象している意味の場が存在するかぎり、何も存在しないということはなく、そこに現象している当の何かが存在している」とする主張。存在すること＝何らかの意味の場に現象すること。

宇宙（Universum）　実験によって開拓できる自然科学の対象領域。

解釈学的構築主義（Hermeneutischer Konstruktivismus）　あらゆるテクスト解釈は構築物であると主張する構築主義。この立場によれば、テクストの意味は当のテクストそれ自体にはなく、つねに解釈との相対的関係のなかにしか存在しない。

科学尺度命題（Scientia-Mensura-Satz）「この世界の記述という次元にあっては、科学が万物の尺度である」。

科学主義（Szientismus）「自然科学は、およそ現実いっさいの基層——ほかならぬ世界それ自体——を認識する。これにたいして自然科学以外のいっさいの認識は、自然科学の認識に還元されなければならない。あるいは、いずれにせよ自然科学の認識を尺度としなければならない」という主張。

98 Hilary Putnam, *Die Bedeutung von »Bedeutung«*, 3., ergänzte Aufl., hrsg. und übersetzt von Wolfgang Spohn, Frankfurt am Main: Klostermann, 2004〔英語の原書と日本語訳は以下。Hilary Putnam, "The Meaning of 'Meaning'", in *Mind, Language and Reality: Philosophical Papers Volume 2,* Cambridge: Cambridge University Press, 1975, pp. 215-271（H・パットナム「「意味」の意味」、『精神と世界に関する方法——パットナム哲学論集』藤川吉美編訳、紀伊國屋書店、1975年、147-247頁）〕.

12月29日付けの書簡)〕.

88 Freud, *Der Witz und seine Beziehung zum Unbewußten*, S. 183〔『フロイト著作集』第4巻、367-368頁/『フロイト全集』第8巻、200-201頁〕.

89 Ebenda, S. 140〔『フロイト著作集』第4巻、334頁/『フロイト全集』第8巻、151頁〕.

90 Vgl. Kasimir Malewitsch, *Suprematismus — Die gegenstandslose Welt*, übertragen von Hans von Riesen, Köln: Du Mont Schauberg, 1962, S. 232.

91 Gottfried Wilhelm Leibniz, *Monadologie. Französisch / Deutsch*, übersetzt und hrsg. von Hartmut Hecht, Stuttgart: Reclam, 1998, S. 40-43 (§ 57)〔ライプニッツ『モナドロジー』第57節。手頃な訳書としては、ライプニッツ「モナドロジー」清水富雄・竹田篤司訳、『モナドロジー　形而上学叙説』中公クラシックス、2005年、22頁など〕.

92 Vgl. Hans Blumenberg, *Die Legitimität der Neuzeit*, Frankfurt am Main: Suhrkamp, 1996, sowie insbesondere: ders., *Die Lesbarkeit der Welt*, Frankfurt am Main: Suhrkamp, 1986〔ハンス・ブルーメンベルク『近代の正統性』全3巻、斎藤義彦・忽那敬三・村井則夫訳、法政大学出版局、1998-2002年。および、ハンス・ブルーメンベルク『世界の読解可能性』山本尤・伊藤秀一訳、法政大学出版局、2005年〕.

93 Friedrich Nietzsche, »Ueber Wahrheit und Lüge im aussermoralischen Sinne«, in: ders., *Kritische Studienausgabe*, Bd. 1, S. 873-890〔「道徳以外の意味における真理と虚偽について」西尾幹二訳、『ニーチェ全集』第I期第2巻、白水社、1980年、467-487頁〕.

Ⅶ　エンドロール

94 この点については、以下の著作を参照ください。Vgl. Diedrich Diederichsen, *The Sopranos*, Zürich: Diaphanes, 2012.

95 Simon Critchley, *Über Humor*, aus dem Englischen von Erik M. Vogt, Wien: Turia und Kant, 2004〔Simon Critchley, *On Humour*, London: Routledge, 2002〕.

96 Vgl. Diederichsen, *The Sopranos*, etwa S. 52.

97 Donatien Alphonse François de Marquis de Sade, *Justine oder das Unglück der Tugend*, Übersetzung von Katarina Hock, Gifkendorf: Merlin-Verlag, 1990〔フランス語の原書と日本語訳は以下。D. A. F. de Sade, « Justine, or, Les malheures de la vertu », in *Œuvres I*, édition établie par Michel Delon, Paris: Gallimard (Bibliothèque de la Pléiade), 1995, pp. 123-390. 手頃な訳書として、サド『ジュスチーヌまたは美徳の不幸』植田祐次訳、岩波文庫、2001年〕.

ェル『眼に映る世界――映画の存在論についての考察』石原陽一郎訳、法政大学出版局、2012年、133頁〕.

77 引用は、以下の版本に拠ります。Stéphane Mallarmé, *Gedichte. Französisch und Deutsch,* übersetzt und kommentiert von Gerhard Goebel, Gerlingen: Lambert Schneider, 1993, S. 166-171〔フランス語の原書と日本語訳は以下。Stéphane Mallarmé, « Le démon de l'analogie », in *Œuvres complètes II,* édition présentée, établie et annotée par Bertrand Marchal, Paris: Gallimard, 2003, pp. 86-88（「類推の魔」松室三郎訳、『マラルメ全集』第II巻、筑摩書房、1989年、18-20頁）〕. この散文詩に注意を促してくれたことについて、ヴォルフラム・ホグレーベに感謝します。

78 Ebenda, S. 167〔Ibid., p. 86（同書、18頁）〕.

79 Ebenda, S. 168 f.〔Ibid., pp. 86 f.（同頁）〕

80 Ebenda, S. 171〔Ibid., p. 88（同書、20頁）〕.

81 Ebenda〔Ibid., p. 87（同頁）〕.

82 Ebenda〔Ibid.（同頁）〕.

83 この点については、ヴォルフラム・ホグレーベの以下の論考をご参照ください。Wolfram Hogrebe, »Metafisica Povera«, in: *Zur Philosophie des Zeichens,* hrsg. von Tilman Borsche und Werner Stegmaier, Berlin; New York: de Gruyter, 1992, S. 79-101.

84 Sellars, *Der Empirismus und die Philosophie des Geistes,* S. 29〔原註39を参照。Wilfrid Sellars, "Empiricism and the Philosophy of Mind", in *Science, Perception and Reality,* London: Routledge & Kegan Paul, 1963, p. 144（ウィルフリッド・セラーズ『経験論と心の哲学』神野慧一郎・土屋純一・中才敏郎訳、勁草書房、2006年、157頁）. あるいは、Wilfrid Sellars, *Empiricism and the Philosophy of Mind,* with an introduction by Richard Rorty, and a study guide by Robert Brandom, Cambridge, Mass.: Harvard University Press, 1997, p. 40（ウィルフリド・セラーズ『経験論と心の哲学』浜野研三訳、岩波書店、2006年、38頁）〕.

85 Mallarmé, *Der Dämon der Analogie,* S. 171〔原註77を参照。Mallarmé, *Œuvres complètes II,* p. 88（『マラルメ全集』第II巻、20頁）〕.

86 Freud, *Der Witz und seine Beziehung zum Unbewußten,* S. 66〔原註54を参照。『フロイト著作集』第4巻、272頁／『フロイト全集』第8巻、57頁〕.

87 Sigmund Freud, *Briefe an Wilhelm Fliess. 1887-1904,* ungekürzte Ausg., hrsg. von Jeffrey Moussaieff Masson, Bearbeitung der deutschen Fassung von Michael Schröter, Transkription von Gerhard Fichtner, Frankfurt am Main: S. Fischer, 1986, S. 316-317 (Brief vom 29. 12. 1897)〔『フロイト　フリースへの手紙――1887-1904』河田晃訳、誠信書房、2001年、306-307頁（1897年

公論社、1966年、470頁／『死にいたる病　現代の批判』桝田啓三郎訳、中公クラシックス、2003年、67頁／キルケゴール「死にいたる病」松浪信三郎訳、『死にいたる病　現代の批判』松浪信三郎・飯島宗享訳、白水Uブックス、2008年、63頁（巻末の「原典表記」によると、松浪訳「死にいたる病」はドイツ語訳からの重訳とのことである）／キェルケゴール『死に至る病』斎藤信治訳、岩波文庫、2010年（改版）、78頁（巻末の「解説」によると、斎藤訳『死に至る病』はドイツ語訳からの重訳とのことである）／セーレン・キェルケゴール『死に至る病』鈴木祐丞訳、講談社学術文庫、2017年、71頁〕.

74　マックス・ヴェーバーは、フェルディナント・テニエスに宛てた1909年3月2日付けの手紙に、こう書いています。「たしかに、わたしは宗教については完全に『感性を欠いている』ので、何らかの宗教的性格をもった魂の『建築物』を自らのうちに建てる必要もなければ、その能力もありません。そうはいきません――とはつまり、そのようなことを、わたしは拒否するわけです。しかし厳密に検討してみると、わたしは反宗教的でも無宗教的でもありません」（Max Weber, *Gesamtausgabe*, Abt. II, Bd. 6: *Briefe 1909-1910*, hrsg. von M. Rainer Lepsius und Wolfgang J. Mommsen in Zusammenarbeit mit Birgit Rudhard und Manfred Schön, Tübingen: J. C. B. Mohr, 1994, S. 65）。

Ⅵ　芸術の意味

75　Frege, »Sinn und Bedeutung« (s. Anm. 24), S. 148 f.〔フレーゲ「意味と意義について」の既訳では、それぞれ以下の頁にあたる（既訳の書誌について、また「意味」および「意義」の訳語について、原註24を参照）。『現代哲学基本論文集Ⅰ』13-15頁／『フレーゲ哲学論集』40-42頁／『フレーゲ著作集』第4巻、78-80頁／『言語哲学重要論文集』14-17頁。なお本書の英訳では、ここでフレーゲの論考として「意味と意義について」ではなく「数学における論理」が挙げられている。参考までに掲げておく。Gottlob Frege, »Logik in der Mathematik«, in: ders., *Nachgelassene Schriften*, 2., rev. Aufl., erweitert um einen Anhang, unter Mitwirkung von Gottfried Gabriel und Walburga Rödding bearbeitet, eingeleitet und mit Anmerkungen versehen von Hans Hermes, Friedrich Kambartel und Friedrich Kaulbach, Hamburg: Meiner, 1983, S. 243, 250. 以下の既訳がある。「数学における論理」田畑博敏訳、『フレーゲ著作集』第5巻、勁草書房、2001年、254, 264頁〕

76　Stanley Cavell, *The World Viewed. Reflections on the Ontology of Film*, Cambridge, Mass.: Harvard University Press, 1979, S. 85〔スタンリー・カヴ

62 Friedrich Schleiermacher, *Über die Religion. Reden an die Gebildeten unter ihren Verächtern (1799),* hrsg. von Günter Meckenstock, Berlin / New York: de Gruyter, 2001, S. 80〔フリードリヒ・シュライアマハー『宗教について――宗教を侮蔑する教養人のための講話』深井智朗訳、春秋社、2013年、53頁／F・シュライエルマッハー『宗教論――宗教を軽んずる教養人への講話』高橋英夫訳、筑摩書房、1991年、44頁／シュライエルマッヘル『宗教論』佐野勝也・石井次郎訳、岩波文庫、1949年、51頁〕.

63 Ebenda, S. 75〔深井訳42頁／高橋訳35頁／佐野・石井訳42頁〕.

64 Ebenda, S. 167〔深井訳242頁／高橋訳196-197頁／佐野・石井訳203-204頁〕.

65 Ebenda, S. 85〔深井訳65頁／高橋訳53頁／佐野・石井訳60頁〕.

66 Ebenda, S. 113〔深井訳128頁／高橋訳103頁／佐野・石井訳110-111頁〕.

67 Ebenda, S. 115〔深井訳131頁／高橋訳105頁／佐野・石井訳113頁〕.

68 Ebenda, S. 171〔深井訳250頁／高橋訳204頁／佐野・石井訳210頁〕.

69 Friedrich Nietzsche, *Also sprach Zarathustra,* in: ders., *Kritische Studienausgabe,* Bd. 4, S. 35 f.〔ニーチェ『ツァラトゥストラはこう言った』上、氷上英廣訳、岩波文庫、1967年、46頁／『ツァラトゥストラ』上、吉沢伝三郎訳、『ニーチェ全集』第9巻、ちくま学芸文庫、1993年、56頁／『ツァラトゥストラはこう語った』薗田宗人訳、『ニーチェ全集』第II期第1巻、白水社、1982年、47頁〕

70 Karl Marx, *Das Kapital. Erster Band,* Berlin: Dietz, 1962, S. 86 f.〔大月書店から刊行されている岡崎次郎訳『資本論』(『マルクス＝エンゲルス全集』第23巻第1分冊、あるいは単行本『資本論』第1巻第1分冊、あるいは国民文庫『資本論』第1分冊）では、欄外に全集版原書の頁数が添えられている。その86-87頁を参照。ほかに手頃な訳書として、以下の二つを挙げておく。『資本論』第1、向坂逸郎訳、岩波文庫、1969年、132頁／『資本論』第1分冊、資本論翻訳委員会訳、新日本出版社、1982年、124頁〕

71 『ローマの信徒への手紙』11.33の拙訳。

72 Martin Heidegger, *Beiträge zur Philosophie (Vom Ereignis), Gesamtausgabe,* Bd. 65, hrsg. von Friedrich-Wilhelm von Herrmann, Frankfurt am Main: Vittorio Klostermann, 1989, S. 398〔『哲学への寄与論稿（性起から〔性起について〕)』大橋良介＆秋富克哉＆ハルトムート・ブフナー訳、『ハイデッガー全集』第65巻、創文社、2005年、432頁〕.

73 Søren Kierkegaard, *Die Krankheit zum Tode,* aus dem Dänischen übersetzt und mit Anmerkungen versehen von Gisela Perlet, Nachwort von Uta Eichler, Stuttgart: Reclam, 1997, S. 45〔手頃な訳書としては、「死にいたる病」桝田啓三郎訳、桝田啓三郎責任編集『キルケゴール』(「世界の名著」40)、中央

2010, S. 87〔「機知――その無意識との関係」生松敬三訳、『フロイト著作集』第4巻、人文書院、1983年、290-291頁／「機知――その無意識との関係」中岡成文・太寿堂真・多賀健太郎訳、『フロイト全集』第8巻、岩波書店、2008年、84頁〕.

55 このテーゼは、哲学的解釈学――理解・了解についての理論――に由来するものです。これをいっそうよく理解し、さらに掘り下げて考えるには、ゲオルク・ベルトラムの入門書をご参照ください。Georg W. Bertram, *Kunst. Eine philosophische Einführung*, Stuttgart: Reclam, 2005. 芸術の解釈学一般については、ギュンター・フィガールの著作をご参照ください。Günter Figal, *Erscheinungsdinge. Ästhetik als Phänomenologie*, Tübingen: Mohr Siebeck, 2010.

56 Vgl. Jacques Derrida, *Vom Geist. Heidegger und die Frage*, Frankfurt am Main: Suhrkamp, 1992〔フランス語の原書と日本語訳は以下。Jacques Derrida, *De l'esprit: Heidegger et la question*, Paris: Galilée, 1987; später auch: *Heidegger et la question: De l'esprit et autres essais*, Paris: Flammarion, 1990（ジャック・デリダ『精神について――ハイデッガーと問い』港道隆訳、平凡社ライブラリー、2010年)〕.

57 Hans-Georg Gadamer, *Wahrheit und Methode. Grundzüge einer philosophischen Hermeneutik*, 5. durchgesehene u. erweiterte Aufl., in: ders., *Gesammelte Werke*, Bd. 1, Tübingen: Mohr, 1986, S. 478〔ハンス゠ゲオルク・ガダマー『真理と方法Ⅲ――哲学的解釈学の要綱』轡田收・三浦國泰・巻田悦郎訳、法政大学出版局、2012年、812頁〕.

58 Werner Heisenberg, »Die Beziehungen der Quantentheorie zu anderen Gebieten der modernen Naturwissenschaft«, in: ders., *Physik und Philosophie*, 8. Aufl., Stuttgart: S. Hirzel Verlag, 2011, S. 135-157, hier S. 157〔英語の原書と日本語訳は以下。Werner Heisenberg, *Physics and Philosophy: The Revolution in Modern Science*, New York: Harper & Brothers, 1958, p. 109（W・K・ハイゼンベルク『現代物理学の思想』河野伊三郎・富山小太郎訳、みすず書房、1967年、100頁)〕.

Ⅴ 宗教の意味

59 Max Weber, *Wissenschaft als Beruf*, mit dem Nachwort von Friedrich Tenbruck, Stuttgart: Reclam, 2006, S. 18〔最も手頃な訳書として以下を掲げておく。マックス・ウェーバー『職業としての学問』尾高邦雄訳、岩波文庫、1980年、32頁〕.

60 Ebenda, S. 19〔同書、33頁〕.

61 Ebenda, S. 44〔同書、71-72頁〕.

Macmillan, 1912.

48 Theodore Sider, *Writing the Book of the World,* New York: Oxford University Press, 2011, p. 18.

49 この問題の前史については、以下の拙著をご参照ください。Markus Gabriel, *Antike und moderne Skepsis zur Einführung,* Hamburg: Junius, 2008. Und ders., *Skeptizismus und Idealismus in der Antike,* Frankfurt am Main: Suhrkamp, 2009; 2., ergänzte Aufl., Hamburg: Junius, 2005.

50 Immanuel Kant, *Kritik der reinen Vernunft,* S. 106 = KdrV, A42 / B59〔イマヌエル・カント『純粋理性批判』A42 / B59〕.

51 以下の著作を参照ください。Nelson Goodman, *Tatsache, Fiktion, Voraussage,* übersetzt von Hermann Vetter mit einem Vorwort von Hilary Putnam, Frankfurt am Main: Suhrkamp, 1988〔英語の原書と日本語訳は以下。Nelson Goodman, *Fact, Fiction, and Forecast,* 4th ed., Cambridge, Mass.: Harvard University Press, 1983（N・グッドマン『事実・虚構・予言』雨宮民雄訳、勁草書房、1987年)〕. グッドマンの哲学を見渡すのに最適なのが、以下の著作です。Nelson Goodman, *Weisen der Welterzeugung,* übersetzt von Max Looser, Frankfurt am Main: Suhrkamp, 1984〔Nelson Goodman, *Ways of Worldmaking,* Indianapolis, Ind.: Hackett, 1978（ネルソン・グッドマン『世界制作の方法』菅野盾樹訳、ちくま学芸文庫、2008年)〕.

52 Martin Heidegger, »Die Zeit des Weltbildes«, in: ders., *Holzwege, Gesamtausgabe,* Bd. 5, hrsg. von Friedrich-Wilhelm von Hermann, Frankfurt am Main: Vittorio Klostermann, 1977, S. 89-90〔『杣径』茅野良男＆ハンス・ブロッカルト訳、『ハイデッガー全集』第5巻、創文社、1988年、110頁〕.

53 この点については、以下の2点の文献を参照ください。Paul Boghossian, *Angst vor der Wahrheit. Ein Plädoyer gegen Relativismus und Konstruktivismus,* aus dem Amerikanischen von Jens Rometsch mit einem Nachwort von Markus Gabriel, Berlin: Suhrkamp, 2013〔Paul Boghossian, *Fear of Knowledge: Against Relativism and Constructivism,* Oxford: Oxford University Press, 2006〕. Quentin Meillassoux, *Nach der Endlichkeit. Versuch über die Notwendigkeit der Kontingenz,* Zürich / Berlin: Diaphanes, 2008〔フランス語の原書と日本語訳は以下。Quentin Meillassoux, *Après la finitude: Essai sur la nécessité de la contingence,* préface d'Alain Badiou, éd. rev., Paris: Seuil, 2011（カンタン・メイヤスー『有限性の後で――偶然性の必然性についての試論』千葉雅也・大橋完太郎・星野太訳、人文書院、2016年)〕.

54 Sigmund Freud, *Der Witz und seine Beziehung zum Unbewußten,* 2. Aufl., Einleitung von Peter Gay, Frankfurt am Main: Fischer Taschenbuch Verlag,

93頁)〕.

40 Mario De Caro / David MacArthur (Hrsg.), *Naturalism in Question*, Cambridge, Mass.: Harvard University Press, 2008.

41 Bobby Henderson, *Das Evangelium des Fliegenden Spaghettimonsters*, aus dem Amerikanischen von Jörn Ingwersen, München: Goldmann, 2007〔英語の原書と日本語訳は以下。Bobby Henderson, *The Gospel of the Flying Spaghetti Monster*, New York: Villard Books, 2006(ボビー・ヘンダーソン『反★進化論講座——空飛ぶスパゲッティ・モンスターの福音書』片岡夏実訳、築地書館、2006年)〕.

42 Vgl. Richard Dawkins, *Der Gotteswahn*, aus dem Englischen von Sebastian Vogel, Berlin: Ullstein, 2008〔英語の原書と日本語訳は以下。Richard Dawkins, *The God Delusion*, London: Bantam Press, 2006(リチャード・ドーキンス『神は妄想である——宗教との決別』垂水雄二訳、早川書房、2007年)〕.

43 『創世記』1.1.

44 Vgl. Saul Aaron Kripke, *Name und Notwendigkeit*, übers. von Ursula Wolf, Frankfurt am Main: Suhrkamp, 1981, S. 107-122〔英語の原書と日本語訳は以下。Saul A. Kripke, *Naming and Necessity*, revised and enlarged edition, Cambridge, Mass.: Harvard University Press, 1980, pp. 91-105(ソール・A・クリプキ『名指しと必然性——様相の形而上学と心身問題』八木沢敬・野家啓一訳、産業図書、1985年、108-126頁)〕.

45 Willard Van Orman Quine, »Zwei Dogmen des Empirismus«, in: ders., *From a Logical Point of View / Von einem logischen Standpunkt aus. Drei ausgewählte Aufsätze. Englisch / Deutsch*, hrsg. von Roland Bluhm und Christian Nimtz, übers. von Roland Bluhm, kommentiert von Christian Nimtz, Stuttgart: Reclam, 2011, S. 123〔英語の原書と日本語訳は以下。Willard Van Orman Quine, *From a Logical Point of View. 9 Logico-Philosophical Essays*, 2nd ed., rev., Cambridge, Mass.: Harvard University Press, 1961; reprinted by arrangement, New York: Harper & Row, 1963, p. 44(W・V・O・クワイン『論理的観点から——論理と哲学をめぐる九章』飯田隆訳、勁草書房、1992年、66頁)〕.

46 Hilary Putnam, *Philosophy in an Age of Science: Physics, Mathematics, and Skepticism*, ed. by Mario De Caro und David MacArthur, Cambridge, Mass.: Harvard University Press, 2012, p. 41 f.

47 Vgl. Edwin Bissel Holt / Walter Taylor Marvin / William Pepperrell Montague / Ralph Barton Perry / Walter Boughton Pitkin / Edward Gleason Spaulding, *The New Realism: Coöperative Studies in Philosophy*, New York:

『存在と時間』上、細谷貞雄訳、ちくま学芸文庫、1994年、155頁など〕.

32 Vgl. Thomas Nagel, *Der Blick von Nirgendwo*, aus dem Amerikanischen von Michael Gebauer, Frankfurt am Main: Suhrkamp, 2012〔英語の原書と日本語訳は以下。Thomas Nagel, *The View from Nowhere*, New York; Oxford: Oxford University Press, 1986（トマス・ネーゲル『どこでもないところからの眺め――哲学の根源』中村昇・山田雅大・岡山敬二・齋藤宜之・新海太郎・鈴木保早訳、春秋社、2009年）〕.

33 Rainer Maria Rilke, *Die Gedichte*, Frankfurt am Main: Insel, 1998, S. 456 f.〔手頃な訳書としては、『リルケ詩集』高安国世訳、岩波文庫、2010年、67-69頁など〕

34 Max Scheler, *Die Stellung des Menschen im Kosmos*, Bonn: Bouvier, 2007〔マックス・シェーラー『宇宙における人間の地位』亀井裕・山本達訳、白水社、2012年〕.

35 Wolfram Hogrebe, *Riskante Lebensnähe. Die szenische Existenz des Menschen*, Berlin: Akademie Verlag, 2009, S. 40.

36 Immanuel Kant, *Kritik der reinen Vernunft*, hrsg. von Ingeborg Heidemann, Stuttgart: Reclam, 1975, S. 90〔イマヌエル・カント『純粋理性批判』A26 / B42〕.

Ⅳ 自然科学の世界像

37 Max Horkheimer und Theodor W. Adorno, *Dialektik der Aufklärung. Philosophische Fragmente*, Frankfurt am Main: Fischer, 1988〔M・ホルクハイマー&T・W・アドルノ『啓蒙の弁証法――哲学的断想』徳永恂訳、岩波文庫、2007年〕.

38 Vgl. Eduardo Viveiros de Castro, »Die kosmologischen Pronomina und der indianische Perspektivismus«, in: *Schweizerische Amerikanisten-Gesellschaft*, Bullein 61 (1997), S. 99-114.

39 Wilfrid Sellars, *Der Empirismus und die Philosophie des Geistes*, übers., hrsg. und eingeleitet von Thomas Blume, 2., unveränderte Aufl., Paderborn: Mentis, 2002, S. 72〔英語の原書と日本語訳は以下。Wilfrid Sellars, "Empiricism and the Philosophy of Mind", in *Science, Perception and Reality*, London: Routledge & Kegan Paul, 1963, p. 173（ウィルフリッド・セラーズ『経験論と心の哲学』神野慧一郎・土屋純一・中才敏郎訳、勁草書房、2006年、215頁）. あるいは、Wilfrid Sellars, *Empiricism and the Philosophy of Mind*, with an introduction by Richard Rorty, and a study guide by Robert Brandom, Cambridge, Mass.: Harvard University Press, 1997, p. 83（ウィルフリド・セラーズ『経験論と心の哲学』浜野研三訳、岩波書店、2006年、

勁草書房、1999年、71-102頁（前掲『現代哲学基本論文集Ｉ』所収の訳文の再録）／野本和幸訳、『言語哲学重要論文集』松阪陽一編訳、春秋社、2013年、5-58頁〕.

25　Ebenda, S. 144〔論文「意味（ジン）と意義（ベドイトウング）について」第1段落の末尾近く。前掲の四つの日本語訳では、それぞれ以下の頁にあたる。『現代哲学基本論文集Ｉ』4-5頁／『フレーゲ哲学論集』34頁／『フレーゲ著作集』第4巻、72-73頁／『言語哲学重要論文集』7頁〕.

26　Johann Wolfgang Goethe, *Faust II,* Stuttgart: Reclam, 2001, S. 64〔ゲーテ『ファウスト』第2部第2幕「高い円天井のゴシック風の狭い部屋」の末尾、6794-6806行。手頃な訳書は数多くあるが、文庫版を五つ掲げておく。森林太郎訳、岩波文庫、1928年、399-400頁／相良守峯訳、岩波文庫、1958年、148-149頁／高橋義孝訳、新潮文庫、1996年（改版）、148-149頁／柴田翔訳、講談社文芸文庫、2003年、下、154-155頁／池内紀訳、集英社文庫ヘリテージシリーズ、2004年、第2部、128頁〕.

Ⅲ　なぜ世界は存在しないのか

27　Jean Paul, *Biographie eines Bonmotisten,* in: ders., *Jean Pauls sämtliche Werke. Historisch-kritische Ausgabe,* Abt. 2, *Nachlaß,* Bd. 1, *Ausgearbeitete Schriften: 1779-1782,* Weimar: Böhlau, 1928, S. 448.

28　Rainer Maria Rilke, *Die Gedichte,* Frankfurt am Main: Insel, 1998, S. 659〔リルケ『ドゥイノの悲歌』第8の悲歌、29-34行。手頃な訳書としては、『ドゥイノの悲歌』手塚富雄訳、岩波文庫、2010年、65頁など〕.

29　Vgl. Brian Greene, *Der Stoff, aus dem der Kosmos ist: Raum, Zeit und die Beschaffenheit der Wirklichkeit,* aus dem amerikanischen Englisch übersetzt von Hainer Kober, München: Goldmann, 2008〔英語の原書と日本語訳は以下。Brian Greene, *The Fabric of the Cosmos: Space, Time, and the Texture of Reality,* New York: A. A. Knopf, 2004（ブライアン・グリーン『宇宙を織りなすもの――時間と空間の正体』全2巻、青木薫訳、草思社文庫、2016年)〕.

30　このような意味で、以下の著書をご参照ください。Hans Blumenberg, *Arbeit am Mythos,* 6. Aufl., Frankfurt am Main: Suhrkamp, 2001, S. 33 ff.〔ハンス・ブルーメンベルク『神話の変奏』青木隆嘉訳、法政大学出版局、2011年、27-29頁〕. タレスについては、とりわけ以下の著書をご参照ください。Hans Blumenberg, *Das Lachen der Thrakerin. Eine Urgeschichte der Theorie,* Frankfurt am Main: Suhrkamp, 1987.

31　Martin Heidegger, *Sein und Zeit,* 17. Aufl., Tübingen: Max Niemeyer, 1993, S. 65（§ 14）〔ハイデガー『存在と時間』第14節。手頃な訳書としては、

勧めしておきます。以下に掲げるパトナムの近著は、特に印象的な見通しを与えてくれますし、比較的わかりやすく議論を追考できることでしょう。
Hilary Putnam, *Philosophy in an Age of Science: Physics, Mathematics, and Skepticism,* edited by Mario de Caro and David Macarthur, Cambridge, M. A. / London: Harvard University Press, 2012.

Ⅱ　存在するとはどのようなことか

22　Vgl. Terence Horgan and Matjaž Potrč, »Blobjectivism and Indirect Correspondence«, in: *Facta Philosophica* Vol. 2 / Nr. 2 / 2000, pp. 249-270〔当該の論文は、テレンス・ホーガンのウェブサイトで閲覧できる。http://thorgan.faculty.arizona.edu/terrys_articles〕.

23　Jacques Derrida, *Grammatologie,* übersetzt von Hans-Jörg Rheinberger und Hanns Zischler, Frankfurt am Main: Suhrkamp, 1983, S. 274〔フランス語の原書と日本語訳は以下。Jacques Derrida, *De la grammatologie,* Paris: Minuit, 1967, p. 227（ジャック・デリダ『根源の彼方に――グラマトロジーについて』下、足立和浩訳、現代思潮社、1972年、36頁）〕.

24　Gottlob Frege, »Über Sinn und Bedeutung«, in: ders., *Kleine Schriften,* hrgs. von Ignacio Angelelli, Darmstadt: Wissenschaftliche Buchgesellschaft, 1967, S. 143-162〔本書では「意味(ジン)と意義(ベドイトゥング)について」としているフレーゲの論文の表題――および表題に現われる二つの主要概念――は、通常は訳語の充て方が正反対になって「意義(ジン)と意味(ベドイトゥング)について」と訳される。フレーゲの議論に親しんだことのある読者を混乱させかねず恐縮ではあるが、本書では、明確に「感覚」や「感性」が問題になっている場合を除いて「Sinn」には原則的に「意味」という訳語を充てているため、特にフレーゲにおける「Bedeutung」には「意義」を充てた。フレーゲにおける「Bedeutung」の内容からすれば、仏訳（« Sens et Dénotation », in *Ecrits logiques et philosophiques,* traduction de l'allemand et introduction de Claude Imbert, Paris: Seuil, 1971, pp. 102-126）および英訳（"Sense and Reference", *Philosophical Review,* 57/3 (1948), pp. 209-230）を参考にして「指示対象」、「外示」といった訳語を充てることもできるが、「指示対象」では論点先取の訳語になり、「外示」では（「内示」や「共示」などと対をなすという余分な含意が生じるとともに）専門的にすぎる訳語になると思われたので、本書ではいずれも避けた。フレーゲの論文にはいくつかの日本語訳があり、いずれも「意義と意味について」という表題で、それぞれ以下に掲げる四つの本に収録されている。本書での訳語の変更に留意のうえで参照されたい。土屋俊訳、『現代哲学基本論文集Ⅰ』坂本百大編、勁草書房、1986年、1-44頁／藤村龍雄訳、『フレーゲ哲学論集』岩波書店、1988年、33-63頁／土屋俊訳、『フレーゲ著作集』第4巻、

13　もちろん、わたしたちが何かを認識するとき、その何かを認識するさいに用いている認知機構をも、つねにあわせて認識しているわけではありません。じっさい、人びとが列車に乗り込んでくるのを認識しているとき、わたしはその人びとを見てはいますが、わたし自身の眼・脳・思考を見てはいません。しかし、鏡を見ることで眼を観察し、認知機構（この場合、眼）の情報を得ることもできます。では、ほかの何かを認識すると同時にそれ自身をも認識するような認知機構は存在するだろうか——これは、答えるのが非常に難しいと言うほかない問いです。わたしたちの思考、わたしたちの理性には、そのような能力がありそうに思えます。しかし、これ以上この論点にとどまってはいられません。ごく簡単だとはとても言えないこのテーマに関心のある向きは、以下の拙著をご参照ください。Markus Gabriel, *Die Erkenntnis der Welt. Eine Einführung in die Erkenntnistheorie,* Freiburg / München: Alber, 2012. この著作では——またほかのいろいろな著作でも——わたしは、ほかの何かを認識すると同時にそれ自身を認識するような認知機構など存在しないことを示してみました。

14　Martin Heidegger, »Aletheia (Heraklit Fragment 16)«, in: ders., *Vorträge und Aufsätze,* Stuttgart: Klett-Cotta, 2004, S. 270〔既訳としては、『ロゴス・モイラ・アレーテイア』宇都宮芳明訳、『ハイデッガー選集』第33巻、理想社、1983年、122頁〕.

15　Stephen W. Hawking / Leonard Mlodinow, *Der große Entwurf. Eine neue Erklärung des Universums,* deutsche Übersetzung von Hainer Kober, Copyright © 2010 by Rowohlt Verlag GmbH, Reinbek bei Hamburg, S. 11〔英語の原書と日本語訳は以下。Stephen Hawking and Leonard Mlodinow, *The Grand Design,* New York: Bantam Books, 2010, p. 5（スティーヴン・ホーキング＆レナード・ムロディナウ『ホーキング、宇宙と人間を語る』佐藤勝彦訳、エクスナレッジ、2011年、9-10頁)〕.

16　Jürgen Habermas, *Wahrheit und Rechtfertigung. Philosophische Aufsätze,* Frankfurt am Main: Suhrkamp, 1999, S. 24, 37, 46 f.〔ユルゲン・ハーバーマス『真理と正当化——哲学論文集』三島憲一・大竹弘二・木前利秋・鈴木直訳、法政大学出版局、2016年、20-21, 34-35, 44-45頁〕

17　Ebenda, S. 73〔同書、80頁〕.

18　Ebenda, S. 24〔同書、20頁〕.

19　Ebenda, S. 13 u. ö.〔同書、65頁・原註（12）、29-38頁〕

20　Timothy Williamson, »Past the Linguistic Turn?«, in: Brian Leiter (Hrsg.), *The Future for Philosophy,* Oxford: Clarendon Press, 2004, pp. 106-128.

21　哲学と科学の微妙な関係についての議論の最新状況をお知りになりたい向きには、アメリカの大哲学者ヒラリー・パトナムの仕事を研究するよう、お勉訳、岩波文庫、1964年、21頁など。ただしプラトン（によるソクラテス）の言葉は、「わたしは自分の知らないことを知っていると思っていない（ἃ μὴ οἶδα οὐδὲ οἴομαι εἰδέναι）」である。「わたしは自分が何も知らないということを知っている」という表現は、キケロの『アカデミカ』1.45に由来するとされる。そこでキケロは、「何も知らないということを〔ソクラテスは〕知っている（nihil scire se sciret）」と書いている〕

7　Vgl. Viktor Pelewin, *Buddhas kleiner Finger,* aus dem Russischen von Andreas Tretner, Berlin: Verlag Volk und Welt, 1999, S. 179 f.〔ヴィクトル・ペレーヴィン『チャパーエフと空虚』三浦岳訳、群像社、2007年、193-194頁〕

8　Vgl. Brian Greene, *Das elegante Universum. Superstrings, verborgene Dimensionen und die Suche nach der Weltformel,* aus dem Amerikanischen von Hainer Kober, Berlin: Berliner Taschenbuch Verlag, 2002〔英語の原書と日本語訳は以下。Brian Greene, *The Elegant Universe: Superstrings, Hidden Dimensions, and the Quest for the Ultimate Theory,* New York: W. W. Norton, 1999（ブライアン・グリーン『エレガントな宇宙——超ひも理論がすべてを解明する』林一・林大訳、草思社、2001年）〕.

9　Arthur Schopenhauer, *Die Welt als Wille und Vorstellung,* in: ders., *Werke in fünf Bänden,* hrsg. von Ludger Lütkehaus, Zürich: Haffmans, 1988, Bd. 2, S. 11〔『意志と表象としての世界』続編（I）、塩屋竹男・岩波哲男訳、『ショーペンハウアー全集』第5巻、白水社、1973年、15-16頁〕.

10　Friedrich Nietzsche, *Jenseits von Gut und Böse,* in: ders., *Kritische Studienausgabe in 15 Bänden,* hrsg. von Giorgio Colli und Mazzino Montinari, München: Deutscher Taschenbuch Verlag; de Gruyter, 2009, Bd. 5, S. 99〔フリードリッヒ・ニーチェ『善悪の彼岸』第150節。手頃な訳書としては、『善悪の彼岸』木場深定訳、岩波文庫、1970年、121頁／『善悪の彼岸　道徳の系譜』信太正三訳、『ニーチェ全集』第11巻、ちくま学芸文庫、1993年、139頁など〕.

11　Ludwig Wittgenstein, *Tractatus logico-philosophicus,* Frankfurt am Main: Suhrkamp, 2006, S. 9〔手頃な訳書としては、ウィトゲンシュタイン『論理哲学論考』野矢茂樹訳、岩波文庫、2003年、13頁など〕.

12　Friedrich Nietzsche, *Nachgelassene Fragmente 1885-1887,* in: ders., *Kritische Studienausgabe,* Bd. 12, 7 [60], S. 315〔1886年の断想7 [60]（既訳としては、『ニーチェ全集』第II期第9巻、三島憲一訳、白水社、1984年、397頁）。あるいは、かつて『権力への意志』として死後に編集・刊行された書物の第481節（手頃な訳書としては、『権力への意志』下、原佑訳、『ニーチェ全集』第13巻、ちくま学芸文庫、1993年、27頁）〕.

原註

哲学を新たに考える

1　これに関するいわば「歴史的な」詳細については、今のところ残念ながらイタリア語でしか刊行されていませんが、以下に掲げるマウリツィオ・フェラーリスの著書を参照ください。Maurizio Ferraris, *Manifesto del nuovo realismo,* Roma: GLF editori Laterza, 2012〔その後、ドイツ語、フランス語、英語の翻訳書が刊行されている。Maurizio Ferraris, *Manifest des neuen Realismus,* aus dem Italienischen übersetzt von Malte Osterloh, Frankfurt am Main: Vittorio Klostermann, 2014; *Manifeste du nouveau réalisme,* édité par Andrea Bellantone, traduction de Marie Flusin et Alessandra Robert, Paris: Hermann, 2014; *Manifesto of New Realism,* translated by Sarah De Sanctis, foreword by Graham Harman, Albany: State University of New York Press, 2014〕.

2　このような問題への入門書として、以下に掲げるテリー・イーグルトンの本をお勧めしておきます。Terry Eagleton, *Der Sinn des Lebens,* aus dem Englischen übersetzt von Michael Bischoff, Berlin: Ullstein, 2008〔英語の原書と日本語訳は以下。Terry Eagleton, *The Meaning of Life,* Oxford: Oxford University Press, 2007（『人生の意味とは何か』有泉学宙・高橋公雄・清水英之・松村美佐子訳、彩流社、2013年）〕.

3　Heinrich von Kleist, *Sämtliche Briefe,* hrsg. von Dieter Heimböckel, Stuttgart: Philipp Reclam, 1999, S. 213, Brief vom 22. 03. 1801 an Wilhelmine von Zenge〔『クライスト全集』別巻、佐藤恵三訳、沖積舎、2008年、268-269頁〕.

4　Slavoj Žižek, *Less Than Nothing. Hegel and the Shadow of Dialectical Materialism,* London: Verso, 2012.

5　Ludwig Wittgenstein, *Tractatus logico-philosophicus,* in: ders., *Werkausgabe,* Frankfurt am Main: Suhrkamp, 2006, Bd. 1, S. 9〔ルートヴィッヒ・ヴィトゲンシュタイン『論理哲学論考』の「序」第2段落。手頃な訳書としては、『論理哲学論考』野矢茂樹訳、岩波文庫、2003年、9頁など〕.

Ｉ　これはそもそも何なのか、この世界とは？

6　Vgl. Platon, *Apologie des Sokrates,* in: ders., *Sämtliche Werke,* hrsg. von Ursula Wolf, Hamburg: Rowohlt, 2004, Bd. 1, S. 17 f.〔プラトン『ソクラテスの弁明』21D. 手頃な訳書としては、『ソクラテスの弁明　クリトン』久保

［マ］

［ヤ］

［ラ］

［ナ］

［ハ］

[サ]

[タ]

作品名索引

・本文中で言及されている作品名だけを対象とした。

[ア]

[カ]

［マ］

［ヤ］

［ラ］

［サ］

人名索引

・アルファベット表記はドイツ語圏での慣用法に従った。
・原註で著者名として現われる箇所も対象とした（編者・訳者として現われる箇所は対象としなかった）。

［ア］

［カ］

マルクス・ガブリエル（Markus Gabriel）

一九八〇年生まれ。哲学者。現在、ボン大学教授。後期シェリング研究をはじめ、古代哲学における懐疑主義からヴィトゲンシュタイン、ハイデガーに至る西洋哲学全般について、一般書も含めて多くの著作を執筆。「新しい実在論」を提唱して世界的に注目されている。主な著書は、本書のほか、『「私」は脳ではない』（講談社選書メチエ）、*An den Grenzen der Erkenntnistheorie* (Karl Alber, 2008), *Skeptizismus und Idealismus in der Antike* (Suhrkamp, 2009), *Die Erkenntnis der Welt* (Karl Alber, 2012), *Fields of Sense* (Edinburgh University Press, 2015) など。スラヴォイ・ジジェクとの共著に、*Mythology, Madness, and Laughter* (Continuum, 2009)（日本語訳『神話・狂気・哄笑』、堀之内出版、二〇一五年）がある。

清水一浩（しみず・かずひろ）

一九七七年生まれ。東京大学大学院総合文化研究科超域文化科学専攻博士課程単位取得退学。主な訳書に、アレクサンダー・ガルシア・デュットマン『友愛と敵対』（共訳、月曜社、二〇〇二年）、ヤーコプ・タウベス『パウロの政治神学』（共訳、岩波書店、二〇一〇年）ほか。

なぜ世界は存在しないのか

二〇一八年 一月一一日 第 一 刷発行
二〇二四年一二月 六日 第二一刷発行

著者 マルクス・ガブリエル

訳者 清水一浩

発行者 篠木和久
発行所 株式会社 講談社
東京都文京区音羽二丁目一二─二一 〒一一二─八〇〇一
電話（編集）〇三─五三九五─三五一二
（販売）〇三─五三九五─五八一七
（業務）〇三─五三九五─三六一五

装幀者 奥定泰之
本文データ制作 講談社デジタル製作
本文印刷 信毎書籍印刷 株式会社
カバー・表紙印刷 半七写真印刷工業 株式会社
製本所 大口製本印刷 株式会社

ISBN978-4-06-258670-2 Printed in Japan N.D.C.111 335p 19cm

講談社選書メチエ　刊行の辞

書物からまったく離れて生きるのはむずかしいことです。百年ばかり昔、アンドレ・ジッドは自分にむかって「すべての書物を捨てるべし」と命じながら、パリからアフリカへ旅立ちました。旅の荷は軽くなかったようです。ひそかに書物をたずさえていたからでした。ジッドのように意地を張らず、書物とともに世界を旅して、いらなくなったら捨てていけばいいのではないでしょうか。

現代は、星の数ほどにも本の書き手が見あたります。読み手と書き手がこれほど近づきあっている時代はありません。きのうの読者が、一夜あければ著者となって、あらたな読者にめぐりあう。その読者のなかから、またあらたな著者が生まれるのです。この循環の過程で読書の質も変わっていきます。人は書き手になることで熟練の読み手になるものです。

選書メチエはこのような時代にふさわしい書物の刊行をめざしています。

フランス語でメチエは、経験によって身につく技術のことをいいます。道具を駆使しておこなう仕事のことでもあります。また、生活と直接に結びついた専門的な技能を指すこともあります。

いま地球の環境はますます複雑な変化を見せ、予測困難な状況が刻々あらわれています。

そのなかで、読者それぞれの「メチエ」を活かす一助として、本選書が役立つことを願っています。

一九九四年二月　　野間佐和子

ヘーゲル『精神現象学』入門　長谷川　宏
カント『純粋理性批判』入門　黒崎政男
知の教科書　ウォーラーステイン　川北　稔編
知の教科書　スピノザ　C・ジャレット　石垣憲一訳
知の教科書　ライプニッツ　F・パーキンズ　梅原宏司・川口典成訳
知の教科書　プラトン　M・エルラー　三嶋輝夫ほか訳
フッサール　起源への哲学　斎藤慶典
完全解読　ヘーゲル『精神現象学』　竹田青嗣　西　研
完全解読　カント『純粋理性批判』　竹田青嗣
分析哲学入門　八木沢　敬
ドイツ観念論　村岡晋一
ベルクソン＝時間と空間の哲学　中村　昇
精読　アレント『全体主義の起源』　牧野雅彦
ブルデュー　闘う知識人　加藤晴久
九鬼周造　藤田正勝
夢の現象学・入門　渡辺恒夫
熊楠の星の時間　中沢新一

ヨハネス・コメニウス　相馬伸一
アダム・スミス　高　哲男
ラカンの哲学　荒谷大輔
解読　ウェーバー『プロテスタンティズムの倫理と資本主義の精神』　橋本　努
新しい哲学の教科書　岩内章太郎
西田幾多郎の哲学＝絶対無の場所とは何か　中村　昇
アガンベン《ホモ・サケル》の思想　上村忠男
ドゥルーズとガタリの『哲学とは何か』を精読する　近藤和敬
使える哲学　荒谷大輔
ウィトゲンシュタインと言語の限界　ピエール・アド　合田正人訳
〈実存哲学〉の系譜　鈴木祐丞
パルメニデス　山川偉也
精読　アレント『人間の条件』　牧野雅彦
快読　ニーチェ『ツァラトゥストラはこう言った』　森　一郎
構造の奥　中沢新一

日本語に主語はいらない　金谷武洋
テクノリテラシーとは何か　齊藤了文
どのような教育が「よい」教育か　苫野一徳
感情の政治学　吉田　徹
マーケット・デザイン　川越敏司
「社会(コンヴィヴィアリテ)」のない国、日本　菊谷和宏
権力の空間／空間の権力　山本理顕
地図入門　今尾恵介
国際紛争を読み解く五つの視座　篠田英朗
易、風水、暦、養生、処世　水野杏紀
丸山眞男の敗北　伊東祐吏
新・中華街　山下清海
ノーベル経済学賞　根井雅弘編著
日本論　石川九楊
丸山眞男の憂鬱　橋爪大三郎
危機の政治学　牧野雅彦
主権の二千年史　正村俊之

機械カニバリズム　久保明教
暗号通貨の経済学　小島寛之
電鉄は聖地をめざす　鈴木勇一郎
日本語の焦点　日本語「標準形(スタンダード)」の歴史　野村剛史
ワイン法　蛯原健介
MMT　井上智洋
快楽としての動物保護　信岡朝子
手の倫理　伊藤亜紗
現代民主主義　思想と歴史　権左武志
やさしくない国ニッポンの政治経済学　田中世紀
物価とは何か　渡辺　努
SNS天皇論　茂木謙之介
英語の階級　新井潤美
目に見えない戦争　イヴォンヌ・ホフシュテッター　渡辺　玲訳
英語教育論争史　江利川春雄
人口の経済学　野原慎司

講談社選書メチエ　文学・芸術

MÉTIER